MARKEN KLEIDUNG

Rudi Maier

MARKEN KLEIDUNG

Geschichte, Diskurs, Praktiken

ventil

Rudi Maier kann sich noch gut an eines seiner ersten Paar Turnschuhe erinnern, die den Namen »Malmö« trugen und die er Mitte der 1970er-Jahre unbedingt haben wollte. Er studierte Empirische Kulturwissenschaft und Erziehungswissenschaft an der Universität Tübingen und interessiert sich für populäre Kulturen, den Wandel der Arbeitswelt, Proteste sowie für den Eigensinn der Alltagsmenschen.

Dissertation zur Erlangung des Doktorgrades der Wirtschafts- und Sozialwissenschaftlichen Fakultät der Eberhard Karls Universität Tübingen

Bildnachweis: S. 15, 71, 117, 171 und 203

1. Auflage 2013
ISBN 978-3-931555-37-5

Gestaltung und Satz: Oliver Schmitt, Cover unter Verwendung eines Fotos von Rudi Maier
Druck: fgb, Freiburg

Ventil Verlag
Boppstr. 25, 55118 Mainz
www.ventil-verlag.de

Inhalt

MARKEN
KLEIDUNG

Einleitung

»Ich muss dir gleich sagen, ich bin nicht so die, die viele Markenklamotten hat«, sagt mir die 24-jährige Jennifer[1] am Telefon, als ich einen Termin für ein Interview zum Thema Markenkleidung mit ihr ausmachen will. Einige Tage später stehen wir in ihrem Zimmer gemeinsam vor ihrem Schrank und sie zeigt mir dessen Inhalt: Kleidung von H&M, Fishbone, DKNY, Calvin Klein, Diesel, Puma und weitere Kleidungsstücke anderer Hersteller finden sich darin zuhauf. Jennifer, die häufig für längere Zeit in Frankreich lebt, hat auch mehrere Kleidungsstücke der französischen Marke Mim, die sie erwähnt, als ich sie frage, ob sie weiß, was ein »No-Name« ist – und sie liefert auch gleich eine Definition dieses Begriffs: »No-Name-Marken sind Marken, die keiner auf den ersten Blick irgendwie zuordnen kann.« Bei der Marke S. Oliver kann sie sich »so ne Frau mit Kinderwagen« vorstellen, die in einer Verwaltung arbeitet »wo man immer das Gleiche macht«, und Kleidung der Marke Tommy Hilfiger, so vermutet sie, haben eher Männer, »so schon ein bisschen erfolgreich, [...] aber nicht so schlimm wie Calvin Klein«. Außerdem denkt Jennifer, dass Markenkleidung weniger wegen der für sie gemachten Werbung, sondern wohl eher wegen der Zugehörigkeit zu einer Gruppe gekauft werde. Am Ende des zweistündigen Interviews, in dem ich mit ihr, wie mit vielen weiteren Interviewten über Markenkleidung und Werbung, über ihre Ausgaben für Kleidung und darüber, wo sie am liebsten ihre Kleidung kauft, gesprochen sowie den Inhalt ihres Kleiderschranks durchgesehen habe, erzählt sie, wobei sie nochmals Bezug auf unser Telefongespräch nimmt, Markenkleidung sei für sie »Teil meines Lebens, wie ich gesehen habe, aber nicht so wichtig, dass ich nicht ohne sie auskommen könnte.«[2] Unter anderem diesem hier aufscheinendem Spannungsverhältnis widmet sich diese Untersuchung.

Marken und Markenprodukte, so eine der zentralen Denkfiguren in dieser Arbeit, sind ein »Megathema«[3] und »offensichtlich eine soziale Tatsache«.[4] Im *Glossar der Gegenwart*, das aktuelle gesellschaftliche Leitbegriffe versammelt und diskutiert, wird unter dem Stichwort »Branding« der Aufstieg der Markenprodukte als eine »Verfallsgeschichte des vernünftigen Verbrauchers«[5] gedeutet und das Verhältnis von aufgehübschter (Werbe-)Verpackung und dem eigentlichen Produkt und dessen »Wert« problematisiert. Waren sind, frei nach Karl Marx, ein »vertracktes Ding« und der »Vertracktheit« der Ware Markenkleidung, die, wie viele andere kommerzielle Produkte auch, mit großem Aufwand werblich kommuniziert wird, wird in dieser Untersuchung nachgegangen.[6]

Zwei Begriffe, die eng mit dem Thema Markenkleidung verbunden werden und die sich auf die in dieser Studie fokussierte Gruppe der Jugendlichen und jungen Erwachsenen als KäuferInnen dieser Kleidung beziehen, sind seit geraumer Zeit Gegenstand gesellschaftlicher Kontroversen. So ist in den Medien öfters vom »Markenwahn unter den Jugendlichen«[7] die Rede und etwas weniger oft wird vom »Markenterror auf Deutschlands Schulhöfen«[8] berichtet. In diesen Kontexten finden sich dann zumeist solche oder ähnliche Schlussfolgerungen: »Wer nicht die richtigen Marken trägt, wird oft gehänselt, ausgelacht. Einfache Lösung: Schuluniformen für unsere Kinder.«[9] Die Politik plädiert seit längerem dafür, so beispielsweise der ehemalige baden-württembergische Ministerpräsident Günther Oettinger[10] oder die ehemalige Bundesbildungsministerin Annette Schavan.[11] Ginge es nach der damaligen Bundesjustizministerin Brigitte Zypries, sollten »alle Schülerinnen und Schüler einheitliche Schulkleidung tragen«.[12] Eine solche Forderung findet sich auch in einem Antrag der CDU Baden-Württemberg aus dem Jahr 2009 als Teil des Leitantrags »Kinderland Baden-Württemberg plus«, wonach »Schüler künftig verpflichtet werden, Schuluniformen zu tragen«.[13] Dieser Antrag erfuhr Medienberichten zufolge auf dem Parteitag der CDU allerdings wenig Unterstützung.[14] Den Plädoyers für eine einheitliche Schulkleidung steht die Mehrheitsmeinung von jungen Menschen gegenüber, denn für die meisten von ihnen ist Markenkleidung überaus wichtig und gehört für sie – wie generell ein »tolles Aussehen« – einfach zu ihrem Leben dazu.[15]

Markenkleidung zählt, wie sich auch in den für diese Untersuchung geführten Interviews gezeigt hat, zu den Schlüsselprodukten der heutigen jugendlichen Sozialisation und Jugendliche und junge Menschen sind mit diesem Produkt gut vertraut. Jennifer kennt den Werbespruch des Unternehmens Nike »Just do it« »schon voll lange«, Sergej sagt dazu im Interview, dieser Werbeslogan sei »schon absolut uralt«. Sabine kennt ihn, »seit sie denken kann«, und Martin verweist auf die Markenerfahrung dieser Altersgruppe: »Ich meine Nike, klar, phh, war in den 80ern ja sowieso ganz groß, also damit bin ich aufgewachsen.« Diese Generation ist eine marken- und markenkleidungssozialisierte Generation, was junge Menschen zu Alltags-ExpertInnen des Gegenstands macht, dessen kulturwissenschaftliche Untersuchung hier dargestellt wird: Geschichte, Diskurs und Praktiken der Aneignung von Markenkleidung.

In dieser Studie kommen 28 Jugendliche und junge Erwachsene im Alter von 15 bis 29 Jahren unterschiedlicher sozialer Herkunft ausführlich zum Thema Markenkleidung zu Wort. Ergänzend wurden acht ExpertInnen aus der (gewerkschaftlichen) Jugendbildungsarbeit, der Markenkommunikation sowie AktivistInnen aus konzern- und markenkritischen Kampagnen befragt; ihre Deutungen und Annahmen finden sich kursorisch in dieser Studie wieder, wenn sie zum besseren Verständnis von Sinnzusammenhängen beitragen können. Die Interviews ermöglichen Einblicke in die jeweilige Erfahrungswelt und die Bewertungen dieses Schlüsselprodukts für junge Menschen, das zugleich - wie noch zu zeigen ist - ein Schlüsselprodukt der Markenindustrie generell darstellt. Dabei zeigen sich, wie vor allem im zweiten und dritten Kapitel dieser Studie dargestellt, zum einen ein vielschichtiges und komplexes Forschungsfeld mit vielen unterschiedlichen Beteiligten, zum anderen, wie im vierten Kapitel ausgeführt wird, unterschiedliche Gebrauchsweisen des Alltagsgegenstands Markenkleidung, die anhand dreier gesellschaftlicher Strukturmerkmale konkreter ausgeleuchtet werden: der sozialen Herkunft, des Alters und des Geschlechts der von mir zu diesem Thema befragten Jugendlichen und jungen Erwachsenen.

Auch wenn Markenkleidung aus zwei untrennbar miteinander verbundenen Bestandteilen besteht - aus der Marke und aus der Kleidung -, widmet sich diese Untersuchung vor allem der Marke der Kleidung und nicht der Kleidung selbst und behandelt somit nur am Rande das Thema Kleidungsmode. Sie behandelt die diskursiv angeordneten unterschiedlichen Felder, mit denen das Merkmal »Marke« verknüpft ist, die gesellschaftlichen Aussagen, die sich in der Markenkommunikation erkennen lassen, und den Umgang junger Menschen mit diesem Alltagsprodukt. Nach einer Annahme Pierre Bourdieus, die als forschungsleitende Prämisse auch dieser Untersuchung zugrunde liegt, zeigen sich im Alltäglichen und in den »allergewöhnlichsten Fragen des Alltagslebens«[16], worunter auch die Auswahl und der Gebrauch von Kleidung, das tägliche Essen, die Mediennutzung oder die Einrichtung der Wohnung fällt, spezifische Handlungslogiken, die gerade nicht in einem vermeintlich individuellen »Geschmack«, sondern durch die soziale Position der unterschiedlichen Akteure im gesellschaftlichen Raum begründet sind und ein den Handlungen der Akteure zugrunde liegendes strukturelles Ordnungsprinzip der Gesellschaft offenbaren. Gefragt wird daher auch danach, ob - und wenn ja, in welcher Form - sich bei Angehörigen unterschiedlicher sozialer Gruppen unterschiedliche Vorlieben für oder Abneigungen gegen bestimmte Marken zeigen, was dies bedeutet und ob sich dabei ein sozial strukturierter »Marken-Geschmack« erkennen lässt.

Eine Studie, die sich mit diesem Thema beschäftigt, muss dabei auch die Erwachsenengesellschaft in den Blick nehmen. Diese setzt, worauf Klaus Farin stets hinweist, ihre eigene Ratlosigkeit immer wieder in Debatten über »die heutige Jugend« um. Zumeist zeigt sich dies als fehlendes Verständnis gegenüber jugendkulturellen Praktiken und deren Sinngehalten, sei es der Art, wie diese sich kleiden, sprechen, bewegen, oder der Musik, die junge Menschen hören.[17]

Zwei ineinandergreifende und übergeordnete Fragenblöcke sind für diese Studie forschungsleitend. Zum einen soll am konkreten Beispiel der Deutungen und der Gebrauchsweisen von Markenkleidung eine aktuell verhandelte und von Gernot Böhme aufgeworfene Frage beantwortet werden. Die von ihm beschriebene und kritisierte

»ästhetische Ökonomie«, die sich mehr und mehr »auf die Produktion von Inszenierungswerten ausrichtet«, produziere, so Böhme, »Begehrlichkeiten«[18]. Es soll gefragt werden, wie genau derlei Begehrlichkeiten entstehen, wie sie wirken und wie sie beurteilt werden. Dabei soll auch erörtert werden, wie unter den Vorzeichen der vielfach beschriebenen Ästhetisierung der Lebenswelt der von Kaspar Maase beschriebene »Hunger nach Schönheit«[19] als ein Leitmotiv heutiger Vergesellschaftung in Alltagshandeln übersetzt wird und welche konkreten Praktiken sich dabei erkennen lassen: Wer kauft wo welche Marken? Wie viel Geld wird dabei ausgegeben? Ist die Marke der Kleidung dabei wichtig? Was wird eigentlich gekauft, wenn Markenprodukte gekauft werden?

Zum anderen will diese Untersuchung einer zweifach konstatierten ›Blindheit‹ begegnen, wie sie von Kai-Uwe Hellmann attestiert wurde, nach dem mit dem »unverzeihlichen« Ausbleiben sozialwissenschaftlicher und empirischer Forschung zum Thema Marke bislang »eine ganze Welt nicht gesehen wurde«[20]; damit soll auch ein Beitrag der von Bernd Jürgen Warneken angemahnten Kartographierung der weißen Flecken im »›Sozialatlas‹ der symbolischen Kreativität im heutigen Jugendalltag«[21] geleistet werden.

Diese Arbeit ist in vier Kapitel gegliedert. Das Feld, die Methoden, der Forschungsverlauf sowie die Fragestellung und der Forschungsstand werden im folgenden Kapitel dargestellt. Anschließend wird die kultur- und sozialgeschichtliche Entwicklung der Markenkleidung nachgezeichnet. Danach werden die empirischen Befunde hinsichtlich der »diskursiven Anordnung« des Gegenstands sowie die Modi des Gebrauchs dargestellt. Diese Studie will nicht zuletzt auch einen Beitrag zu der von Kai-Uwe Hellmann geforderten »Arbeit am Begriffsapparat«[22] der Markensoziologie, hier besser: einer empirisch-kulturwissenschaftlichen Markenforschung leisten. Sie will dazu beitragen, ein genaueres Verständnis davon zu erlangen, was der »Motor« des beforschten Gegenstands ist und in welchem Verhältnis die im Gegenstand enthaltenen Bestandteile »Marke« und »Kleidung« zueinander stehen. Letztlich wird ganz einfach danach gefragt, wie Menschen den Dingen Sinn verleihen.[23]

I.

Markenkleidung als Forschungsgegenstand

Markenkleidung ist ein Alltagsding, und die Untersuchung des Alltags und somit des Gewöhnlichen und Normalen und dadurch weitgehend Unreflektierten und Unhinterfragten stellt in der Empirischen Kulturwissenschaft ein zentrales Forschungsfeld dar. Dabei ist die Perspektive nicht nur auf Gegenstände selbst, sondern stets »auf die soziale und kulturelle Existenzweise alltäglicher Dinge und Artefakte«[24] gerichtet. Die kulturwissenschaftliche Untersuchung des massenhaft produzierten, kommerziellen Produkts Markenkleidung, von Dingen, die sich in Anlehnung an Rainer Gries als »Medien der Moderne«[25] beschreiben lassen, fragt folglich danach, wie Menschen diese Produkte deuten und was sie damit machen.[26] Andere Disziplinen betonen andere Perspektiven. Die Markensoziologie fragt: »In welchem Ausmaß gelingt es einem Ding, Menschen um sich zu versammeln?«[27] Die Markenforschung betont das spezifische Wechselverhältnis von Anbietern und KäuferInnen von Markenprodukten, wenn sie definiert: »Das Produkt ist das, was das Unternehmen herstellt, die Marke das, was der Kunde kauft.«[28]

Die Empirische Kulturwissenschaft fragt jedoch nicht lediglich nach dem Alltagsgebrauch, sondern ist sich, worauf Rolf Lindner aufmerksam macht, bewusst, dass kulturanalytische Erkenntnisse »nicht durch ihre Untersuchungsfelder, sondern durch ihre Untersuchungsweise«[29] gewonnen werden, es folglich nicht allein darauf ankommt, *was*, sondern *wie* etwas untersucht wird. Insofern geht es auch in dieser Studie um eine Kulturanalyse, die an den Schnittstellen von Diskurs und Praktiken angesiedelt ist; es geht um die Suche nach deren Beziehungsmustern, ihren Wechselwirkungen sowie um die gesellschaftlichen Rahmenbedingungen, unter denen spezifische Alltagspraktiken von jungen Menschen - hier: ihr Markenkleidungshandeln - erkennbar werden und wie dies individuell und gesellschaftlich begründet und bewertet wird.

Die unterschiedlichen Akteure im Feld und deren gesellschaftlicher Rahmen müssen, um Aufschluss über das Verhältnis von Diskurs und Praktiken zu erlangen, zunächst identifiziert und anschließend zueinander in Verbindung gesetzt werden, sowohl hinsichtlich der theoretischen Annahmen als auch hinsichtlich des methodischen Vorgehens. Ein kursorischer Blick auf die Rahmenbedingungen der heutigen jugendlichen Sozialisation, eine Kurzbetrachtung der unterschiedlichen Beteiligten an der Produktion und Kommunikation von Markenkleidung sowie beispielhafte Beschreibungen von deren Tätigkeiten - wobei diese Beschreibungen in Teilen zum Forschungsstand gezählt werden müssen -, die theoretischen Grundlagen und die Fragestellung dieser Untersuchung, das methodische Vorgehen und der Forschungsverlauf sowie der Stand der Forschung zum Thema sind Gegenstand der folgenden Kapitel.

Junge Menschen und Markenkleidung

In den letzten zwei bis drei Jahrzehnten wurde die »Jugend« mehr und mehr als kauf-kräftige Käuferschicht entdeckt, was sich unter anderem an einem hoch differenzierten Konsumangebot für diese Altersgruppe erkennen lässt. Um verstehen zu können, warum, wie es in der Shell-Jugendstudie 2006 heißt, »tolles Aussehen« und »Markenkleidung zu tragen« vor allem bei jungen Menschen »in« ist, und was es heißt, wenn Jugendliche und junge Erwachsene gegenwärtig als »pragmatische Generation unter Druck«[30] bezeichnet werden, ist es notwendig, diese zu ihren mit dem Gegenstand verbundenen Deutungswelten und ihren eigenen Gebrauchsweisen zu befragen. Hinsichtlich der Ausweitung des kommerziellen Angebots an Konsumgütern für Jugendliche und junge Erwachsene schreibt Klaus Farin vom Berliner Archiv der Jugendkulturen: »Die Marketingforscher der Industrie haben inzwischen allein in Deutschland über vierhundert existierende ›Jugendkulturen‹ aufgespürt«, und er attestiert, der Topos Jugend habe sich »in den letzten zwei Jahrzehnten in auch für professionelle Jugendforscher nicht mehr überschaubare Parzellen aufgelöst«.[31] Beim Thema dieser Untersuchung sind die vorliegenden

Daten aus der Marktforschung nur eingeschränkt für einen kulturanalytischen Erkenntnisgewinn geeignet. Eine von der Zeitschrift Bravo in Auftrag gegebene Untersuchung zu »Marken und Trends«[32], eine repräsentativ angelegte, quantitative Studie, bei der 738 Jugendliche im Alter von 12 bis 18 Jahren vom Forschungsinstitut iconkids&youth aus München, quotiert nach Alter, Geschlecht, Bildung, Bundesländern und Gemeindegrößenklassen, befragt wurden, gibt immerhin erste Hinweise darauf, was eine Marke für Jugendliche zu einer allgemein akzeptierten Marke macht: Alle tragen sie, jeder hat oder will sie, sagten 67 Prozent der befragten Jugendlichen, 36 Prozent nannten hierfür die Markenpräsenz in der Werbung und in den Medien und 23 Prozent fanden es wichtig, dass die Marke Gesprächsthema ist.[33]

Eine heutige jugendliche Sozialisation ist vor allem eine »popkulturelle Sozialisation«, eine Sozialisation, bei der Popmusik und Kleidung, das Selbst und der Körper in alltäglichen Praktiken bedeutsam zusammenfallen.[34] Im Zentrum auch heutiger Jugend- und Popkulturen steht dabei die Selbstinszenierung: »Popkulturen sind ästhetische, sinnlich ausgerichtete Kulturen, in denen die Inszenierung von Körper und Selbst eine zentrale Rolle spielen.«[35] Diese Selbst-Inszenierungen treten dabei als Ästhetikerfahrungen im Alltag auf, die, worauf Kaspar Maase hinweist, »in erster Linie auf komplexe, polysensuelle, leibvermittelte Wahrnehmungskonstellationen«[36] begründet sind. Hierzu gehört auch das Sich-Kleiden als identitätsstiftende Körperpraxis. Eine Arbeit, die sich mit dem vestimentären Handeln von Jugendlichen und jungen Erwachsenen auseinandersetzt, muss dabei den Blick gerade auch auf »Medien und Markt«[37] richten, denn die Kaufmotive und der Gebrauch von Produkten sind stets vielfältig miteinander verschränkt.

Das Zusammenspiel aus körperbezogenen und sozialen Alltagserfahrungen zeigt sich am Beispiel des Sich-Kleidens oftmals in der Aussage, dass man sich in der Kleidung vor allem »wohl fühlen« müsse; gleichwohl stehen diese mit der Kleidung verbundenen körperbezogenen sinnlichen Erfahrungen nicht im Zentrum dieser Untersuchung.

Wenn in dieser Studie die Marken der Kleidung im Mittelpunkt stehen, dann auch deswegen, weil die untersuchte Altersgruppe zum einen ihr gesamtes bisheriges Leben gemeinsame Erfahrungen mit solchen Marken gemacht hat,[38] zum anderen weil die in den Sozialwissenschaften als umfassend beschriebener gesellschaftlicher Verunsicherungsprozesse Auswirkungen auch auf das Leben junger Menschen haben, die aus diesem Grund als »unter Druck« geratene, »pragmatische Generation«[39] bezeichnet werden. In Reaktion auf diese gesellschaftliche Situation, die sich auch in bildungs- und arbeitsbiographischen Brüchen zeigen, legen junge Menschen großen Wert auf stabile soziale Nahbeziehungen, auf ein harmonisches Familienleben, verlässliche Freundschaften und Treue in der Partnerschaft. Zu diesem Befund tritt allerdings ein anderer hinzu, wonach Wünsche nach Individualität und einem hohen Maß an Autonomie für die eigene Lebensgestaltung ebenfalls wachsende Bedeutung für junge Menschen haben.[40] In der Beziehung zwischen der Suche nach sozialer Stabilität in den Alltagsbeziehungen und dem Wunsch nach Autonomie zeigt sich dabei ein jugendliches Handlungsmuster, das als ein häufiges Wechseln der Zugehörigkeit zu unterschiedlichen Szenen erkennbar ist. Ein solches »Erproben« und »Ausprobieren« unterschiedlicher jugendkultureller Stile wirft Fragen danach auf, welche Bedeutung das Konsumangebot Markenkleidung bei Szenezugehörigkeiten und derlei »diskontinuierlichen Praktiken«[41] hat. Allerdings darf dabei nicht übersehen werden, dass zum einen nicht alle Szenen allen jungen Menschen gleichermaßen offen stehen - so sind Mädchen und junge Frauen nach wie vor selten Hauptakteure von Szenen - und zum anderen die Zugehörigkeit zu einer Szene oftmals an das Vorhandensein ausreichender ökonomischer Mittel gebunden ist, man denke nur an die Snowboard-Szene: Ausrüstung, Ausfahrten und Übernachtung schlagen schnell mit einem hohen Betrag zu Buche.

Diese hier in Kürze skizzierten rahmenden Befunde, wonach die jugendliche Sozialisation heute unter dem Einfluss eines großen jugendspezifischen Konsumangebots und prekärer werdenden Zukunftsaussichten verläuft, waren ebenfalls Thema in den Interviews, die für diese Untersuchung geführt wurden.

Akteursvielfalt im Feld

Um eine thematische Engführung des Forschungsvorhabens zu vermeiden und um vom Forschenden im Untersuchungsdesign nichtantizipierte Felder nicht außer acht zu lassen ist es notwendig, die Zugänge und Wissensbestände der Befragten zum beforschten Gegenstand möglichst unvoreingenommen zu erheben. Welche dies sein können, zeigt sich im Gespräch mit der 19-jährigen Anna, die kurz vor ihrem Abitur an einer Waldorfschule steht und deren Annahmen hierzu an dieser Stelle exemplarisch für die Verwobenheit sehr unterschiedlich gelagerter Thematiken kurz genannt werden. Als ich sie zu Beginn des Interviews frage, worum es wohl im Konkreten gehen werde, vermutet sie, wir sprächen über

> »das, was dahinter steht vielleicht, also was das für Firmen sind, was die Marke vielleicht auch für das Kleidungsstück bedeutet, also preislich gesehen zum Beispiel, dann natürlich auch: Was geben einem Markenklamotten, wenn sie einem was geben.«

Die drei von ihr hierbei genannten Punkte beziehen sich zunächst auf die Herstellerseite, zum zweiten auf den Prozess der Ausstattung eines Produkts mit einer spezifischen Markierung und schließlich auf Fragen zur sozialen und kulturellen Bedeutung dieser Art Kleidung für die KäuferInnen. Aus Annas Assoziationen lassen sich die ersten Umrisse des Forschungsfeldes skizzieren: das konkrete Produkt und dessen konkreter Gebrauch. In den Interviews erfährt der Gegenstand weitere Schattierungen: Markenkleidung sei teuer, diene als Statussymbol und zu Prestigezwecken, sie werde unter skandalösen Bedingungen in »Sweatshops« in Billiglohn-Ländern der »Dritten Welt« produziert. Die Qualität der Kleidung wird angesprochen, ebenso die Werbung, die für sie gemacht wird. Den KäuferInnen, so wird vermutet, gehe es beim Konsum von Markenkleidung um persönliche Profilierung und gesellschaftliche Anerkennung, um Identifikation mit und Zugehörigkeit zu einer Gruppe. Vereinzelt wird - meist eher diffus - darauf hingewiesen, dass es auch Zwänge gäbe, eine bestimmte Kleidung zu tragen. Jennifer fragt im Interview, woher es komme, »dass manche Personen eher Markenklamotten haben als andere« und wer diese sind. Daniela ist sich hinsichtlich der Qualität von Markenkleidung unsicher: Sind »teure Sachen besser oder eher die billigeren?«, und mehrfach wird nach klaren Charakteristika von Markenkleidung gefragt: »Was ist eigentlich eine Marke?«, »Ab wann ist eine Marke eigentlich eine Marke?« und »Seit wann gibt es denn eigentlich Markenklamotten?« In einem volkskundlich-kulturwissenschaftlichen Sinne lassen sich alle diese Anmerkungen und Fragen auch als Ausdruck einer »Alltagskultur der Vielen«[42] verstehen. Nicht das Besondere, das Auffällige oder das Abweichende wird zum Thema, sondern das Gewöhnliche und Alltägliche: die Qualität der Kleidung, der Sinn von Marken oder die Frage, welche gesellschaftliche Gruppe Markenkleidung trägt - wobei sich erneut unterschiedliche Zugangsmöglichkeiten zum Forschungsgegenstand offenbaren.

Anna grenzt in ihrem einleitend genannten Statement Fragen und Bezüge aus, die auf *modisches* Kleidungshandeln verweisen, wenn sie die Marke und nicht das Kleidungsstück fokussiert. Diese (künstliche) Trennung zwischen Marke und Mode verweist auf die Eigenständigkeit und somit auf die Anerkennung der »Sprache« des Forschungsgegenstands, in der Marken als soziale Tatsachen für sich selbst sprechend und abgekoppelt von der Kleidung betrachtet werden. Die Herstellerfirmen sind für Anna dabei ebenso von Interesse wie das Kleidungsstück selbst und auch die Perspektive derjenigen, die eine spezifische Erwartung - Was gibt sie mir? - an die Bekleidung haben. Letzteres war in den Interviews auch mehrfach Thema, wenn nachgefragt wurde: Wer sind denn eigentlich diejenigen, die Markenkleidung kaufen?

Eine solche Verknüpftheit der unterschiedlichen Akteure und unterschiedlicher Perspektiven wird auch von Markus Gmeiner thematisiert, der als Experte für Markenkommunikation befragt wurde. Gmeiner arbeitet als »Visual Merchandiser« im Bereich Shop-Design für einen global tätigen Bekleidungshersteller, dessen Produkte als »elegant und teuer« gelten können. Er trennt zwischen Marke und

Mode, was auf Hersteller wie KäuferInnen gleichermaßen zielt: Massenhaft produzierte Kleidung, wie sie beispielsweise das Unternehmen H&M auf den Markt bringt, stelle für ihn »Markenkleidung« dar; »modische Kleidung« stehe hingegen für innovative Kleidung, die Maßstäbe setzt und die sich »möglichst regelmäßig neu erfindet.« Auch wenn er darauf hinweist, dass zwar bestimmte Labels gute Designer haben, besteht der Hauptunterschied für ihn in der jeweiligen Konsumentengruppe: KäuferInnen der Marke H&M handeln aus seiner Sicht nicht individuell, da diese aussehen wie »12 000, die das gleiche Outfit gekauft haben.« Eine solche Unterscheidung, die in konformes Kleidungsverhalten, das einem Massengeschmack folgt, sowie in individuelles und distinktives vestimentäres Handeln unterteilt, verweist darauf, dass Kleidungshandeln immer auch Ausdruck der eigenen sozialen Positionierung und deren ästhetischen und ökonomischen Möglichkeiten und Begrenzungen ist.

Die britische Kulturtheoretikerin Angela McRobbie fordert in ihrem Aufsatz »Bridging the Gap. Feminismus, Mode und Konsum«, dass bei Forschungsarbeiten über kommerzielle Dinge, Waren und Güter die oft isoliert betrachteten Pole »von Produktion und Konsumption wieder zusammenzuführen und dabei nicht nur Arbeit und Beschäftigung in den Vordergrund zu stellen, sondern auch ihr sich wandelndes Wesen zu berücksichtigen«[43] seien. Dieser Forderung kommt diese Studie weitgehend nach. Um Aufschluss über die Deutung und den Gebrauch von Markenkleidung aus Sicht der KonsumentInnen zu erlangen, ist es notwendig, zunächst darzustellen, welche unterschiedlichen Arten von Arbeit sich im Produkt Markenkleidung erkennen lassen, wer diese leistet und worin die Spezifik dieser jeweiligen Arbeit besteht. McRobbie identifiziert unterschiedliche Akteursgruppen, die in Manufaktur und Produktion, im Designbereich, in Einzelhandel und Vertrieb, in Lehre und Ausbildung sowie im Bereich Modezeitschriften und in Fachmedien tätig sind und sie kritisiert die Fokussierung auf die KonsumentInnen als Forschungsengführung.[44] Ihr Anliegen ist ein geweiteter Blick auf die Arbeitswelten und Arbeitskulturen auch der anderen Beteiligten in der Bekleidungsindustrie, wo fast ausschließlich Frauen einen großen Teil der (fast immer schlecht bezahlten) Arbeit leisten. Der von ihr geforderte analytische Brückenschlag, der von den Näherinnen in den Fabriken Südostasiens bis zu den KonsumentInnen reicht, ist auf die optimistische Annahme gestützt, dass derartige Produkte geeignet seien, die Kluft zwischen den am Produktions- und Konsumtionsprozess beteiligten Akteuren zu überwinden. Erweitert wird der Ansatz McRobbies in dieser Studie um zwei weitere Akteursgruppen: zum einen um zivilgesellschaftliche Akteure, die die Herstellungsbedingungen von Kleidung in der »Sweatshop-Industrie« kritisieren - darunter finden sich vor allem Mitglieder von Gewerkschaften, Kirchen, Nichtregierungsorganisationen und weiterer sozialer Bewegungen; zum zweiten wird die bei McRobbie unterbelichtete Funktion und Bedeutung sozialer Peer Groups beim Kleidungshandeln einbezogen.

Vom Industriekapitalismus zum »kognitiven Kapitalismus«: Die Bedeutung der Produktinszenatoren

Der Konsumhistoriker Rainer Gries verweist in einem von ihm entwickelten »dreidimensionalen Modell der Produktkommunikation« auf diejenigen Berufsgruppen, die an der öffentlichen Kommunikation des Produktes beteiligt sind, und widmet sich auch »den betrieblichen Werbeleitern, Werbeabteilungen, oder Abteilungen für Öffentlichkeitsarbeit« und »den beauftragten externen Werbeagenturen«.[45] Darüber hinaus weist er dem Journalismus eine bedeutsame Funktion in Fragen der Produktkommunikation zu, und die Händler, die Verkäuferinnen und Verkäufer sowie die Inszenatoren, die für die Ausgestaltung der Schaufenster und Verkaufsräume kommunikative Arbeit verrichten, sind Teil seines Modells der Produktkommunikation. Ein Schwerpunkt liegt dabei auf der innerbetrieblichen Kommunikation zwischen der Betriebsführung, der Entwicklungsabteilung und den Arbeitern und Handwerkern, den »wirklichen Produzenten des Produktes«[46]. Eine solche Unterscheidung zwischen denjenigen, deren Arbeit die kommunikative und somit immaterielle Ausstattung der Produkte ist, und denjenigen, die die Herstellung des materiellen

Produktbestandteils leisten, verweist dabei auf einen gesellschaftlichen Transformationsprozess. Dieser lässt sich als Übergang vom Industriekapitalismus zum, wie Yann Moulier Boutang es formulierte, »kognitiven Kapitalismus«[47] beschreiben, von einer fordistisch organisierten Industriegesellschaft zu einer postfordistisch organisierten Gesellschaft, in der »Wissen« zu *der* relevanten ökonomischen Größe wird. Während das eigentliche Produkt - die Bekleidung - vor allem in Billiglohnländern massenhaft im Fließbandverfahren produziert wird, was kennzeichnend für eine fordistische Produktionsweise ist, steht die kommunikative Produktausstattung - Ästhetik, Design, Image, Werbung, Shop-Gestaltung etc. - im Zeichen der Wissensgesellschaft. Hinsichtlich des hier untersuchten Gegenstands ist dabei auch auf einen Befund Richard Sennetts zu verweisen, nach dem ein zentrales Kennzeichen der »Kultur des neuen Kapitalismus« sei, dass bei der Herstellung von Ge- und Verbrauchsgütern weniger der konkrete Nutzen, als vielmehr eine »vergoldete« Oberfläche dieser Güter im Vordergrund stehe. Nach Sennett ist es eben diese Oberfläche, die Profite dann ermöglicht, wenn die Marke vor das eigentliche Produkt tritt: »Die Marke muss dem Verbraucher wichtiger erscheinen als die Sache selbst.«[48]

In den letzten Jahren erschienen erste, auch ethnographische Studien, die das Zusammenspiel der unterschiedlichen Beteiligten unter sich wandelnden gesellschaftlichen Rahmenbedingungen illustrieren. Darin zeigen sich vor allem die Veränderungen in der Arbeitswelt, wie mehrfach am Beispiel der Akteursgruppe der VerkäuferInnen geschildert wird. Die Bedeutung des sozialen Status (und des Geschlechts) von KundInnen im Arbeitsalltag von BekleidungsverkäuferInnen untersuchten Monika Jungbauer-Gans, Roger Berger und Peter Kriwy; sie konstatierten: »Je besser die Kunden gekleidet sind, desto schneller werden sie im Laden bedient, desto ausführlicher ist das Beratungsgespräch und desto häufiger werden ihnen besondere Dienstleistungen [...] angeboten.«[49] Hier zeigt sich eine soziale Struktur des Kaufakts, der auf Wechselwirkungen von vestimentärer Selbst-Repräsentation der Kundschaft und den ästhetischen Bewertungen der Verkaufenden beruht. Von einer Studie, die sich mit Fragen der Bedeutung der Attraktivität von Verkäuferinnen auseinandersetzte, wird dieser Befund indirekt gestützt, denn danach »lassen sich vor allem junge Frauen durch zu schönes Personal vom Kauf abschrecken.«[50] Derlei Beobachtungen wurden im Rahmen dieser Untersuchung nicht direkt abgeglichen, jedoch wurde nach den Einkaufspraktiken, Einkaufserfahrungen, und Einkaufsorten gefragt, um Aufschluss über den Zusammenhang von (Marken-)Kleidung, ästhetisch-vestimentären Praktiken und der sozialen Herkunft der Befragten zu erhalten.

Hannah-Milena Beck und Sabine Hoffmann befragten im Rahmen des kulturwissenschaftlichen Forschungsprojekts »Metzingen TM« KleidungsverkäuferInnen in der Outlet-City Metzingen. Ihr Interesse galt dabei zum einen den Auswirkungen von Marken auf die Angestellten in deren Berufs- und Privatleben, zum anderen ihren Arbeitsbedingungen, die offenbar, mit kleinen Ausnahmen, als »attraktiv« erlebt wurden.[51] Die in ihrem Beitrag sichtbar werdenden Muster der Arbeit der Markenrepräsentation verweisen auf die Anforderungen des spezifischen Arbeitsortes Outlet-City, an dem das äußere Erscheinungsbild und die alltäglichen Umgangsformen untereinander sowie zu den KundInnen stets aktuellen Entwicklungen angepasst werden müssen, eine kulturelle Ein- und Anpassungsleistung, die sich als konfliktträchtige Aufgabe erweisen kann. Darauf weist auch Gerlinde Malli hin;[52] sie beschreibt die Anforderungen an die »Verkäuferinnen in der urbanen Dienstleistungsökonomie« anhand der Filiale einer global tätigen Textilkette, die sich in ihrer Werbung vor allem an eine junge Kundschaft richtet, und zeigt die sich verändernden sozialen und kulturellen Anforderungen an die (weiblichen) Beschäftigten. Fachkenntnisse über die Produkte treten in den Hintergrund, der jugendliche Körper und seine Repräsentation sowie jugendliche Umgangsformen rücken in das Zentrum des Arbeitsplatzprofils, mit Folgen vor allem für ältere Beschäftigte: Arbeiten im Lager und das Auffüllen der Regale treten tendenziell an die Stelle des direkten Kundenkontakts. Dass Frauen mittleren Alters im Verkauf beispielsweise eines Diesel-Stores arbeiten, kann sich, so ein weiterer Befund von Beck und Hoffmann, eine interviewte Verkäuferin aufgrund des

Unternehmens-Images nicht vorstellen: Älteren Beschäftigten wird offenbar eine markenrepräsentative Tätigkeit nicht zugestanden.[53] Bereits im Jahr 2004 gelangte der Mode-Discounter Takko in die Medien, als in Folge von Umstrukturierung und Imageanpassungsprozessen in einem internen Unternehmensprotokoll angeordnet wurde, dass Beschäftigte, die älter als 50 Jahre sind, »auf Entwicklung und Optik zu überprüfen« seien, und Vorgesetzte aufgefordert wurden: »Nicht passende [sind] nach Abwägung zu kündigen«.[54]

Diese Schilderungen der Arbeitsbedingungen von VerkäuferInnen in global tätigen Modeketten verweisen auf die popkulturellen Inszenierungen heutiger Konsumkulturen, in denen weniger Gebrauchs- als vielmehr inszenatorische Werte ihren Auftritt haben, und sie zeigen die Verschränkungen mit einer vor allem auch auf die Zielgruppe »Jugend« ausgerichteten Unternehmensstrategie. Neujustierungen in diesem Dienstleistungssektor - die auch formale Fragen der Beschäftigung, wie beispielsweise der Mitbestimmung in derlei Betrieben berühren - zeigen sich auch in Untersuchungen zur »Subjektivierung von Arbeit«. So untersuchte Judith Krohn die Arbeitskultur in einer global agierenden Modekette und prüfte, wie unter den Bedingungen von subjektivierter Arbeit betriebsrätliche Belegschaftsvertretungen möglich sind oder verunmöglicht werden und welche Selbstbilder und Einstellungen der Beschäftigten in dieser Frage von Bedeutung sind.[55]

Formen globalisierter Arbeitsteilung: Die »neue kulturelle Ökonomie« und die alte Industriearbeit

Die Produktion von Markenkleidung kann als protoypische Form globalisierter Arbeitsteilung bezeichnet werden. Die Wissensarbeit wird zumeist *hier*, die Industriearbeit wird zuallererst *dort* geleistet. Die kreativ tätigen Produktkommunikateure sind dabei Angehörige der von Richard Florida beschriebenen »Creative Class«[56] oder, wie Angela McRobbie sagt, Beschäftigte in der »Neuen Kulturellen Ökonomie«[57]. Sowohl Florida als auch McRobbie konstatieren die steigende Bedeutung kreativer und kultureller Tätigkeiten als wirtschaftliche Wachstumsmotoren. Die Arbeitsbedingungen in der »Creative

Class« und der »neuen kulturellen Ökonomie« unterscheiden sich ganz wesentlich von denen in der Industriearbeit. Vor allem Nicht-Regierungsorganisationen wie die »Clean Clothes Campaign« und deren bundesdeutschem Ableger, die »Aktion saubere Kleidung«, fordern für die fast ausschließlich weiblichen Näherinnen seit Anfang der 1990er Jahre immer und immer wieder die Einhaltung von sozialen Mindeststandards nach den Verordnungen der International Labour Organization (ILO) sowie die Einführung entsprechender Gütesiegel. In zahlreichen, zumeist eher populärwissenschaftlichen und journalistisch-essayistischen Beiträgen werden die Arbeitsbedingungen in den Fabriken der Länder des Trikonts geschildert und kritisiert. In den Büchern von Naomi Klein, *No Logo*[58], und von Alissa Quart, *Branded*[59], wird der Zusammenhang von hiesigem konsumweltlichem Lebensstil und der industriellen Produktion dieser Güter aufgegriffen und eine Kritik an denjenigen Unternehmen formuliert, die für die schlechten Lebens- und Arbeitsbedingungen der Beschäftigten verantwortlich sind. In ihrer juristisch argumentierenden Untersuchung zur Einführung und möglichen Durchsetzungsmechanismen sozialer Mindeststandards in Unternehmen der Textilbranche kommt Reingard Zimmer zu dem ernüchternden Schluss, dass zwischen Anspruch und Wirklichkeit einer wirksamen (Selbst-)Kontrolle eine große Lücke klafft. Die oftmals freiwillig vereinbarten Verhaltenskodizes der Unternehmen zur Einhaltung sozialer und ökologischer Mindeststandards werden angesichts des schwindenden Einflusses nationalstaatlicher Regulierungen - eines der typischen Kennzeichen der Globalisierung - in der Realität selten umgesetzt.[60]

Theoretische Rahmung und Fragestellung

Markenprodukte stellen sozial bedeutsame Tatsachen dar und sie lassen sich als mehrdimensionales Auskunftssystem verstehen: Waren gleicher Art werden durch die kommunikative Ausstattung mit Markennamen, Logo und der entsprechenden Imagebotschaft erkennbar, vor allem aber unterscheidbar. Die in ihnen enthaltene Markenbotschaft wird durch Werbung kommuniziert, die sich, worauf Rolf Lindner hinwies, als »Formverwandlungsinstrument«[61] und als »Übersetzer von Alltagsanschauungen«[62] zeigt und deren zentrale Aufgabe nach Kai-Uwe Hellmann es ist, »namenlose Waren in bekannte Marken zu verwandeln«[63]. Über Werbung sollen dabei wahlweise ein Qualitätsversprechen vermittelt oder soziale Sinnwelten imaginiert werden, die auf Begehrnis und Teilhabe ausgerichtet sind. Dazu greift sie zumeist auf gesellschaftlich positiv konnotierte Einstellungen und Werthaltungen zurück - gegenwärtig: Individualität, Kreativität, Exklusivität - oder imaginiert eine Zugehörigkeit zu unterschiedlichen Lebensstilwelten und Lebensstilgruppen. Der Preis der Produkte gibt Aufschluss über die unterschiedlich adressierten KonsumentInnengruppen und zeigt sich als vertikal wirksames Ordnungssystem von Teilhabemöglichkeiten am Konsumgütermarkt: Neben teurer Designerkleidung gibt es Marken im mittleren Preissegment und bei jedem Discounter finden sich Billigprodukte sogenannter No-Name-Hersteller. Kleidung der Marke Boss bezeichnet Moritz im Interview als »seriös und teuer«, Jennifer spricht bei hochpreisigen Angeboten von »richtiger« Markenkleidung, und der Volksmund kennt dieses soziale System und seine gesellschaftliche Ordnungsdimension ebenfalls und übersetzt das H&M-Hauslabel L.O.G.G. mit »Leider ohne Geld geboren.«[64] Erin sagt »Scheiß-Aldi« und meint damit Kleidung vom Discounter; Daniela berichtet schmunzelnd, dass sie früher ab und zu »Aldi-Klamotten« getragen hat. Diese Bewertungen der Hersteller und der NutzerInnen der entsprechenden Güter zeigen, dass Markenprodukte, wie andere Produkte auch, mit sozialen Positionen konnotiert werden. Markenkleidung wird somit vor allem als vergegenständlichter Ausdruck sozialer Ungleichheiten und sozialer Distanzierungen erkennbar: Wer Markenkleidung trägt, so sagt Andrea im Interview, will zeigen, »dass er was Besseres ist«, will somit soziale Distanz zwischen sich und andere bringen. So findet sich denn auch eine verbreitete Ablehnung dieser sozialen Funktion des Untersuchungsgegenstands, indem z. B. konstatiert wird: »Die Marke ist mir nicht wichtig!« Beim eigenen vestimentären Handeln wird auf den »eigenen Geschmack« und den »eigenen Stil« verwiesen, und als zentrale Begründung bei der Auswahl der eigenen Kleidung wird gerne angeführt: »Ich trage, was mir gefällt«.

Angesichts der großen Markenvielfalt, den hoch unterschiedlichen Preisen sowie modischen Stilen des Markenangebots ist es notwendig zu prüfen, ob und welche Zusammenhänge sich beim Markenkleidungshandeln und der sozialen Position der Befragten erkennen lassen. Diese Frage, die, mit Pierre Bourdieu gesprochen die soziale Position in den Räumen sozialer Lebenslagen, der Lebensstile sowie der Arten des Habitus[65] als Ausgangspunkt der Deutung und des Gebrauchs von Markenkleidung nimmt, muss jedoch - wie sich bei der Arbeit an dieser Studie gezeigt hat - um zwei Perspektiven, die bereits kurz angedeutet wurden, erweitert werden. Zum einen muss im Kontext der Untersuchung nach altersbedingten Sozialisationseffekten, zum anderen nach vermuteten geschlechterspezifischen Deutungs-, Bewertungs- und Handlungsmustern gefragt werden. Wird das System Marke in einem solchen Sinne als soziale Tatsache verstanden, zeigt es sich als umfassendes Auskunftssystem für gesellschaftliche Ordnungsmuster und Klassifikationsprozesse.

Für den Bereich der Jugendkulturforschung ist, worauf Alexandra König hinweist, ein Mangel an Arbeiten zu konstatieren, welche die soziale Position der Akteure miteinbeziehen oder gar betonen.[66] Durch die Vernachlässigung dieser Perspektive bleiben wichtige Aspekte außen vor, die vor allem nach dem sozialen Sinn des Handelns unterschiedlicher Akteure fragen: Soziale Ungleichheiten werden durch das Weglassen dieser Perspektive unsichtbar gemacht. Im Fokus derlei angelegter Untersuchungen steht dann zumeist lediglich das individuelle Handeln, häufig unter Bezugnahme auf das von Ulrich Beck entwickelte Individualisierungstheorem[67], es werden Variationen und Spielräume des Patchworkens oder Re-Mixens von jugendkulturellen Stilen ausschließlich phänomenologisch betrachtet und vermessen, ohne dass nach den unterschiedlichen Ausgangsbedingungen der Akteure und dem sozialen Sinn ihres Handelns gefragt wird.

Die Wahl einer solchen Forschungsperspektive, die die soziale Position der Akteure unterschlägt, folgt häufig implizit Annahmen, wie sie Gerhard Schulze in seiner Analyse der »Erlebnisgesellschaft«

vertritt. Hierbei werden vor allem die multioptionalen Möglichkeiten der Lebensgestaltung thematisiert. Die von Schulze beschriebene »Multioptionsgesellschaft« bietet zwar in der Tat ein (auch) für junge Menschen unüberschaubar differenziertes Konsumangebot an, jedoch zeigt sich nicht erst seit den Pisa-Schulleistungsstudien, den Berufsbildungsberichten und den Armutsberichten der Bundesregierung, dass die Möglichkeiten einer umfassenden gesellschaftlichen Teilhabe eng an die soziale Position ihrer Akteure geknüpft sind. Bei dem in vielen jugendsoziologischen Arbeiten vorherrschenden Zugang, in denen die »Erlebnisgesellschaft« betont wird, wird unterstellt, dass angesichts steigenden gesellschaftlichen Wohlstands und eines Mehrs an freier Zeit eine individuell gestaltbare Maximierung des eigenen Lebensglücks im Vordergrund steht, was die Auflösung der traditionellen Sozialstruktur bedeute. Doch treten bei der Gestaltung des heutigen Alltagslebens, bei der vor allem »die Gestaltung eines innenorientierten Lebens«[68] unter den Vorzeichen des subjektiv Lohnenden im Vordergrund steht, angesichts der vielen angebotenen Möglichkeiten auch neue Schwierigkeiten auf. Im Rahmen dieser Studie wurden solche Problemlagen in den Beschreibungen eines permanenten Auswählen- und Anpassen-Müssens sichtbar. Nicht nur Ilhan spricht in Fragen der Bekleidung von »Gruppenzwang«, einem Prozess, der in Jugendkulturstudien wenig beachtet wird. Eine auf Konsum gestützte Aktualisierung und Anpassung (vor allem des Outfits) lässt sich zudem, worauf Gerhard Schulze hinweist, als eine »Inflation des Gebrauchswerts von Alltagsdingen«[69] verstehen. Es ist, wie mir in Interviews mehrfach bestätigt wurde, heute alles andere als ungewöhnlich, dass junge Menschen 80 T-Shirts, 20 Umhänge-Taschen oder 10 Paar Sonnenbrillen besitzen.

Für die vorliegende Studie wird aufgrund der konstatierten blinden Flecken auch der Jugendforschung eine andere als die Individualisierungs-Perspektive gewählt. In der seit einiger Zeit geführten »Unterschichtendebatte«[70] zeigt sich unter den Vorzeichen der sich stetig weiter öffnenden sozialen Schere erneut eine Forschungsperspektive, die unter dem Signum der Wiederentdeckung der Klassenfrage firmiert. Trotz der sicherlich vorhandenen multioptionalen

Wahlmöglichkeiten gehe auch ich davon aus, dass in einer »Gesellschaft mit begrenzter Haftung«[71] spezifische Alltagspraktiken - so auch die eines vestimentären Markenhandelns - nach wie vor eng an die soziale Position der Akteure geknüpft sind und vor allem in dieser Frage stark von den jeweiligen materiellen Mitteln abhängen, die den Einzelnen zur Verfügung stehen. Dieser Sachverhalt, so eine der Arbeitshypothesen, müsste sich in deutlich unterscheidbaren sozialen und kulturellen Mustern bei der Deutung und beim Gebrauch von Markenkleidung abbilden.

Einigkeit besteht in der kultur- und sozialwissenschaftlichen Kleidungsforschung bereits seit längerem darin, dass die »ästhetisch-expressiven und sozial-kommunikativen Funktionen von Kleidung [...] deren technisch-physische Funktion, nämlich die Reduzierung der Wärmeabgabe des menschlichen Körpers an die Umgebung«[72] überlagert und somit die kommunikative Bedeutung von Kleidung, die Roland Barthes als die »Sprache der Mode« bezeichnete, in das Zentrum der Kleidungsforschung rückt. Während Werner Sombart die Modeproduktion primär als geplanten Prozess zur »Konsummobilisation« und somit als »ein Mittel der kapitalistischen Unternehmer zur Steigerung ihres Umsatzes und Gewinns«[73] sah, attestierte Georg Simmel der Kleidung und der Mode, sie sei »nichts anderes als eine besondere unter den vielen Lebensformen, durch die man die Tendenz nach sozialer Egalisierung mit der nach individueller Unterschiedenheit und Abwechslung in einem einheitlichen Tun zusammenführt«[74], wobei sie, wie er betont, »Produkt klassenmäßiger Scheidung«[75] sei. In Sombarts und Simmels Ausführungen zeigen sich zwei unterschiedliche Perspektiven auf Kleidung und Kleidungshandeln, die beide in dieser Arbeit - einmal als Perspektive auf die Praktiken der Hersteller, zum anderen als Blick auf die Praktiken der KäuferInnen - berücksichtigt werden.

Eine Analyse dieser Handlungen ist somit auch eine Analyse der gegenwärtigen Gesellschaft und eben nicht lediglich die eines spezifischen jugendlichen Handelns. Anhand der in diesen Feldern vorfindbaren Vorstellungen und Praktiken lässt sich auch Aufschluss über gegenwärtige gesellschaftliche Ordnungslogiken gewinnen.

Eine dieser Ordnungslogiken ist das neoliberale Paradigma, wonach jede und jeder selbst für ein gelingendes Leben verantwortlich sei. Diese Vorstellung, von Pierre Bourdieu als »meritokratisches Prinzip« beschrieben und kritisiert, produziert einen Imperativ der Selbstsorge, in dessen Rahmen die Mitglieder der Gesellschaft aufgerufen sind, »Subjekte ihrer selbst« zu sein. Dieser Sachverhalt wird im Interview mit Conny sichtbar, die auf die Frage nach Zukunftsaussichten antwortet:

> »Ich habe die Hoffnung, dass die Chancen durch mein abgeschlossenes Studium hinterher sehr gut sind, also ich versuche halt mich zum einen für den Arbeitsmarkt, zum anderen aber auch ganz persönlich für mich einfach weiterzuqualifizieren, um das Beste aus mir rauszuholen und mich dann so hinterher anbieten zu können.«

Das meritokratische Prinzip verdeckt vor allem die unterschiedlichen und ungleich verteilten ökonomischen, sozialen und kulturellen Voraussetzungen von gesellschaftlicher Teilhabe und erweist sich als zentrale Denkfigur bei der Herstellung und Reproduktion sozialer Ungleichheit, die Pierre Bourdieu und Jean-Claude Passeron im Band *Die Illusion der Chancengleichheit* bereits Anfang der 1970er Jahre beschrieben haben, und die in der Gegenwartsgesellschaft zunehmend wirksam wird.[76]

Eine solche, aus der Jugendforschung zeitweise weitgehend verschwundene Perspektive, in der kulturelle Praktiken als gerade nicht von sozialen Verhältnissen abtrennbar betrachtet werden, wird in jüngerer Zeit wieder vermehrt eingefordert. Rolf Lindner z. B. verweist darauf, dass in der Überbetonung einer Perspektive auf das individuelle Handeln die Matrix von Klasse und Schicht zu Unrecht als obsolet erscheint.[77] Lutz Musner kritisiert das Fehlen der Kategorie des Sozialen, die für ihn bei der Analyse kultureller Prozesse und Praktiken zwingend notwendig ist, und fordert die Wiedergewinnung einer kritischen Sozialwissenschaft.[78] Das von beiden angesprochene Versäumnis einer sozialen Verankerung kultureller Praktiken bezeichnete Wolfgang Kaschuba Mitte der 1990er Jahre als Tendenz zum »Kulturalismus«, als das »Verschwinden des Sozialen«[79] im gesellschaftlichen Diskurs - und in der Empirischen Kulturwissenschaft.

Mit Pierre Bourdieus klassentheoretischem Ansatz lässt sich diese Kritik produktiv aufgreifen und ein für diese Arbeit fruchtbarer theoretischer Rahmen aufspannen, mit dem der Topos Markenkleidung sowohl aus subjektiver als auch aus gesellschaftstheoretischer Perspektive untersucht werden kann. Bourdieu konstatiert in seinem Hauptwerk *Die feinen Unterschiede* den Angehörigen der unteren, mittleren und oberen Klassen für den Bereich des Kleidungshandelns einen hoch unterschiedlichen Gebrauch von Kleidung:

> »Die Angehörigen der unteren Klassen machen von der Kleidung einen realistischen, oder wenn man will, funktionalistischen Gebrauch; Substanz und Funktion über die Form stellend und gewillt, für ihr Geld auch etwas Ordentliches in Händen zu halten, entscheiden sie sich für das ›Zweckmäßige‹ [...] - ganz im Gegensatz zu den Angehörigen der Mittelklassen, die sich, zumal außerhalb der eigenen vier Wände und bei der Arbeit [...] zunehmend um ihr Äußeres, d.h. Bekleidung und Kosmetik, Gedanken zu machen beginnen.«[80]

Angehörige der höheren Klassen, so Pierre Bourdieu weiter, wählen auch bei der Kleidung tendenziell nach Mustern, die den »Prinzipien einer ›reinen‹ Ästhetik«[81] entsprechen. Vor allem der Kauf von Oberbekleidung ist danach an die soziale Position gekoppelt, denn dieser »nimmt mit steigendem sozialen Status an Volumen und Wert zu.«[82] Dieses Strukturprinzip findet sich aktualisiert auch in den durchgeführten Interviews wieder. Nun sind es die »Aldi-Klamotten« und die »teuren Designermarken«, die »No-Names« und die »richtigen Markenklamotten« oder die als »Fakes« und als »Schicki-Micki-Kleidung« bezeichneten Labels, die als Unterscheidungskriterien eines noch näher zu bestimmenden funktionalen und ästhetischen Gebrauchs sozial verortet und bewertet werden. Name und Image der Hersteller ersetzen dabei - zumindest auf den ersten Blick - das eigentliche Produkt. Die Statements verweisen auf eine nach wie vor bestehende Logik, wonach teure Marken eher nach ästhetischen, günstige eher nach funktionalen Kriterien beschrieben und bewertet werden. Es lässt sich festhalten: Die mittels Werbung erfolgte Formverwandlung vom »Produkt Kleidung« zum »Produkt Marke« findet offenbar erst durch die KonsumentInnen Bestätigung - wird einem Kleidungsstück eine Aura des Ästhetischen zuerkannt, wird es zur Marke, wo dies ausbleibt, bleibt auch diese Anerkennung aus.

Zentral für Bourdieu ist seine Erweiterung des von Karl Marx entwickelten Kapitalbegriffs, indem er ökonomisches, kulturelles und soziales Kapital unterscheidet. Der jeweilige Besitz dieser Kapitalien entscheidet nach Bourdieu über die soziale Position im gesellschaftlichen Raum und somit über den Lebensstil und den Habitus der Angehörigen der verschiedenen Klassen und Klassenfraktionen. Aufgrund der ungleichen Verteilung dieser Kapitalien zeigen sich in der Gesellschaft ungleiche Lebensstile, die *nicht* freiwillig gewählt sind:

> »Lässt sich der gesamte Lebensstil einer Klasse bereits aus deren Mobiliar und Kleidungsstil ablesen, dann nicht allein deshalb, weil in diesen Merkmalen sich die ihre Auswahl beherrschenden ökonomischen und kulturellen Zwänge objektivieren; vielmehr auch, weil sich die *gesellschaftlichen Verhältnisse, die in diesen vertrauten Dingen gegenständliche Gestalt gewinnen* [...], sich vermittels zutiefst unbewusster körperlicher Empfindungen und Erfahrungen aufzwingen [...]«[83].

Dabei kommt der Herstellung von »Distinktion«, der Absetzung der oberen Klassen gegenüber den unteren Klassen, eine wichtige Funktion zu. Der im Habitus der jeweiligen Klasse ausgebildete »Geschmack«, die Vorlieben und Abneigungen, die in alltäglichen Handlungen geprobt und eingeübt und schließlich inkorporiert werden, zeigt sich als Muster einer klassenspezifisch hergestellten und klassenintern geteilten Herstellung von Ähnlichkeit und somit als Klassifikationsprinzip sozialer Ordnung unter dem Primat der Funktion des

Alltagshandelns. So können mit Bourdieu die Praktiken des Alltagshandelns bei der Herstellung von Distinktion und Ähnlichkeit - was stets zusammengehört - als klassenvermittelte stilistische Selbstauskunft im sozialen Raum verstanden und analysiert werden:

> »Der soziale Instinkt spürt seine Anhaltspunkte in dem System von Zeichen auf, die - unendlich redundant aufeinander bezogen - jeder menschliche Körper an sich hat: Kleidung, Aussprache, Haltung, Gang, Umgangsformen. Unbewusst registriert, begründen sie ›Antipathien‹ und ›Sympathien‹: noch die scheinbar spontansten ›Wahlverwandschaften‹ beruhen immer auch auf dem unbewussten Entschlüsseln expressiver Merkmale, deren jeweiliger Sinn und Wert sich nur aus dem System ihrer klassenspezifischen Varianten erschließt [...]. Der Geschmack paart die Dinge und die Menschen, die zueinander passen, die aufeinander abgestimmt sind, und macht sie einander verwandt.«[84]

Aufgrund dieses von den jeweiligen Klassen und Klassenfraktionen geteilten sozialen Sinns, der auf der Grundlage der Kommunikation von »expressiven Merkmalen« beruht - worunter fraglos auch Markenlogos und Warenzeichen fallen -, lässt sich der Alltagsgegenstand Markenkleidung unter klassentheoretischen Gesichtspunkten befragen: Zeigen sich dabei Deutungsweisen und Praktiken, die eng an die soziale Position geknüpft sind und die sich als *»Sinn für Homologie zwischen Gütern und Gruppen«*[85] erkennen lassen?

Um diese Fragen beantworten zu können ist es notwendig, die konkreten Praktiken nicht nur hinsichtlich der sozialen Position der Akteure zu vergegenwärtigen, sondern auch die hegemonialen gesellschaftlichen Rahmenbedingungen zu berücksichtigen. Diese zeigen sich, wie bereits angedeutet - und hierin unterscheidet sich die vorliegende Untersuchung vom Setting der Studie Pierre Bourdieus -, als normative Aufforderung zur »Selbstsorge«. Dieser Ansatz aus der Gouvernementalitätsforschung, der eng mit den Arbeiten Michel Foucaults verknüpft ist, ist untrennbar mit dem Begriff der »Subjektivierung« verbunden. »Selbstsorge« verweist dabei auf einen umfassenden gesellschaftlichen Prozess sowie ein wirksames Strukturprinzip, in dem Individualität und Autonomie zu normativen Leitbildern *und* dessen zentralen Kennzeichen werden. Dieser Prozess formt einerseits die Menschen, andererseits wirkt er über das hegemonial gewordene Leitbild; es handelt sich somit, worauf Ulrich Bröckling hinweist, um einen Prozess, »bei dem gesellschaftliche Zurichtung und Selbstmodellierung in eins gehen.«[86] Die hierfür konstituierende Aufforderung, »Subjekt seiner Selbst« zu sein, ist in zahlreichen Werbekampagnen von Markenkleidungsherstellern als *die* zentrale Botschaft erkennbar: Individualität und Selbstbestimmung sowie Autonomie, Flexibilität und Multioptionalität in der Lebensgestaltung sind die neuen Direktiven, die Leitbilder der Lebensführung. Der doppelte Prozess der Selbstmodellierung und der gesellschaftlichen Zurichtung lässt sich auch und vor allem hinsichtlich von Neujustierungen im Bereich der Arbeitswelt erkennen. G. Günter Voß und Hans J. Pongratz haben diese Transformation im Typus des »Arbeitskraftunternehmers«[87] beschrieben, Ulrich Bröckling hat auf die gesellschaftlichen Dimensionen der »Subjektivierungsform« des »unternehmerischen Selbst« hingewiesen. Die Rezeptur besteht in beiden Fällen aus Autonomie- und Freiheitsversprechen sowie dem gleichzeitigen Zwang zur permanenten Selbstkontrolle. Dieser Befund ist in der empirischen Sozialforschung bislang weitgehend unberücksichtigt geblieben.

Die Gouvernementalitätsforschung, die in ihrem Kern auf die Frage nach sich transformierenden gesellschaftlichen Machtverhältnissen zielt, wirft – unter Zuhilfenahme der spezifischen Perspektive der Cultural Studies – dabei stets auch die Frage nach dem »Eigensinn« der Menschen auf, die von Michel de Certeau als »Taktiken von Praktikern«[88] beschrieben wurden. Es gilt demnach auch zu fragen, ob junge Menschen unter dem allgegenwärtigen Einfluss von »Medien und Markt«[89] nur passive, überwältigte KonsumentInnen darstellen oder sich eine aktive, ja eigensinnige Aneignung von Markenkleidung erkennen lässt.

Diskurs und Praktiken

Das beschriebene Verhältnis von wechselseitiger Selbstmodellierung und gesellschaftlicher Zurichtung lässt sich als die *diskursive Formation* der Gegenwartgesellschaft bezeichnen. Empirisch zu prüfen ist, ob und, wenn ja, wie sich diese *Formation* auch im Umgang mit Markenkleidung erkennen lässt. Hierfür wird dem Markendiskurs die individuelle Praxis der Akteure gegenübergestellt. Die erhobenen Deutungen erlauben dabei eine Identifikation der verschiedenen Felder des Diskurses um Markenkleidung generell, der als weitgehend unreflektiertes Regelwerk für das individuelle Handeln von Bedeutung ist. Unter Diskurs wird dabei, in Anlehnung an Michel Foucault, das weitgehend unsichtbare Regelwerk verstanden, nach dem Handlungen als vernünftig oder unvernünftig erscheinen und das darüber entscheidet, was als gesellschaftlich sagbar und was als nicht sagbar gilt und wodurch sich die von »Macht« durchzogene, verborgene Seite der alltäglichen Sinnproduktion und des alltäglichen Tuns und deren jeweilige Strukturen zeigen.[90] Dieses Regelwerk, auch als die »kulturelle Grammatik«[91] einer Gesellschaft bezeichnet, ist kein fixes und unveränderliches Ordnungssystem, sondern unterliegt gesellschaftlichen Aushandlungsprozessen. Die Beziehungen zwischen Subjekt und Gesellschaft werden dabei im Diskurs als vielfältiges Beziehungsgeflecht erkennbar, welches aus einem Zusammenspiel von »Institutionen, ökonomischen und gesellschaftlichen Prozessen, Verhaltensformen, Normsystemen, Techniken, Klassifikationstypen und Charakterisierungsweisen«[92] entsteht.

Das gegenwärtige gesellschaftliche Regelwerk zeichnet sich sowohl durch die bereits erwähnte Zunahme subjektkonstituierender Aufforderungen als auch durch wachsende gesellschaftliche Ungleichheitsprozesse aus, die nicht voneinander zu trennen sind.

Besonders aufschlussreich ist die Schnittstelle von Diskurs und Praktiken, zeigen sich hier doch die sozialen Prozesse, die Subjekt und Gesellschaft konstituieren. John Fiske, der statt des Begriffs des Diskurses den Begriff der »Struktur« gebraucht, macht darauf aufmerksam, dass

> »Praktiken auf der Mikro-Ebene unter besonderen sozialen Bedingungen in Beziehung zu diesen Kräften der Makro-Ebene treten. In der Tat ist die Schnittstelle zwischen Praxis und Struktur eine der Schlüsselstellen, an denen Menschen in die sozialen und semiotischen Kämpfe eintreten.«[93]

Dabei stehen die Praktiken, worauf Elisabeth Timm hinweist,

> »nicht in einem hierarchischen Verhältnis zueinander [...]. Diskurs und Normen bzw. Praxis sind vielmehr als zwei Koordinaten kultureller und sozialer Realität zu begreifen, die nicht jede für sich betrachtet Auskunft über gesellschaftliche Verhältnisse geben, sondern deren Dynamik und Verhältnis zueinander Realität konstituiert.«[94]

Veranschaulichen lässt sich diese These an Sighard Neckels Analyse der »Pflicht zum Erfolg«[95]. Im heutigen Kapitalismus, so seine These, tritt der Einzelne in der Hoffnung auf persönlichen Erfolg eine Flucht nach vorne an, die sich als gesellschaftliche Vermarktung unter dem Primat von scheinbar individuellem Leistungsvermögen zeigt - empirisch zu untersuchen wäre, welche Anstrengungen und Aufwendungen, aber auch welche Widerständigkeiten und welcher »Eigensinn« sich hinsichtlich dieser »Pflicht zum Erfolg« in den Handlungen der Menschen finden lassen und wie diese jeweils argumentiert werden.

Bereits ein flüchtiger Blick auf gegenwärtige Werbeanzeigen und Werbekampagnen von Markenkleidungsproduzenten zeigt, wie Diskurs und Struktur, Norm und Konvention in werbliche Bilder und Slogans übersetzt werden. Diese Anzeigen lassen sich zuallererst als Freiheits-, Individualitäts-, Kreativitäts- und Autonomieversprechen erkennen, mittels derer zum Konsum aktiviert werden soll: »Here I am«, »Be yourself«, »Be different« oder »Just do it« lauten die Werbe-Imperative. In dieser Studie geht es - zumindest am Rande - auch darum, eine gegenwartsorientierte Analyse von Werbung vorzunehmen, darum, wie Rolf Lindner es formulierte, »den werblichen Herstellungsprozess zu entmystifizieren, die angewandten Methoden und

Techniken zu skizzieren und insbesondere Reichweite sowie Grenzen werblicher Einflussnahme näher zu bestimmen«[96]

Somit wird in dieser Arbeit nach zweierlei gefragt: Zum einen nach der Anordnung der relevanten gesellschaftlichen Felder des Diskurses, die sich auf der Deutungsebene von Markenkleidung erkennen lassen, zum anderen um die Handlungs- und Gebrauchsmuster - die Praktiken der Gegenstandsaneignung - unterschiedlicher sozialer Akteure. Dabei wird der Akzent auf die soziale Herkunft und darüber hinaus auf die Bedeutung des Alters und des Geschlechts der Jugendlichen und jungen Erwachsenen gelegt.

Methodisches Vorgehen und Forschungsverlauf

Utz Jeggle fordert von den Methoden der Empirischen Kulturwissenschaft, dass sie »ihren Gegenstand so lebendig wie möglich abbilden und ihn zugleich so genau und umfassend wie möglich analysieren«[97]. Er verweist damit auf die in jeder kulturwissenschaftlichen und kultursoziologischen Forschung enthaltene Spannung zwischen den mikro- und makroanalytischen Ebenen von Beschreibung und Analyse. Sie zu bewältigen bedarf es nicht zuletzt der eigenen Selbstverortung.[98] In den späten 1970er und frühen 1980er Jahren in der schwäbischen Provinz (Jugendhaus- und Wohngemeinschafts-) sozialisiert, - Rolf Schwendter weist auf die Besonderheiten einer Sozialisation dieser Jahre an einem »provinziellen Ort« hin -, waren auch für mich »Schützenvereine, Kehrwoche, auf Ruhe und Ordnung bedachte Kurzhaarigkeit, [...] Konsumorientierung [oder eine] Vergesellschaftung unter kirchlicher Fremdbestimmung«[99] wenig attraktiv. Stattdessen ging es darum, mit dem Rückenwind von »68« und der damaligen Friedens- und Umweltbewegungen, sub- und gegenkulturelle Lebensentwürfe in Selbstorganisation zu entwickeln. Das damals verbreitete Unbehagen an der Konsumkultur, die als »Konsumkritik« seit den späten 1960er Jahren unter diesem Schlagwort firmiert und heute kaum noch eine Rolle spielt, war für mich, als Angehöriger der sogenannten idealistisch-postmaterialistischen Generation - wie ich heute feststelle - identitätsstiftend: Das Misstrauen auch gegenüber heutigen Produktinszenierungen, die mehr denn je als »Wahres Glück im Waren-Glück«[100] betrachtet werden wollen, und der Aufstieg der Markenkleidungshersteller zu problematischen Akteuren der Globalisierung waren neben der mangelnden Erforschtheit des Umgangs mit Markenkleidung Antrieb genug, mich diesem Themenfeld zuzuwenden.

Utz Jeggle merkt zur Methodenwahl auch an, dass die für andere Wissenschaftsdisziplinen gültigen harten Regelwerke und formalisierten Forschungsprocederes »für uns«[101] nicht gälten, denn bei der Suche nach den Regeln und Praktiken des Alltagslebens müsse eine systematische Offenheit zugrunde gelegt werden, um unvermutete Aspekte des Gegenstands nicht - bewusst oder unbewusst - zu oberflächlich und somit unterbelichtet zu behandeln oder gar ganz außen vor zu lassen. Die von Jeggle angemahnte Offenheit als Ausgangspunkt qualitativer Forschung verspricht größtmöglichen Erkenntnisgewinn und erfordert dabei »ein spezifisches Verständnis des Verhältnisses von Gegenstand und Methode.«[102] Dieses besteht darin, die Spezifik des Gegenstands und nicht den Gegenstand ins Zentrum der Untersuchung zu stellen, zu untersuchen, wie diese Spezifik begründet wird und in welchem Verhältnis die vorfindbaren Begründungsmuster zu den Praktiken der Befragten einerseits, zu deren sozialer Position, ihrem Alter und ihrem Geschlecht andererseits stehen.

Ein solches Vorgehen zeigt eine Nähe zur »Grounded Theory«, die ihren Gegenstand ohne theoretische Vorannahmen zu erforschen sucht.[103] Dabei »ist der zu untersuchende Gegenstand Bezugspunkt für die Auswahl von Methoden und nicht umgekehrt«[104]. Die »Grounded Theory« zeichnet sich dabei durch ihre Prozesshaftigkeit aus: Anhand einer Analyse gewonnener Daten erfolgt eine theoretische Konzeptualisierung die sich dann an den Daten wiederum bewähren muss.[105] Die vor allem mit den Namen Anselm Strauss und Barney Glaser verbundene Methode wurde Ende der 1960er Jahre in den USA entwickelt und gilt inzwischen als eine der Standardmethoden der empirischen Sozialforschung. Sie bietet »am ehesten die Gewähr, den Forschungsprozess nicht in erster Linie zu reflektieren, [...] sondern ihn voranzutreiben, d.h. mit einem minimalen Aufwand an Datenerhebung ein Maximum an Datenanalyse und folgender Theoriebildung zu erreichen.«[106]

Das Sample und seine Änderungen im Forschungsverlauf

Ihre Deutung und ihren Gebrauch von Markenkleidung erläuterten mir in Interviews, von denen die meisten etwa zwei Stunden, einige wenige um die 90 Minuten, zwei knapp 180 Minuten dauerten, insgesamt 28 Jugendliche und junge Erwachsene (14 weiblich, 14 männlich) im Alter von 15 bis 29 Jahren[107], alle waren ledig und kinderlos. Sie werden am Ende dieses Abschnitts in Kurzporträts einzeln vorgestellt.

Die zu Beginn der Forschung fokussierte Gruppe von jungen Gewerkschaftsmitgliedern, die nach ihrem gewerkschaftlichen Engagements (von sehr stark über temporär aktivierbar bis passive Mitgliedschaft) gestuft war, wurde im Verlauf des Forschungsprozesses erweitert, da sich hinsichtlich des Gebrauchs von Markenkleidung - anders als vermutet - keine Anzeichen dafür finden ließen, dass allein die gewerkschaftliche Zugehörigkeit Auswirkung auf das vestimentäre Markenhandeln hatte.

Die vorgenommene Erweiterung des Samples orientiert sich an dem von Michael Vester und anderen entwickelten »Modell der Milieus der alltäglichen Lebensführung«[108], mit dem eine Verortung der Befragten im sozialen Raum anhand relevanter bildungs- und berufsbiographischer Merkmale - die in den Interviews erhoben wurden - möglich wird. Diese sind in der Art des Schulabschlusses, der angestrebten oder ausgeübten beruflichen Tätigkeit der Befragten sowie der Berufe der Eltern zu finden. Absicht dieser Erweiterung war es, Aussagen über die sozialen Hintergründe der Deutung und des Gebrauchs von Markenkleidung zu erlangen.

Entgegen der weit verbreiteten Annahme einer gesellschaftlichen Fragmentierung, bei der sich die vorhandenen sozialen Großgruppen aufzulösen scheinen, weist die Sozialstrukturforschung immer wieder darauf hin, dass sich Milieus und Klassen zwar verändern, dies aber nur langsam erfolge und »eher in Form einer horizontalen

Auffächerung«[109] erkennbar werde. Der Verweis auf diese relative Stabilität erfolgt dabei aufgrund von Erkenntnissen, die anhand berufsbiographischer Merkmale - als ein Kennzeichen der »äußeren Lebensstellung« - sowie den subjektiven Praxiserfahrungen in den jeweiligen Alltagsmilieus, die prägend für die Ausbildung des klassen- oder milieuspezifischen »inneren Habitus« sind, erhoben werden. Beides, die »äußere Lebensstellung« wie auch der »innere Habitus«, ist nach wie vor eng miteinander verkoppelt und zeigt sich zum einen als Abgrenzung der Milieus und Klassen voneinander, zum anderen als deren innerer Zusammenhalt. Dies ist der Grund, so Michael Vester, dass nach wie vor »die nachwachsenden Generationen auf bestimmte Bildungs- und Berufswege« geführt werden, was letztlich für eine zwar »dynamische und flexible«, insgesamt betrachtet jedoch stabile Reproduktion der Klassenstellung sorge.[110] Ein solcher Zusammenhang wird auch durch zahlreiche aktuelle Bildungsstudien belegt, die auf den sehr engen Kontext von sozialer Herkunft und bildungsbiographischem Lebenslauf verweisen. Schulischer Erfolg, Möglichkeiten der Bildungsbeteiligung und des Kompetenzerwerbs sowie die Berufswahl sind weiterhin maßgeblich von der sozialen Herkunft abhängig.

Ergänzend zu den bildungs- und berufsbiographischen Merkmalen wurde im Sample auf Geschlechterparität, unterschiedliche Lebensalter und Wohnortstruktur (urban/kleinstädtisch/ländlich) geachtet. Ebenso wurde die ethnische Herkunft berücksichtigt, wobei es hier allerdings nicht gelang, weibliche Interviewpartnerinnen für die Befragung zu gewinnen; acht junge Männer mit unterschiedlichem »Migrationshintergrund«[111] wurden befragt. Grund der Einbeziehung dieser Kategorie ist der aktuelle Befund, nach dem junge MigrantInnen deutlich schlechtere Teilhabe-Chancen in annähernd allen relevanten gesellschaftlichen Feldern haben.[112]

Die für diese Studie vorgenommene Erweiterung des Modells von Vester (u. a.) um die Kategorien Alter und ethnische Herkunft ist nicht nur sinnvoll, sondern notwendig, da die jeweils eigene Vorstellung über die Gliederung der Gesellschaft und damit verbunden die eigenen Praktiken in der Gesellschaft nicht zuletzt davon abhängen, wo der/die Einzelne sich selbst in dieser Gesellschaft befindet.[113]

Das Modell Vesters, in dem zehn unterschiedliche soziale Milieus definiert werden, arbeitet dabei mit Milieubezeichnungen wie postmodernes, konservativ-technokratisches, modernes Arbeitnehmer- oder traditionsloses Arbeitermilieu, die auf zwei Achsen angeordnet werden: Vertikal hinsichtlich der Berufstätigkeit (Arbeiter-, Angestellten- und Höhergestelltenmilieus), horizontal hinsichtlich Werthaltungen, Einstellungen und Orientierungen (postmoderne, liberale und konservative Milieus) - wobei es im Rahmen dieser Studie nicht gelang, Angehörige aus dem »konservativ-technokratischen Milieu« zu befragen.

Die Fragestellungen und das methodische Vorgehen wurden nach der Erweiterung des Samples beibehalten. Geändert wurde im Verlauf des Forschungsprozesses jedoch der Einstieg in die Interviews. Die anfänglich zur Feldaufschließung und Themen-Stimulierung verwendete erste Frage nach der Bekanntheit 25 unterschiedlicher Markennamen wurde zugunsten einer offeneren Einstiegsfrage, mit der nach den vermuteten Themen des Interviews gefragt wurde, nach hinten gestellt. Hierdurch ergaben sich in den Interviews zwar keine grundsätzlich neuen Felder und Themen, allerdings ließ diese neue Einstiegsfrage deutlich mehr Raum zur Selbstpositionierung und zur Interessensartikulation seitens der Befragten.

Die Interviews, die mich in Groß-, Mittel- und Kleinstädte sowie dreimal in Dörfer und Weiler in Baden-Württemberg, Bayern und Hessen führten, fanden bei meinen GesprächspartnerInnen zuhause statt, in deren Wohnungen, Wohnheimzimmern oder Wohngemeinschaften, da ich bereits bei der Interviewanbahnung den Wunsch äußerte, mit ihnen zusammen auch einen Blick in ihren Kleiderschrank werfen zu wollen.[114]

Kurzporträts der InterviewpartnerInnen

Die Anordnung der Kurzporträts erfolgt anhand einer schematischen Aufteilung entlang der oben beschriebenen Annahmen hinsichtlich der Milieubildung unterschiedlicher bildungs- und berufsbiographischer Gruppen. Dabei werden fünf Kategorien gebildet: SchülerInnen ohne berufliche Ausbildung (drei Befragte), Auszubildende und Berufstätige in Verwaltungs- und Dienstleistungstätigkeiten (neun Befragte), Personen in sozialen Berufen (acht Befragte), in handwerklichen und technischen Berufen (sechs Befragte) sowie Studierende ohne bisherige Berufsausbildung (zwei Befragte).

SchülerInnen

- Die 15-jährige Mara besucht die 9. Klasse eines Gymnasiums einer Kleinstadt im Großraum Stuttgart. Was sie nach dem Abitur machen wird, weiß sie noch nicht. Ihre Eltern sind geschieden, die Mutter ist Lehrerin, der Vater Gastwirt. Mara gibt etwa 30 Euro pro Monat für Kleidung aus und ihre Lieblingsmarke ist »Madonna«. Sie lebt als Einzelkind mit ihrer Mutter zusammen.

- Der 18-jährige Moritz, der im Alter von sieben Jahren mit seinen Eltern aus Rumänien in eine Kleinstadt in der Nähe von Stuttgart gezogen ist, macht nach dem Abschluss der Mittleren Reife nun sein Abitur auf einem Aufbaugymnasium in Stuttgart. Sein Vater arbeitet als Diplom-Ingenieur vor allem im Außendienst, seine Mutter ist selbstständige Klavierlehrerin. Seine beruflichen Interessensgebiete sind breit und reichen von einem Studium der Psychologie, Medien- und Grafikdesign oder der Architektur bis zu einer Tätigkeit im technischen und psychologischen Krisenmanagement in Krisengebieten. Durch seine Aushilfstätigkeit als Spülkraft in einem Schnellrestaurant verfügt er über knapp 400 Euro im Monat, von denen er 30 bis 40 Euro für Kleidung, auch die seiner Lieblingsmarke »Fred Perry«, ausgibt. Moritz wohnt bei seinen Eltern und er hat einen zwei Jahre jüngeren Bruder, der auf die Realschule geht.

- Anna ist 19 Jahre alt und besucht die Abitur-Abschlussklasse einer Waldorfschule in einer Mittelstadt in Baden-Württemberg. Nach dem Schulabschluss will sie zunächst ein gemeinnütziges Bildungsjahr absolvieren, um anschließend Jura mit der Fachrichtung Wirtschaftsrecht zu studieren. Von ihren Eltern - ihre Mutter erledigt die Verwaltungsarbeit im Betrieb des Vaters, der als selbstständiger Elektromeister tätig ist - erhält sie 100 Euro monatlich zur freien Verfügung, von denen sie etwa 60 bis 70 Euro für Kleidung ausgibt. Ihre Lieblingsmarken sind »Zara« und »H&M«. Anna wohnt zuhause mit ihren Eltern, einer jüngeren Schwester und einem jüngeren Bruder, die beide ebenfalls die Waldorfschule besuchen.

Berufe im Verwaltungs- und Dienstleistungsbereich

- Die 21-jährige Sabine absolvierte nach ihrem Hauptschulabschluss die zweijährige Berufsfachschule mit dem Abschluss Mittlere Reife. Anschließend arbeitete sie 15 Monate in einem Schnellrestaurant als Aushilfe, zunächst in Voll-, anschließend in Teilzeit. Hieran schloss sich eine kurze Aushilfstätigkeit in einer Produktionsfirma an, bevor sie vor einem knappen Jahr ihre Ausbildung zur Kauffrau für Bürokommunikation bei einem großen Kommunikationsdienstleister begann. Sie lebt in einem Weiler im nördlichen Baden-Württemberg auf dem Bauernhof des Onkels. Ihr Vater arbeitet als Mechaniker, ihre Mutter als Technische Zeichnerin. Monatlich verfügt sie über 500 Euro Einkommen und sie ist sich nicht sicher, wie viel sie hiervon durchschnittlich für Kleidung ausgibt - 20 bis 50 Euro schätzt sie. Ihre Lieblingsmarke ist »Big Blue«. Sabine hat einen zwei Jahre jüngeren Bruder, der eine Ausbildung zum KFZ-Mechatroniker absolviert.

- Erin ist 17 Jahre alt und hat nach seinem Hauptschulabschluss im letzten Jahr eine Ausbildung zur Fachkraft für Kurier-, Express- und Postdienstleistungen begonnen. Sein Vater migrierte Ende der 1960er, seine Mutter Ende der 1980er Jahre aus der Türkei nach Deutschland, wo beide in Vollzeit in der Montage in der Automobilindustrie im südlichen Großraum Stuttgart arbeiten. Seine Ausbildungsvergütung beläuft sich auf 450 Euro im Monat, 60 Euro gibt er hiervon für Kleidung aus. Als Lieblingsmarken nennt er »Puma«

und »G-Star«. Erin lebt mit seinem ein Jahr jüngeren Bruder, der das Gymnasium besucht, bei seinen Eltern. Sein 25-jähriger Bruder arbeitet als Subunternehmer in der Reinigungsbranche sowie im Hol- und Bringdienst einer Autovermietung, er absolvierte die Hauptschule.

- Christian arbeitete bis vor kurzem als Verwaltungsfachangestellter in einer kleinen badischen Landgemeinde und ist derzeit ohne Arbeit. Der 26-Jährige, der nach seiner Mittleren Reife das einjährige kaufmännische Berufskolleg absolvierte, lebt nach wie vor in seinem Elternhaus in einem abgetrennten Wohnbereich. Sein Vater ist Maschinenführer und seine Mutter arbeitet halbtags als Verkäuferin in einer Metzgerei. Seine Kleider bestellt er - als einziger im Sample - zu sehr großen Teilen via Katalog bei Neckermann, er gibt pro Monat durchschnittlich zwischen 20 und 30 Euro aus. Aufgrund seines prekären Übergangsstatus ist er derzeit ohne festes Einkommen. Er hat fünf jüngere Geschwister, die in Ausbildungen im Tourismusbereich und zur Bäckerin stehen bzw. sich für die Ausbildung zum Koch bewerben und noch die Schule besuchen; eine Schwester holt die »Mittlere Reife« nach, ein Bruder besucht die Hauptschule.

- Doris ist 26 Jahre alt und hat nach ihrem Realschulabschluss in einer bayerischen Großstadt eine Ausbildung zur Kauffrau für Bürokommunikation absolviert. Die letzten Jahre war sie in ihrem Ausbildungsbetrieb zunächst freigestellte Jugend- und Ausbildungsvertreterin, derzeit ist sie dort freigestellte Betriebsrätin. Ihr Vater arbeitet als Produktionseinteiler in einem Chemieunternehmen, ihre Mutter ist Angestellte bei einer Betriebsgenossenschaft. Ihr monatliches Einkommen beläuft sich auf 1400 Euro, wieviel sie hiervon für Kleidung ausgibt, hatte ich im Interview vergessen zu erfragen. Ihre Lieblingsmarke ist »Mustang«. Doris lebt mit ihrem Freund zusammen. Sie hat einen fünf Jahre älteren Bruder, der Verkäufer im Bekleidungsbereich gelernt hat und ebenfalls als Betriebsrat tätig ist.

- Ilhan ist 25 Jahre alt und lebt in einer hessischen Großstadt. Er verließ die Schule mit dem 12-jährigen Fachabitur und absolvierte anschließend eine dreijährige Ausbildung zum IT-Systemkaufmann. Derzeit arbeitet er in seinem Ausbildungsbetrieb im Bereich Tagungsmanagement. Seine Eltern kamen Ende der 1970er Jahre aus der Türkei nach Deutschland, sein Vater betreibt ein kleines Taxiunternehmen, seine Mutter ist Hausfrau. Da er neben seiner Vollzeitstelle einen Aushilfsjob in einem Wettbüro hat, verfügt er über 2200 Euro monatlich, 100 bis 150 Euro gibt er davon für Bekleidung aus. Seine Lieblingsmarken sind »Dolce&Gabbana« und »Lacoste«. Er wohnt seit drei Jahren in seinem Elternhaus in einer abgetrennten Wohnung. Ilhan hat zwei Brüder, 12 und 28 Jahre alt. Sein älterer Bruder ist über eine Zeitarbeitsfirma in der Beratung tätig.

- Jens, der nach seinem Realschulabschluss im ländlichen Raum Württembergs eine Ausbildung zum Kaufmann für Bürokommunikation absolvierte, ist 22 Jahre alt. Aktuell befindet er sich, nachdem er als freigestellter Jugend- und Ausbildungsvertreter im Ausbildungsbetrieb tätig war, in Ausbildung zum Bildungsreferenten. Seine Eltern kamen Ende der 1980er Jahre aus Kasachstan. Seine Mutter, gelernte Krankenschwester, arbeitet als Putzkraft, sein Vater, gelernter KFZ-Mechaniker, arbeitet als CNC-Fräser in der Automobilindustrie. Er verfügt über 1700 Euro monatlich und gibt zwischen 50 und 100 Euro im Monat für Bekleidung aus. Seine Lieblingsmarke ist »Mägde und Knechte«. Jens lebt alleine in einer kleinen Wohnung in einer württembergischen Großstadt. Er hat acht Geschwister, die als Krankenschwester, Innenarchitektin, Hufschmied und Soldat arbeiten, ein Bruder ist arbeitslos, die anderen besuchen noch die Schule. Jens ist das viertälteste Kind der Familie.

- Lena ist 21 Jahre alt. Nach dem Realschulabschluss und einer Ausbildung zur IT-Systemkauffrau in einer ländlichen Mittelstadt in Bayern besucht sie derzeit dort die Berufsoberschule, um anschließend ein Studium der Politik und der Islamwissenschaften beginnen zu können. Ihre Eltern stammen aus Ostdeutschland, ihre Mutter studierte dort BWL und arbeitet nun als Verwaltungsangestellte. Ihr verstorbener Vater, studierter Wirtschaftsingenieur, arbeitete bis zu seinem Tod selbstständig im Ingenieurwesen als Heizungsplaner, zuvor war er als Berater einer Regierungsbehörde der DDR tätig. Pro Monat stehen ihr etwa 400 Euro zur Verfügung, wovon sie durchschnittlich 80 Euro für Kleidung ausgibt. Ihre Lieblingsmarke ist »Marco Polo«. Lena lebt mit ihrer Mutter und ihrem 16-jährigen Bruder zusammen in einer Vier-Zimmer-Eigentumswohnung in einem Neubaugebiet.

- René ist 25 Jahre alt, hat das Gymnasium besucht und eine Ausbildung zum Bankkaufmann absolviert. Seine Mutter arbeitet als Verkäuferin, sein Vater ist Monteur. Sein monatliches Einkommen als Bankkaufmann beträgt 1500 Euro und er gibt 60 bis 70 Euro für Bekleidung aus. Seine Lieblingsmarke ist »The North Face«. René lebt zusammen mit seiner Freundin in einer bayerischen Großstadt. Er hat einen sieben Jahre älteren Stiefbruder, der als Techniker und Konstrukteur arbeitet.

- Andrea hat nach dem Besuch der Realschule eine Ausbildung zur Kauffrau für Bürokommunikation absolviert. Sie ist 25 Jahre alt und derzeit Bildungsreferentin in Anstellung. Ihre Mutter ist verbeamtet, ihr Vater, gelernter Automechaniker, arbeitete lange als Messebauer, beide sind bereits in Rente. Für ihre Arbeit als Bildungsreferentin erhält sie monatlich 1600 Euro und für Kleidung gibt sie, wie sie sagt, »viel« Geld aus. Als Lieblingsmarke nennt sie »Esprit«. Andrea bewohnt alleine eine Drei-Zimmer-Wohnung in einer bayerischen Großstadt. Sie hat keine Geschwister.

Soziale Berufe

- Peter ist 23 Jahre alt und absolvierte nach seinem Realschulabschluss in einer Kleinstadt eine Ausbildung zum Gesundheits- und

Krankenpfleger. Er arbeitet seit dem Abschluss auf einer 80%-Stelle in einer psychiatrischen Facheinrichtung im Großraum Stuttgart und verdient ca. 1200 Euro netto im Monat. Seine Mutter ist Verkäuferin und sein Vater arbeitet als Maschinenmechaniker. Er gibt durchschnittlich 15 Euro pro Monat für Kleidung aus und seine Lieblingsmarken sind »H&M« und »Energy«. Peter lebt mit seiner Freundin zusammen. Er hat einen zwei Jahre älteren Bruder, der als Physiotherapeut in einer Praxis angestellt ist.

- Heike, 24 Jahre alt, studiert nach 18 Monaten Berufstätigkeit als ausgebildete Kinderkrankenschwester seit kurzem Medizin in einer baden-württembergischen Universitätsstadt. Im Moment lebt sie von Erspartem, sie hat sich jedoch aussichtsreich für ein Stipendium beworben. Ihre Mutter arbeitet als Erzieherin, ihr Vater ist Pfarrer. Als Lieblingsmarke nennt sie »Tommy Hilfiger« und für Kleidung gibt sie zwischen 50 und 100 Euro pro Monat aus. Heike bewohnt ein Zimmer in einem Studierendenwohnheim. Sie hat einen drei Jahre älteren Bruder, der nach seinem BWL-Studium als Controller arbeitet, ihr fünf Jahre jüngerer Bruder besucht das Gymnasium.

- Erkan ist 17 Jahre alt und lebt in einer kleinen Kurpfalzgemeinde. Seine Eltern - seine Mutter ist Hausfrau, sein Vater arbeitet als Hausmeister - kamen Ende der 1960er Jahre aus der Türkei nach Deutschland. Nach seinem Hauptschulabschluss absolviert er derzeit in einem Kindergarten ein Praktikum als Voraussetzung für die angestrebte Ausbildung zum Kinderpfleger. Seine Vergütung hierfür liegt bei 200 Euro monatlich. Für Kleidung gibt er »sehr wenig« aus, er schätzt zehn Euro im Monat, und seine Lieblingsmarke ist »Nike«. Erkan wohnt zuhause bei seinen Eltern. Er hat eine 24-jährige Schwester, die als Disponentin arbeitet.

- Die 25-jährige Conny begann nach ihrem Realschulabschluss bei der Bundeswehr an einem Standort in einer fränkischen Landgemeinde eine Ausbildung zur Arzthelferin und arbeitete anschließend dort mehrere Jahre. Ihr Vater, Zivilangestellter bei der Bundeswehr, arbeitet im selben Ort als Elektroniker, ihre Mutter ist Hausfrau. Derzeit besucht sie eine Berufsoberschule in einer bayerischen Großstadt und absolviert das Abitur auf dem Zweiten Bildungsweg, um später Kommunikationswissenschaften zu studieren. Ihr stehen monatlich etwa 1000 Euro zur Verfügung (BAFöG, Unterstützung durch Eltern) und sie gibt monatlich etwa 50 Euro für Kleidung aus. Sie kauft regelmäßig ihre Lieblingsmarke »Zero«. Conny wohnt alleine in einer kleinen Wohnung. Sie hat einen drei Jahre jüngeren Bruder, der als Anlagenführer in der Fertigungstechnik arbeitet.

- Boris ist 25 Jahre alt und studiert, nach Realschulabschluss und einer Ausbildung zum Erzieher, derzeit Soziale Arbeit an einer Hochschule im Großraum Stuttgart. Er kam mit seiner Familie Anfang der 1990er Jahre aus Kasachstan in die BRD und wuchs in der Folge in einer ländlichen Kleinstadt im südlichen Schwarzwald auf. Seine Mutter arbeitet als Altenpflegehelferin und sein Vater als Metallarbeiter. Sein monatliches Einkommen beläuft sich auf 620 Euro (Stipendium), hiervon gibt er 30 bis 50 Euro für Kleidung aus. Seine Lieblingsmarke ist »Doc Martens«. Boris lebt zusammen mit seiner Freundin. Seine Schwester, 23 Jahre alt, studiert Russisch und Deutsch.

- Martin ist 24 Jahre alt und absolviert, nach dem Abitur in einer Kleinstadt und Zivildienst beim Roten Kreuz, eine Ausbildung zum Operationstechnischen Assistenten an einer Uni-Klinik in Baden-Württemberg. Sein Vater arbeitet als Kaufmännischer Angestellter, seine Mutter als angestellte Krankengymnastin. Mit seinem Nebenjob als Sitzwache im Krankenhaus kommt er auf ein monatliches Einkommen von etwa 900 Euro, für Kleidung gibt er etwa 80 Euro im Monat aus. Seine Lieblingsmarke ist »Schott, USA«. Martin bewohnt ein Zimmer im Wohnheim der Uni-Klinik. Seine 15-jährige Schwester besucht das Gymnasium.

- Die 29-jährige Natalie, die ich bei der Interviewanfrage von ihrem Aussehen her deutlich jünger einschätzte, ist die einzige im Sample, die sich offen der Frage nach ihrer Lieblingsmarke, verweigert: »Mich interessiert die Klamotte und nicht die Marke.« Sie absolviert nach dem Abschluss der Realschule in einer Großstadt - und drei abgebrochenen Ausbildungen (in der Reihenfolge: Bauzeichnerin, Krankenschwester, Fotolaborantin) - derzeit eine Ausbildung zur Krankenschwester an einer Uni-Klink in Baden-Württemberg. Ihre Eltern - beide sind bereits in Rente - haben als Arzt und als Sekretärin gearbeitet. Ihr Ausbildungsgehalt beläuft sich auf 780 Euro monatlich, für Kleidung gibt sie etwa 100 Euro im Monat aus. Natalie wohnt in einer Zweier-WG. Sie hat zehn Halbgeschwister, mit denen sie jedoch, bis auf zwei Halbbrüder, ihrer Aussage nach nie groß etwas zu tun hatte.

- Florian ist 26 Jahre alt und steht derzeit, nachdem er relativ spät sein Abitur in einer kurpfälzischen Kleinstadt absolvierte, kurz vor dem Ausbildungsabschluss zum Gesundheits- und Krankenpfleger an einer Uni-Klink. Sein Vater ist Krankenpfleger und seine Mutter arbeitet als Betriebswirtin, ebenfalls in einer Klinik. Er verfügt über 700 Euro im Monat und gibt hiervon etwa 40 Euro für Kleidung aus. Auch er kann sich nicht für eine Lieblingsmarke entscheiden. Vor ein paar Jahren jedoch, so sagt er, wäre dies eine einfache Frage gewesen: »Airwalk«. Florian bewohnt ein Zimmer im Wohnheim der Uni-Klinik. Sein etwas jüngerer Bruder studiert Verfahrenstechnik.

Handwerkliche und technische Berufe

- Maria ist 19 Jahre alt und nach dem Abschluss der Mittleren Reife auf einer ländlichen Kleinstadtschule, derzeit im dritten Lehrjahr als Landschaftsgärtnerin in einem Betrieb mit 35 Beschäftigten im Großraum Stuttgart beschäftigt. Ihr Vater ist Bauingenieur, ihre Mutter Architektin. Monatlich hat sie nach Abzug der Miete etwa 300 Euro zur Verfügung, für Kleidung gibt sie etwa 30 Euro aus.

Ihre Lieblingsmarken sind »Mustang« und »Levi's«. Maria wohnt alleine in einer kleinen Wohnung. Ihre drei Jahre ältere Schwester studiert Bauingenieurwesen.

- Die 25-jährige Dorothea ist, nach ihrem Realschulabschluss, einer Ausbildung zur Malerin und dem anschließenden zweijährigen Besuch der Meisterschule, als angestellte Malermeisterin in einem Zusammenschluss von Malerfirmen tätig. Sie ist die Vorgesetzte von sechs weiteren, in dieser Filiale beschäftigten Malern. Ihr Vater ist gelernter Binnenschiffer, arbeitet jedoch seit längerem in dem Labor einer Gießerei in der Automobilindustrie; ihre Mutter hat Verkäuferin gelernt, sie arbeitet als Empfangssekretärin in der Dienstleistungsbranche. Ihr Einkommen beläuft sich auf etwa 1800 Euro monatlich und ihre Ausgaben für Kleidung betragen 30 Euro im Monat. Ihre Lieblingsmarke ist »H&M«. Dorothea wohnt zusammen mit ihrem Freund. Sie hat einen 30-jährigen Bruder.

- Thomas ist 24 Jahre alt und absolvierte nach seinem Realschulabschluss in einer bayerischen Kleinstadt an der tschechischen Grenze eine Ausbildung zum KFZ-Mechaniker. Anschließend verpflichtete er sich für vier Jahre bei der Bundeswehr. Derzeit besucht er eine KFZ-Meisterschule, die er bald abschließen wird. Seine Mutter arbeitet als Aushilfe im Getränkehandel, sein Vater als Staplerfahrer in einer Brauerei. Er verfügt über 1300 Euro monatliches Einkommen und gibt zwischen 30 und 40 Euro hiervon für Kleidung aus. Seine Lieblingsmarke ist »Fishbone«. Thomas wohnt zusammen mit seiner Freundin. Seine Schwester ist zwei Jahre jünger, absolvierte nach ihrem Realschulabschluss eine Ausbildung zur Industriekauffrau und arbeitet in diesem Beruf.

- Daniela ist 17 Jahre alt und begann nach ihrem Hauptschulabschluss vor zwei Jahren eine Ausbildung zur Fachkraft für Abwassertechnik in einer baden-württembergischen Großstadt. Ihre Eltern arbeiteten ebenfalls in der Wasserversorgung, ihr Vater starb jedoch bereits vor vielen Jahren. Sie erhält 500 Euro Ausbildungsvergütung und gibt 50 Euro monatlich für Kleidung aus. Ihre Lieblingsmarken sind »Diesel« als »Ausgehkleidung« und »Puma« als »Sportkleidung«. Daniela lebt zusammen mit ihrer Mutter. Ihre ein Jahr ältere Schwester studiert an einer Bundeswehrhochschule.

- Carmen hat nach ihrem Realschulabschluss eine Ausbildung zur Fachinformatikerin absolviert. Die 22-Jährige besucht derzeit in Vollzeit eine Oberschule des Zweiten Bildungswegs, um das Fachabitur zu erlangen. Ihr Vater ist selbstständiger Netzwerktechniker und ihre Mutter arbeitet als Sekretärin. 500 Euro stehen ihr monatlich zur Verfügung, wovon sie geschätzte 40 Euro durchschnittlich für Kleidung ausgibt. Als Lieblingsmarke nennt sie »Hess Natur«. Carmen lebt zusammen mit ihrem Freund in einer württembergischen Großstadt. Ihr drei Jahre älterer Bruder absolviert ein Studium der Sozialen Arbeit.

- Sergej ist 22 Jahre alt und absolviert, nach Hauptschulabschluss, einer anschließenden dreijährigen Ausbildung zum IT-Systemelektroniker und drei Jahren Berufstätigkeit nach einer Aufnahmeprüfung ein Fernstudium der Europäischen Betriebswirtschaftslehre an einer Fachhochschule. Er arbeitet parallel hierzu als Freelancer im IT-Bereich. Seine Mutter ist als Reinigungskraft tätig, sein Vater ist Facharbeiter, beide sind aus Jugoslawien zugewandert, wann genau, wurde nicht erfragt. Sein monatliches Einkommen schwankt aufgrund seiner Freelancer-Tätigkeit zwischen 1800 und 2000 Euro. Er gibt weniger als 50 Euro im Monat für Kleidung aus, und seine Lieblingsmarken sind »Adidas« und »Hugo Boss«. Sergej lebt alleine in einer Drei-Zimmer-Wohnung in einer badischen Großstadt. Sein ein Jahr jüngerer Bruder arbeitet als Restaurantfachmann.

Studierende ohne vorherige Berufsausbildung

- Yavor ist 26 Jahre alt und studiert Architektur in einer baden-württembergischen Großstadt. Seine Eltern, die beide in der Automobilindustrie am Band arbeiten, kamen aus Jugoslawien nach

Deutschland, wann genau, wurde nicht erfragt. Monatlich stehen ihm 500 Euro zur Verfügung, 40 Euro gibt er durchschnittlich hiervon für Kleidung aus. Seine Lieblingsmarke ist »Boras«. Yavor wohnt in einer 3er-WG. Sein 28-jähriger Bruder ist Arbeiter in der Produktion.

- Jennifer studiert an einer baden-württembergischen Universität die Fächer Französisch, BWL und Pädagogik im Magisterstudiengang. Sie ist 24 Jahre alt. Ihre Mutter arbeitet als Fachsekretärin, ihr Vater als orthopädischer Sattler. Aus einem Bibliotheksjob stehen ihr 300 Euro monatlich zur Verfügung und sie erhält einen Zuschuss der Eltern. Ihre Ausgaben für Kleidung belaufen sich auf weniger als 40 Euro monatlich, und ihre Lieblingsmarke ist »H&M«. Jennifer lebt in einer Kleinstadt am Rande eines Ballungszentrums, mit ihren Eltern, einem 17-jährigen Bruder und der 23-jährigen Schwester. Die ältere Schwester, 27 Jahre alt, lebt nicht mehr dort.

ExpertInnen-Interviews

Bei den acht ExpertInnen-Interviews die durchgeführt wurden und deren Ergebnisse in dieser Untersuchung nicht systematisch, sondern in Teilen kursorisch dort eingestreut werden, wo sie helfen, größere Sinnzusammenhänge zu eröffnen, stehen nach Meuser und Nagel die Befragten weniger als Person denn als »Repräsentant[en] einer Gruppe«[115] im Fokus. Ausgewählt wurden drei ExpertInnen aus dem Bereich der (gewerkschaftlichen) Jugendbildungsarbeit, drei Aktivistinnen aus dem Bereich Globalisierungs- und Markenkritik sowie zwei Personen aus dem Bereich der kommerziellen Produktkommunikation. Zwar stand bei der Befragung der (gewerkschaftlichen) Jugendbildungsakteure das Bild von »der heutigen Jugend« im Zentrum, jedoch zeigte sich aufgrund der Neuausrichtung des Samples und einer leicht veränderten Fragestellung in ihren Auskünften und Einschätzungen kein substantieller Erkenntnisgewinn, so dass auf eine Einbeziehung ihrer Beiträge verzichtet wird. Bei der Befragung der zweiten ExpertInnengruppe ging es um die Themen ethischer, fairer und nachhaltiger Handel. Hierbei standen Fragen zum Image einzelner Firmen und zu Kampagnen gegen Unternehmen, die gegen soziale und ethische Mindeststandards in der Produktion verstoßen, im Mittelpunkt. Zentral bei der Befragung der dritten Gruppe waren Fragen zur Markenentwicklung, Markenkommunikation und Markenpositionierung, zum (visuellen) Marketing sowie zur Produktinszenierung und der damit zusammenhängenden Imageproduktion. Die ExpertInnen-Interviews dauerten jeweils etwa 60 Minuten, das Interview mit dem Inhaber einer Kommunikationsagentur dauerte 30 Minuten.

Methodisches Vorgehen

Als primäres Datenerhebungsinstrument wurde das qualitative, leitfadengestützte fokussierte Interview gewählt. Mittels dieses Interviewtypus kann der eingesetzte Leitfaden assoziativ erweitert werden. Das Ziel fokussierter Interviews ist es laut Christel Hopf, »die Themenreichweite zu maximieren und den Befragten die Chance zu geben, auch nicht antizipierte Gesichtspunkte zur Geltung zu bringen.«[116]

Die Befragung gliederte sich in drei größere Teile. In einem ersten Teil wurden die sozialen und kulturellen Effekte von Markenkleidung thematisiert und anschließend ein Werbekatalog zur Kommentierung übergeben. Im zweiten Teil des Interviews ließ ich mir zunächst die aktuellen Lieblingskleidungsstücke meiner InterviewpartnerInnen zeigen und ethnographierte insgesamt 16 Mal die Kleiderschränke auf Markenkleidung hin. Mehrfach war der Blick in den Schrank nicht möglich, vor allem dort, wo Kleiderschränke von mehreren Personen genutzt wurden oder die Kleidung aufgrund kürzlich erfolgter Umzüge noch unausgepackt in Kartons lagerte. Inwieweit Ängste vor einer Verletzung der Intimsphäre eine Rolle gespielt haben, wurde nicht thematisiert.

In einem dritten Schritt wurde gefragt, inwieweit und welches Wissen hinsichtlich der Arbeitsbedingungen in den Zulieferunternehmen der Markenkleidungsproduzenten bekannt ist. Der Aufbau der Interviews gliederte sich somit in die diskursive Verortung des Gegenstands (»reden über«), der Schilderung der Praktiken der Aneignung des Gegenstands (»das Gebrauchen von«) und schließlich das Erfragen von Wissensbeständen über die Herstellung des materiellen Anteils von Markenkleidung (»Wissen über die Herstellung«). In diesem letzten Punkt zeigte sich bei den Befragten ein breites und verbreitetes Wissen. Vor allem über die Medien, den schulischen Unterricht sowie im Rahmen gewerkschaftlichen Engagements wurden hierzu Kenntnisse erworben. Da dieses Wissen lediglich hinsichtlich der Deutung des Produkts, jedoch nicht für das eigene Markenhandeln von Bedeutung war, wird auf die Darstellung und Diskussion der Ergebnisse dieses Interviewteils weitgehend verzichtet.

Das leitfadengestützte, fokussierte Interview wird, worauf Uwe Flick hinweist, selten in »Reinform« durchgeführt, so auch hier.[117] Den Leitfaden ergänzten vier Kurzfragebogen zur Bekanntheit unterschiedlicher Kleidungsmarken (zu Beginn der jeweiligen Interviews als Stimulus zum Einstieg), zum eigenen Einkaufsverhalten (was wurde wo zuletzt gekauft?, Ausgaben für Kleidung), zur »Arbeit am Körper« als »Körpertechnik der Nachmoderne«[118] (Sport, Schmuck, Tattoos) sowie zur Erhebung sozioökonomischer Daten (Alter, Lebens- und Bildungsverlauf, Einkommen, Elternhaus, Wohnsituation, Freizeittätigkeiten). Den Abschluss des vierten Kurzfragebogens bildeten Fragen zu den Bereichen Politik, Ökologie, Globalisierung und vor allem zur subjektiven Einschätzung der eigenen näheren Zukunft. Mit einem von mir mitgebrachten digitalen Fotoapparat machten meine InterviewpartnerInnen Bilder von ihren Lieblingskleidungsstücken, ich fotografierte anschließend einige von ihnen vor ihrem offenen Kleiderschrank. Die Interviews wurden digital aufgezeichnet und vollständig transkribiert und ausgewertet. Des Weiteren wird in dieser Untersuchung auch auf mein im Laufe der Forschung zusammengetragenes Forschungsarchiv zurückgegriffen, das Werbematerial von Herstellern, Zeitungs- und Zeitschriftenartikel sowie Internetpublikationen, TV- und Radio-Beiträge enthält.[119]

Forschungsstand

Die im Feld identifizierbaren unterschiedlichen Markenakteure - Anbieter, KäuferInnen und KritikerInnen - berühren unterschiedliche Wissenschaftsdisziplinen, wobei vor allem arbeits- und konsumsoziologische, medien- und kommunikationswissenschaftliche sowie, genereller, kultursoziologische Fragestellungen zur gesellschaftlichen Struktur und damit verbundenen Transformationsprozessen im Vordergrund stehen. Die im Markenthema verbundenen und nur schematisch trennbaren Bausteine Produkt, Produktkommunikation, Gebrauch (und, kulturwissenschaftlich bislang nicht untersucht, Entsorgung)[120], werden in der wissenschaftlichen Bearbeitung häufig lediglich anhand isolierter Einzelphänomene berücksichtigt, wobei es gerade hier notwendig wäre, Untersuchungen inter- und transdisziplinär anzulegen. Auffallend ist nach wie vor ein offensichtlicher Mangel an Arbeiten, die sich umfassender empirisch mit den Aspekten der Produktion, Distribution und Nutzung von Markenartikeln befassen; dies gilt auch für das Feld Markenkleidung. Nach wie vor stehen bei der Untersuchung vestimentärer Praktiken Fragen zu Kleidungsstilen, des Patchworkens und der Bricolage sowie damit zusammenhängend die sozialstrukturellen Kategorien Geschlecht, Identität und deren Sozialisationseffekte im Vordergrund, z.B. in den Stil- und Jugend-(Sub-) Kulturforschungen des Dortmunder Instituts für Soziologie im Online-Portal »jugendszenen.com« oder des Berliner Archivs der Jugendkulturen. Im Mittelpunkt dieser Analysen stehen zumeist Fragen zur Bedeutung des Körpers, zu Jugendkonsum und Jugendszenen sowie berufsweltlichen oder freizeitlichen Praxen.[121] Kai-Uwe Hellmanns Kritik, die Soziologie habe »eine ganze Welt nicht gesehen«[122], kann auch für die Empirische Kulturwissenschaft gelten, wenngleich hier zahlreiche Studien zur Konsumkultur, historisch wie gegenwartsbezogen vorliegen; »die Marke« jedoch ist in der hier angelegten Perspektive bislang nur ein marginales Thema.

Anbieter und Hersteller: Markenprodukt und Produktkommunikation

Aus Sicht der Absatz- und Konsumforschung liegen zwei Positionen vor, die seit langem für die theoretische Auseinandersetzung herangezogen werden: die des Absatztheoretikers Wilhelm Vershofen (1940) und die des Werbepsychologen und Grafikers Hans Domizlaff. Vershofen verfasste ein »polarisch« angelegtes Modell der Produktkommunikation, das zu einem besseren Verständnis von Markenprodukten beiträgt. Neben dem in Markenprodukten enthaltenen »stofflich-technischen Grundnutzen« ist nach Vershofen auch ein durch »symbolische Obertöne« erzeugter »seelisch-geistiger Zusatznutzen« vorhanden, wobei er »sozialen Geltungsnutzen« und »persönlichen Erbauungsnutzen« unterscheidet. Produkte, bei denen der Grundnutzen im Vordergrund steht, werden nach Vershofen eher aus rationeller Steuerung erworben, andere bei denen der Zusatznutzen im Vordergrund steht, aus eher emotionalen Motiven gekauft.[123] Hans Domizlaff, der als »Begründer der modernen Markentechnik« gilt, weist darauf hin, dass aus Sicht der Produzenten die Herstellung von »Vertrauen« in die Marke und deren Produkte an erster Stelle zu stehen habe.[124] Werden Markenprodukte unter diesen Gesichtspunkten betrachtet, besteht ein Markengegenstand in allererster Linie aus einem durch einen kommunikativen Akt symbolisch aufgeladenen Produkt. In dem von Vershofen entworfenen Modell vom Grund- und Zusatznutzen zeigt sich darüber hinaus, dass dem Zusatznutzen vor allem in prosperierenden Zeiten ein höherer Stellenwert zukommt als in Zeiten ökonomischen Mangels, in denen der Grundnutzen eines Produkts im Vordergrund steht. In einem Beitrag von Karl Christian Behrens aus dem Jahr 1951 wird dieses Verhältnis anschaulich ausgeleuchtet. Behrens kritisiert, dass »mit Hilfe kostspieliger Reklamefeldzüge« Waren teurer werden, als sie sein müssten; bei dieser Schaffung unnötiger »künstlicher Spezialartikel« müsse der Verbraucher »ein Mehrfaches« bezahlen.[125] Die Arbeiten von Domizlaff sind nach wie vor Referenzpunkt in aktuellen Arbeiten zur Absatzförderung, zu Public Relations und Marketing.

Die in der Theorie vom Grund- und Zusatznutzen und dessen sozialen Funktionen zu Tage tretenden Praktiken stellen einen wesentlichen Baustein der Arbeit der Markenhersteller dar. Helene Karmasin widmet sich schon seit längerem diesem Prozess, bei dem »Produkte als Botschaften«[126] kommuniziert werden. Angesichts des seit einigen Jahren zu verzeichnenden Markenbooms finden sich zahlreiche Titel, die in einem weiteren Sinne als Anleitungsliteratur zur unternehmerischen Markenführung bezeichnet werden können und die Titel wie »Marken-Tuning«, »Corporate Brand Management« oder »Markenmanagement« tragen.[127]

Die zentrale Instanz, die aus Produkten Markenartikel werden lässt, ist die werbliche Kommunikation des Produkts. Als Kennzeichen eines sich zunehmend ausdifferenzierenden Konsumgütermarkts seit etwa Mitte der 1950er Jahre lassen sich neben dem quantitativen Anwachsen der alltäglichen Werbekontakte unterschiedlich gelagerte Prozesse der Wareninszenierung, und in Teilen auch der Ästhetisierung der Produkte selbst, erkennen. Rainer Gries beschreibt diese Entwicklung auf drei Ebenen: Die zu diesem Zeitpunkt einsetzende Warenflut bezeichnet er als »Kultur der Marke«, die in der Werbung sich zeigende Zunahme von Bildern als »Kultur des Bildes« und den Einsatz von Farbbildern in der Werbung nennt er »Kultur der Farbe«.[128] Vor allem in den inszenierten werblichen Bildern lassen sich Verknüpfungen von Konsum und Lebensstilfragen beobachten; diese Entwicklung wird im anschließenden Kapitel für die Bekleidungsindustrie näher betrachtet.

Die zunehmende Durchdringung des Lebens von und durch Werbung, von Jean Baudrillard als »Aufstand der Zeichen«, eine gewaltförmige Exekutierung ökonomischer Zeichen im öffentlichen Raum mit der Folge der »Abtragung aller Sozialität«[129] bezeichnet, steht dabei für eine Kritik an der Werbung, die zwar deren Funktion bei der Herausbildung hegemonialer Ideologie fokussiert, jedoch gänzlich ohne den Eigensinn der KonsumentInnen argumentiert - dessen Beachtung Rolf Lindner einfordert, der zudem darauf hinweist, dass Werbung stets auch eine Klassenkomponente habe. Hinsichtlich der Werbung besteht seit etwa Anfang der 1980er Jahre weitgehend Einigkeit darüber, dass diese sich von einem Beiwerk zu einem Hauptbestandteil der kapitalistischen Wirtschaftsorganisation entwickelt hat.[130] Cornelia Koppetsch beschreibt den Wandel der Werbebranche, bei der die kommunikative Ausstattung von Produkten mit Lifestylewerten und Imagebotschaften ins Zentrum rückt, als »Neujustierung von Ökonomie und Kultur«[131], in deren Folge zunehmend »Produkte als Medien«[132] - kurz, als *Marken*produkte - kommuniziert werden.

Eine kritische Auseinandersetzung mit Werbung, so merkt Dirk Schindelbeck an, sei seit »Mitte der 80er Jahre kein Thema mehr«.[133] Mit dem Ende der 1990er Jahre von Naomi Klein in ihrem Band *No Logo*[134] erhobenen werbe- und markenkritischen Befund geraten jedoch die Prozesse der Globalisierung sowie der sich zunehmend kulturalisierenden Ökonomie erneut in die Kritik. Kleins Hauptaugenmerk richtet sich dabei auf das Zusammenspiel sich ausweitender Globalisierung, neoliberaler Strukturpolitik und Deregulierung der Arbeits- und Finanzmärkte sowie fehlender staatlicher Kontrolle und Einflussnahme, durch das multinationale Konzerne und Unternehmen einen enormen Machtzuwachs verzeichnen können. Ihre Hinweise auf die ökonomischen, sozialen und kulturellen Effekte der Auslagerung von Arbeitsplätzen in sogenannte Billiglohnländer, die sie vor allem an Beispielen der Textilindustrie gibt, wo unter zum Teil frühindustriellen Bedingungen ein Großteil der weltweit erzeugten Textilien in »Sweatshops« produziert wird, finden nach wie vor weltweit große Beachtung. Klein analysiert und kritisiert dabei auch spezifische Unternehmen und deren Kommunikations- und Handlungsstrategien, die in immer größerem Umfang, gestützt auf das Image ihrer Marken, in Bereichen des öffentlichen Lebens, sei es der Kultur, der Sportförderung oder des Bildungsbereichs intervenieren und sich so als Akteure neoliberaler Privatisierung zeigen, was von den Regierungen politisch so gewollt sei.[135]

In Form von »Schwarzbüchern«, in denen einzelne Unternehmen und ihre Praktiken kritisiert werden, liegt seit knapp zehn Jahren eine Vielzahl zumeist populärwissenschaftlicher Beiträge vor, in denen häufig das Image der Unternehmen zum Ausgangspunkt der

Kritik wird[136], Konsumalternativen entwickelt und Aktionsvorschläge gemacht werden; auffallend häufig thematisiert werden dabei die Hersteller von Markenkleidung.[137] Hierzu äußern sich auch Nichtregierungsorganisationen aus dem Umfeld gewerkschaftlicher, kirchlicher und entwicklungspolitisch aktiver Gruppen, so die Clean Clothes Campaign seit 1990, die Aktion Saubere Kleidung seit 1996 oder die Fair Wear Foundation seit 2001. Ziel der zumeist kampagnenförmigen Interventionen ist es stets, Druck auf die Unternehmen aufzubauen, damit die Arbeitsbedingungen ihrer Näherinnen und Näher gemäß den Statuten der Internationalen Arbeitsorganisation (ILO) gestaltet werden. Gefordert wird vor allem gewerkschaftliche Organisationsfreiheit, das Recht auf Tarifverhandlungen, das Verbot der Zwangsarbeit, die Einhaltung eines Beschäftigtenmindestalters, ein angemessener Lohn, Arbeitszeit- und Überstundenregelungen sowie die Einhaltung von Mindeststandards bei Sicherheit und Gesundheit am Arbeitsplatz.

Die Aktion »Nikeground« in Wien, die im Jahr 2003 für größeres mediales Aufsehen sorgte - eine künstlerisch-politische Intervention, die sich der Methoden und Techniken der »Kommunikationsguerilla« bediente - skandalisierte ebenfalls den zunehmenden Einfluss von Konzernen als Akteure neoliberaler Privatisierung in den reichen Ländern des Nordens. Dabei wurden jedoch nicht die Arbeitsbedingungen in den Zulieferbetrieben thematisiert, sondern der Wiener Öffentlichkeit mitgeteilt, dass das Unternehmen den dortigen Karlsplatz in Nikeplatz umbenannt habe, was angesichts der ökonomischen Macht des Konzerns durchaus vorstellbar war. Die Aktion löste heftige Debatten, zuerst in Wien, anschließend in ganz Österreich aus, bis sich herausstellte, dass es sich um einen »Fake« handelte, bei der sich AktivistInnen Logo und Namen von Nike kurzzeitig »ausgeliehen« hatten. Derartige, vor allem gegen Konzerne und Institutionen gerichtete Interventionen, werden seit längerem unter dem Begriff der »Imagebeschmutzung« subsummiert.[138]

In marken- und konsumsoziologischen Beiträgen wird - fast immer unter Ausblendung der NutzerInnen von Markenprodukten - das Phänomen Marke zumeist als Verbundsystem aus einem Produkt oder einer Dienstleistung und deren kommunikativer, sozialer und juristischer Ausstattung beschrieben und analysiert. In Kai-Uwe Hellmanns Arbeit zur Geschichte, Entwicklung und sozialen Bedeutung dieses Konsumartikels wird auch auf die Funktion von Markenartikeln als Orientierungshilfe im unübersichtlichen Konsumgütermarkt verwiesen. Hellmann betont zudem die Rolle der Verbraucher bei deren Herausbildung und fordert deren empirische Überprüfung.[139] Niko Hüllemann untersucht die kommunikativen Aspekte von Markenführungskonzepten aus systemtheoretischer Sicht; die unterschiedlich gelagerten Zugänge der Markensoziologie werden von Hanna Busemann skizziert. In beiden Arbeiten wird dies ausschließlich aus Sicht der Produzenten dargestellt, die NutzerInnen von Markenprodukten bleiben ausgeblendet.[140] In der soziologischen Markenforschung finden sich darüber hinaus zahlreiche Kooperationen zwischen universitärer Forschung und privatwirtschaftlichen Anwendungsfeldern, so bei dem Markensoziologen Alexander Deichsel, der konstatiert, Werbung und Marke seien »geronnene Sozialbeziehungen« und der Unternehmer sei »ein Beziehungsbildner«[141], der durch seine Arbeit möglichst langlebige Beziehungen zwischen Menschen und Dingen stiften solle. Ähnlich gelagert ist die Untersuchung von Anne Bracklow, die sich aus kulturwissenschaftlicher Perspektive mit der Markenarchitektur des Autobauers BMW beschäftigte und vor allem die den damit beabsichtigten Distinktionsgewinn darstellt.[142]

Der Entstehung der Konsumgesellschaft als »Lebensform der Moderne« widmet sich Wolfgang König, der diese historisch junge Periode und die damit verbundenen gesellschaftlichen Umbrüche auch anhand zahlreicher Beispiele bei der Herausbildung von Markenprodukten ausleuchtet.[143] Eine Vielzahl jüngerer Publikationen wendet sich unterschiedlichen Erscheinungsformen der gegenwärtigen Konsum- und Markenkultur zu: Dirk Schindelbeck, der sich mit der Entwicklung der Markenkultur beschäftigt, Robert Misik, der die Besonderheiten von »Kult«-Gegenständen ausleuchtet, oder Wolfgang Ullrich, der die ästhetisch-kulturellen Produktinszenierungen thematisiert und Fragen zum Käuferbegehren nach derart ausgestatteten Produkten aufwirft.[144]

Neuere Präsentationsformen des Konsumangebots, wie sie in sogenannten Marken-Outlets zu erkennen sind, eine damit zusammenhängende »Eventisierung« des Konsums und die Auswirkungen dieser Konsumform werden in einer umfassenderen kulturwissenschaftlichen Untersuchung im Band »Metzingen TM« vorgestellt und diskutiert. Hierbei kommt eine Vielzahl der beteiligten Akteure zu Wort. Die Studie macht die unterschiedlichen (Wahrnehmungs-) Dimensionen eines Transformationsprozesses sichtbar, bei dem aus einer ländlich geprägten Kleinstadt innerhalb kurzer Zeit ein Ort des Konsumtourismus mit mehr als drei Millionen BesucherInnen pro Jahr wurde.[145] Die Konsum- und Markenkultur hat in der jüngeren Vergangenheit auch in der Populärkultur, in Filmen und Romanen, ihre Zuschauer- und LeserInnen gefunden.[146]

Einen genaueren Blick auf einzelne Unternehmen, deren Geschichte und den Wandel von der Kleidungsfabrik zum Lifestyleunternehmen werfen zahlreiche Arbeiten, von denen hier einige exemplarisch erwähnt werden sollen. Die Entdeckung und Sicherung des Rohstoffs Baumwolle und neue Formen der Verarbeitung durch die Erfindung neuartiger Maschinen im 19. Jahrhundert werden von Wolfgang Mönninghoff beschrieben, die Folgen für die württembergische Textilindustrie werden von Paul Sauer dargestellt.[147] Die heutige hocharbeitsteilige und global organisierte Produktion von Bekleidung (Baumwollanbau, Stoffproduktion, Design, Marketing, Gebrauchsformen sowie die industrielle Entsorgung) schildert am Beispiel des Massenprodukts T-Shirt die Ökonomin Pietra Rivoli.[148]

Die Entwicklung der Bekleidungsproduktion von einer vormals handwerklich und ständisch organisierten Produktionsweise zur industriellen Herstellung - in deren Folge Markenkleidung entstand - wird auch im Sammelband von Christel Köhle-Hezinger und Gabriele Mentges betrachtet.[149] Robert Kuhn und Bernd Kreutz schildern die Unternehmensgeschichte der Stuttgarter Firma Bleyle und behandeln neben der Industriegeschichte der Produkte vor allem die Ende des 19. Jahrhunderts eingeführten Werbemaßnahmen, die als frühe Form dessen gelten können, was heute unter dem Schlagwort »Corporate Identity« firmiert: der vereinheitlichte Werbeauftritt des Unternehmens nach innen und nach außen durch die Verwendung stets gleicher Logos und Schrifttypen auf der Bekleidung, deren Verpackung, den Lieferscheinen und Rechnungen, den Werbeanzeigen oder auch den Tassen in der werkseigenen Kantine.[150] Katja Doubek schildert die Geschichte des Unternehmen Levi's, in der beispielhaft illustriert wird, wie die Jeans von einer Hose für Arbeiter zu einem rechtlich geschützten Statussymbol wurde.[151]

Beiträge, die sich mit den großen Unternehmen der Branche auseinandersetzen, fokussieren zumeist die Geschichte und die Werbestrategien der Firmen, womit die jeweiligen Kulturalisierungs- und Ästhetisierungsstrategien der Produktkommunikation und die durchaus kontroversen Diskussionen dieser Strategien im Zentrum der Aufmerksamkeit stehen. Dazu zählen die Beiträge von Christoph Bieber, Robert Goldman/Stephen Papson, Donald R. Katz oder J.B. Straaser/Laurie Becklund zu Konzernen wie Nike und Adidas, von Heike Jenß und Jürgen Müller zu H&M und von Paolo Landi, Henry A. Giroux und Oliviero Toscani zu Benetton.[152]

(Marken-) Kleidungshandeln

Die Sozial- und Kulturgeschichte der Kleidung und ihre gesellschaftliche Ordnungsfunktionen sind als ein soziales Phänomen gesellschaftlicher Totalität[153] breit und ausführlich beschrieben worden.[154] Empirische Untersuchungen zu Kleidung, Kleidungsregeln und vestimentären Praktiken aus klassentheoretischer Perspektive liegen hingegen selten vor. Arbeiten zu Kleidung als ästhetisierter Ausdruck jugendlicher Selbstinszenierung entstehen ab Mitte der 1980er Jahre.[155] Wesentliche Impulse zu einer Stil- bzw. Subkulturforschung kommen jedoch bereits ab Anfang der 1970er Jahre aus den britischen Cultural Studies, deren zentrale Perspektive unter dem Titel »Resistance through Rituals« subsumiert werden kann, der zahlreiche Nachfolgearbeiten inspirierte.[156] Dabei wurden die untersuchten Stile, wozu vor allem auch die Bekleidung zählt, stets mit Fragen der sozialen Herkunftsklassen der Stilakteure und den dominanten gesellschaftlichen Kultur- und Ordnungsmustern abgeglichen. Mittels des von Claude

Lévi-Strauss entwickelten Bricolage-Konzepts[157] wurden diese Praktiken als absichtsvolle symbolische Regelverletzungen erkennbar, von George Melly trefflich als »revolt into style« bezeichnet.[158]

Alexandra König widmet sich dem Verhältnis von Kleidungsstilen und sozialer Herkunft mittels des von Pierre Bourdieu entwickelten Konzepts des sozialen Raums. Sie fragt unter klassentheoretischen Gesichtspunkten nach den Regeln und Mythen jugendlicher Selbst-Präsentation. Die »Wertigkeiten, Ekelgefühle[n] oder Sympathien«[159], die Jugendliche hinsichtlich unterschiedlicher Kleidungsstile ausdrücken, zeigen sich dabei als Auskunftssystem über sozialräumliche Gliederung. In ihrer Studie, die sich explizit stilistischen und nicht Kriterien der Marke widmet, zeigt König somit die Zusammenhänge von Kapitalstruktur und Praktiken der jugendlichen Stilpräferenzen.

Elisabeth Timm untersuchte die mediale Darstellung eines Konflikts, der sich nach der Einführung von Kleidungsregeln an einer österreichischen Schule zeigte. Dort wurde das Tragen bestimmter Kleidungsstücke (zu freizügige oder zu große Kleidung, Kleidung mit Schimpfwort-Aufdrucken) untersagt. Timm zeigt an diesem Beispiel, wie sich in dieser Debatte die Angehörigen der mittleren Klassenfraktionen gegenüber den unteren Klassen durch Definitionsmacht und Toleranzbegrenzung positionieren.[160] Darüber hinaus verdeutlicht sie, wie im medialen Diskurs bei der Einführung von Kleidungsregeln bzw. von Einheitskleidung an Schulen »Markenterror« als Begriff verwendet wird, der »eine Facette der Vorstellung von Kindheit und Jugend als geschütztem Raum« darstelle und so Ausdruck eines bürgerlichen Gesellschaftsbildes sei, das »so alt ist wie die Geschichte der Kindheit in der bürgerlichen Gesellschaft«.[161] Im Anschluss an Elisabeth Timm ist dabei für die vorliegende Untersuchung zu fragen, ob solche Verregelungen des Kleidungshandelns nicht ebenso als Ausdruck einer verunsicherten Erwachsenengesellschaft zu verstehen sind, deren Angehörige möglicherweise nicht oder nur teilweise in der Lage sind, das gegenwärtige jugendliche Handeln und dessen Ausdrucksformen zu verstehen. Denn die Hauptcharakteristik dieses Handelns ist ja, wie Birgit Richard darstellt, dass eine heutige Sozialisation eng verknüpft ist mit dem »ästhetisch-medialen Komplex«,[162] so dass sich auch stilistische Selbstauskünfte junger Menschen nach wie vor eher im Sinne der »profane culture«[163] zeigen, als etwas für sie Normalem und Alltäglichem, wie es Paul Willis beschrieben hat.

Für junge Menschen, für Peer Groups, Szenen und Freundeskreise, in denen stets eine gemeinsame und kulturell geformte Ausdrucksweise gesucht und gefunden wird,[164] sieht Richard für den übersteigerten Konsum von Markenkleidung drei mögliche Gründe: Er kann Ausdruck einer weit verbreiteten Konsumfixierung sein, Opposition gegen liberale (und oftmals umwelt- und konsumbewusste) Elternhäuser oder ein politischer Akt, bei dem die Logos der Unternehmen verfremdet und neu angeeignet werden, für Richard ein möglicher Beleg »gegen eine verbal ausgerichtete Diskussionskultur«.[165] In den Kontext von Kleidungsverregelungen ist auch eine von Karin Brose verfasste pädagogische und praxisorientierte Handreichung zur Einführung von Schulkleidung einzuordnen, die dabei helfen soll, soziale Spannungen im schulischen Alltag abzubauen. Ausgangspunkt ist nach Brose der ungleiche Besitz von Markenkleidung, der aus ihrer Sicht zu schulischen Spannungen führt.[166]

Maike Boecker untersucht in zwei kleineren empirischen Feldstudien das geschlechterbezogene Markenkleidungshandeln und attestiert männlichen Jugendlichen eine höhere Affinität zu Marken, wogegen Mädchen größeren Wert auf körperbetonte Kleidung legten.[167] Dabei betont sie zum einen die kollektiven Praktiken bei der Herstellung von Ähnlichkeit in Cliquen und Szenen, zum anderen stellt sie fest, dass nur wenige Befragte sich selbst als bewusste Markenkonsumenten verstehen.[168] Das geschlechterspezifische Kleidungshandeln, das nach den Praktiken eines vestimentären »doing gender« fragt, wird auch in den Arbeiten von Cordula Bachmann und Elke Gaugele/Kristina Reiss fokussiert.[169] Eine Unterscheidung von stilistischem und Kleidungsmarkengebrauch schlägt Renate Menzi vor, die darauf aufmerksam macht, dass Marken von einem Großteil junger Menschen fraglos als »stilbildende Elemente« eingesetzt werden, wobei sie anmerkt, dass Marken stets eindeutig identifizierbar seien, stilistische Merkmale hingegen deutlich unpräzisere Auskunft gäben, und schlussfolgert: »Marken operieren mit Identität, Stile mit Ähnlichkeit.«[170]

Vorherrschend in der wissenschaftlichen Auseinandersetzung mit Marken im Allgemeinen und auch mit Markenkleidung im Besonderen, sind quantitativ angelegte Marktforschungsanalysen,[171] die sich dem Phänomen aus ökonomischer Perspektive widmen.[172] Qualitativ-empirische Untersuchungen, die die Motive, Taktiken und sozialen Begründungen aus der Perspektive der KäuferInnen analysieren, liegen hingegen, wie dargelegt, nur vereinzelt vor. Zu den Schnittstellen von Markenkultur, Unternehmenskultur und der Markensoziologie entstanden in den letzten Jahren allerdings Arbeiten, die nach den Wechselwirkungen von Markenanbietern und -käuferInnen fragen, so z. B. an der Universität Oldenburg (mit Förderung des Unternehmens VW) und am Institut für Konsum- und Markenforschung (IKM).[173]

Kulturtheoretische Perspektiven auf die Dinge und die Sprache der Dinge

Fast alle der für diese Untersuchung befragten Jugendlichen und jungen Erwachsenen beantworten die Frage, was eigentlich gekauft werde, wenn Markenkleidung gekauft wird, mit diesem oder einem ähnlichen Statement: »Man bezahlt für den Namen!« Diese Aussage lässt sich aus zwei unterschiedlich gelagerten kultur*theoretischen* Perspektiven betrachten. Die eine fokussiert den ökonomischen »Wert« einer Ware, die andere die gesellschaftliche Funktion des Gegenstands. Gefragt wird somit: *Was* wird von den Herstellern eigentlich produziert und *wie* wird das Produkt von den KäuferInnen gebraucht? Ersteres wird seit längerem - und bis heute - als Gegenstand einer Kulturanalyse diskutiert, die eng mit den Annahmen von Karl Marx zum Gebrauchs- und Tauschwert von Waren verknüpft wird. Letzteres, bei dem gerade nicht der Gebrauchs-, Nutz- oder Tauschwert fokussiert, sondern Umgangspraktiken mit Dingen thematisiert werden, ist beispielsweise in Thorstein Veblens Abhandlung »Theorie der feinen Leute« (1896) erkennbar.

Für Karl Marx ist der Wert einer Ware eine Auskunft über die Verhältnisse der ökonomischen Arbeitsteilung und der Arbeitsorganisation, eine Ware ist stets ein »gesellschaftliches Ding«[174]. Angesichts des in Markenprodukten enthaltenen Verhältnisses aus Produkt und Botschaft, das sich aus einem materiellen und einem immateriellen »Wert« zusammensetzt, ist danach zu fragen, in welchem dieser Bestandteile mehr Mehrwert enthalten ist und mehr Profit erzielt wird: in der vergegenständlichten Form der Ware, also dem Produkt selbst, oder in der symbolischen Kommunikationsarbeit der Marke?

Mit der industrialisierten Massenproduktion aller Güter - welche sich so kaum mehr voneinander unterscheiden - rückte die kulturelle Kodierung dieser Produkte vermehrt ins Zentrum der Warenproduktion. Die von Max Horkheimer und Theodor W. Adorno Mitte der 1940er Jahre als »kulturindustriell« bezeichnete Produktionsweise, bei der die »paradoxe Ware« Kultur mit der Reklame verschmelze, und die Industrie »an den Menschen bloß als an ihren Kunden und Angestellten interessiert«[175] sei, stehe dabei charakteristisch für die »sich selbst entfremdende Gesellschaft.«[176] Kritisiert wird das Tauschwertversprechen der derart kulturalisierten Ware, welche den Bedürfnissen der Menschen nicht gerecht wird, und mehr noch, worauf Vance Packard in seinem Beitrag »Die geheimen Verführer« verweist, dass es der Werbung nicht um die Qualität eines Produkts gehe, sondern dass durch »unterschwellige Werbung« eine unfreiwillige - und somit manipulierende - Überredung zum Kauf von Produkten stattfinde.[177]

Wolfgang Fritz Haug, der sich der »politökonomischen Funktion der Werbung« ebenfalls mittels des Marxschen Instrumentariums vom Gebrauchs- und Tauschwert der ästhetischen Produktinnovation zuwendet, attestiert in seiner Studie *Kritik der Warenästhetik* (1971) vor allem den Markenherstellern eine Produktionsweise, die er als »Technokratie der Sinnlichkeit«[178] bezeichnet. Haugs Studie diente vor allem als Stichwortgeber einer antikapitalistischen Konsumkritik der 70er Jahre, die unter den Schlagworten »künstliche Bedürfnisse« und »Warenfetischismus« firmierte.[179] Diesem, jüngst in einer Neuauflage erschienenen, und um Fragen der »Warenästhetik im High-Tech-Kapitalismus« erweiterten Band wird von dem Kulturtheoretiker Robert Misik jedoch ein »Scheitern auf hohem Niveau« attestiert, da Haug nach wie vor die KonsumentInnen als von Werbung korrumpierte, passive Objekte zeichne und zudem behaupte, die Werbung habe seit den 1970er Jahren strategisch nichts Neues hervorgebracht.[180]

Kulturtheoretische Zugänge, die nicht in erster Linie die Art und Weise der Produktion - die ökonomische Organisation der Gesellschaft und somit fast ausschließlich wirtschaftliche Prozesse - beleuchten, haben sich dagegen in den vergangenen drei Jahrzehnten fest etabliert: Sie stellen den sozialen Ding*gebrauch* und Fragen des (Alltags-)Konsums ins Zentrum ihrer Analysen. In der Ende der 1970er Jahre vorgelegten Studie von Mary Douglas und Baron Isherwood, *The World of Goods* (1979), werden die bis zu diesem Zeitpunkt häufig getrennt untersuchten Felder Waren, Arbeit und Konsum konsequent zusammengeführt:

> »Goods, work, and consumption have been artificially abstracted out of the whole social scheme. The way the excision has been made damages the possibility of understanding these aspects of our life.«[181]

Bereits in Thorstein Veblens Betrachtungen unterschiedlicher Formen des Konsums und der Bekleidungspraktiken verschiedener sozialer Akteure gegen Ende des 19. Jahrhunderts zeigt sich der kulturwissenschaftliche Gewinn einer solchen Perspektivierung. Seine Darstellung der als »müßigen Klasse« bezeichneten Gruppe zeigt, wie diese über »demonstrativen Konsum« ihre soziale Positionierung gesellschaftlich kommuniziert. Die als »Prestigegewinn« porträtierten Praktiken dieser »müßigen Klasse« stellten, so Veblen, soziale Schließungsprozesse dar, mittels derer die Angehörigen der »arbeitenden Klasse« auf Distanz gehalten werden. Auch aus einer kulturhistorischen Perspektive erweisen sich somit Bekleidungspraktiken als Feld der Auseinandersetzungen um die soziale Position.[182] Diese Perspektive, bei der die gesellschaftlichen Prozesse sozialer Ein- und Ausschlüsse durch vestimentäre Praktiken fokussiert sind, wird auch von Georg Simmel in seinen Studien über Mode und Kleidung angelegt.[183]

In seinen Untersuchungen der »Produktkommunikation« verweist Rainer Gries ebenfalls auf die begrenzte Reichweite einer lediglich auf ökonomischen Erklärungsansätzen basierenden Analyse, da diese sämtlich ohne die sozialen Kategorien von Genuss, Sinnlichkeit oder Wohlgefühl auskämen. Die Haugsche Analyse bezeichnet er aus diesem Grund als eine »Feier des Kulturpessimismus«[184]. Jedoch, die überarbeitete Neuauflage von Haugs *Kritik der Warenästhetik* zeigt auf alle Fälle die Aktualität und gesellschaftliche Relevanz des Themenfeldes: Arbeit, Güterproduktion, Warenästhetik, Werbung, Konsum und Lebensstil/Lifestyle sind die Stichworte, die kennzeichnend für eine gesellschaftliche Transformation sind, wie sie z. B. von Rüdiger Bubner als umfassende »Ästhetisierung der Lebenswelt« (1989) beschrieben ist.

Die hier kurz dargestellte - langandauernde - Debatte über die unterschiedlich gelagerten kulturtheoretischen Perspektiven auf »die Dinge«, findet sich in jüngerer Zeit ebenfalls in der Diskussion über das Verhältnis von »Bedürfnissen« und »Begehrnissen« wieder, so bei Gernot Böhme.[185]

Im folgenden Kapitel, das die Produktgeschichte von Markenkleidung behandelt, wird ein genauerer Blick auf die Praktiken der Herstellung sowie der ästhetischen und kulturellen Kommunikation des hier untersuchten Gegenstands geworfen. Dabei zeigen sich die vielfältig miteinander verflochtenen sozialen, kulturellen, gesellschaftlichen und zeitlichen Dimensionen der Entstehung und Herausbildung von Markenkleidung.

II.

(Kleine) Geschichte der Markenkleidung

»Bleyle's Knabenanzüge sind die Besten«,[186] so lautete einer der Werbeslogans des Unternehmers Wilhelm Bleyle, bekannt für die Produktion des »Matrosenanzugs« gegen Ende des 19. Jahrhunderts. 100 Jahre später informiert das Unternehmen Benetton in einem Werbekatalog seine KundInnen: »Du wirst ungefähr eine halbe Stunde brauchen, um die Geschichten von Menschen wie Massoud, Agnes, Kadiatu und Khaliq zu lesen. Wenn du sie zu Ende gelesen hast, hat Hunger mehr als 500 Menschen getötet.«[187] Im Jahr 1895 ließ Wilhelm Bleyle sein Firmenzeichen, den »Herold«, als Warenzeichen unter der Nr. 6604 beim Reichspatentamt schützen; das Unternehmen Benetton, gegründet 1965, wurde in den 1990er Jahren weltweit durch die »Schockwerbe«-Kampagnen des Fotografen Oliviero Toscani bekannt. Die von Toscani verantworteten Inszenierungen stehen beispielhaft für eine »Werbung an der Grenze«[188] und führten zu überaus kontrovers geführten gesellschaftlichen Debatten. In seiner Werbekampagne des Jahres 2003 rief Benetton gemeinsam mit dem »World Food Programme« der Vereinten Nationen zum Kampf gegen Armut, Krieg und Hunger auf; der Name der Kampagne und die Headline des Kampagnenkatalogs lautete schlicht und einfach: »Hunger«. Außer dem auf dem Umschlag abgebildeten Firmenlogo findet sich keinerlei Hinweis auf die Produkte des Unternehmens, die gegenwärtig in 6000 eigenen Geschäften weltweit verkauft werden.[189]

Der in diesen beiden, stark kontrastiven und hier nur kurz skizzierten Beispielen zutage tretende Wandel der Werbung - von der Betonung der Qualität bei Bleyle-Produkten zur ethisch-moralischen Kodierung der Marke Benetton - ist Teil eines umfassenden Strukturwandels des gesamten Bekleidungssektors und der Gesellschaft. Dabei handelt es sich um Prozesse, die ökonomische, kulturelle, soziale, technologische und juristische Aspekte umfassen und die zum einen Globalisierungs-, zum anderen Individualisierungsprozesse darstellen.[190] Dieser umfassende Wandel der Kleidungsproduktion und -distribution zeigt sich vor allem auch in der veränderten Form der Vermarktung von Kleidung. Der Strukturwandel der Bekleidungsproduktion lässt sich dabei in drei große Etappen unterscheiden: Der neuen Form der Produktion von Bekleidung mittels Serialisierung und Konfektionierung ab Mitte des 19. Jahrhunderts folgt die modische Ausdifferenzierung, die in der Phase steigender Prosperität in den fünfziger Jahren vor allem Züge einer Amerikanisierung und Popularisierung auch der Mode zeigt. Die letzte Etappe, die ab den 1970er Jahren deutlicher zu Tage tritt, zeigt Züge der Entkopplung von Produkt und Markenbotschaft. Diese drei Etappen werden im Folgenden am Beispiel einzelner Unternehmen bzw. Unternehmer, deren Produktionsweisen und den im Laufe der Jahrzehnte aufgetretenen Veränderungen in der Kleidungsproduktion und -werbung kulturhistorisch und kulturtheoretisch ausgeleuchtet. Damit wird auch die Frage beantwortet, seit wann es Markenkleidung eigentlich gibt.

Die zeitlichen Ausgangspunkte für die Entstehung von Markenkleidung liegen, wie für das Markenwesen insgesamt, in der Zeit nach 1850, als sich im Zuge der Industrialisierung die Lebens- und Arbeitsbedingungen großer Teile der Bevölkerung sowie die Produktion der Güter des alltäglichen Bedarfs umfassend veränderten. Die durch die Industrialisierung bedingte und sich nach und nach herausbildende fordistisch-tayloristisch organisierte Massenproduktion fast aller Güter des täglichen Ver- und Gebrauchs in Fabriken, in denen für einen anonymen Markt standardisierte Produkte entstanden, ist der Beginn der Einführung von Markenwaren für die entstehenden Massenmärkte. Kai-Uwe Hellmann weist jedoch darauf hin, dass »die ökonomischen Wurzeln des Markenwesens bis in die Zunftwirtschaft des Mittelalters zurückverfolgt werden können.«[191] Die Funktion der damaligen »Zunftmarken« und »Meisterzeichen« war es, über die Herkunft der Produkte sowie »vor allem über deren geprüften Qualitätsstandard«[192] zu informieren, eine Funktion, die bis heute zentral in Markenführungskonzepten zu finden ist: »Das Prinzip Marke – Versprechen muss man halten«.[193] Die mit der Industrialisierung einhergehende Durchsetzung der Gewerbefreiheit und damit der Niedergang des Handwerks und der Zünfte, so schreibt Erwin Dichtl,

> »erzeugte auch eine immer größere Kluft zwischen der Sphäre der Produktion und jener der Konsumtion, um deren Überbrückung sich der institutionelle Handel, dem dadurch automatisch völlig neue Aufgaben zuwuchsen, nachhaltig bemühte.«[194]

Eine der unternehmerischen Strategien, diesen neuen Aufgaben gerecht zu werden, war eine ›Markierung‹ der produzierten Güter durch die Einführung einer spezifischen Unternehmensmarke; eine Marke ist in diesem Sinne ausschließlich ein ökonomisches Funktionszeichen:

> »Versteht man daher Zeichen wie Marken als Markierungen von Gegenständen, lassen sich Marken von Zeichen dadurch unterscheiden, dass Zeichen Markierungen ohne und Marken Markierungen mit wirtschaftlicher Funktion sind.«[195]

Die wohl meistzitierte Definition von »Marke« stammt, wie Hellmann annimmt, vom Markenforscher Konrad Mellerowicz. Ihr liegt eine ausschließlich ökonomische Perspektive zugrunde, wenngleich darin auch auf die Stellung der VerbraucherInnen bei der »Verkehrsgeltung« von Marken hingewiesen wird. Fragen zu Deutung und Gebrauch von Markenartikeln spielen keine Rolle:

> »Markenartikel sind für den privaten Bedarf geschaffene Fertigwaren, die in einem größeren Absatzraum unter einem besonderen, die Herkunft kennzeichnenden Merkmal (Marke) in einheitlicher Aufmachung, gleicher Menge sowie in gleich bleibender oder verbesserter Güte erhältlich sind und sich dadurch sowie durch die für sie betriebene Werbung die Anerkennung der beteiligten Wirtschaftskreise (Verbraucher, Händler und Hersteller) erworben haben (Verkehrsgeltung).«[196]

Hans Domizlaff, der neben Wilhelm Vershofen als Begründer der modernen Markentechnik gilt, wies schon darauf hin, dass es die KonsumentInnen seien, die über Erfolg und Misserfolg einer Marke entscheiden. In seinem nach wie vor viel beachteten Lehrbuch *Die Gewinnung des öffentlichen Vertrauens* merkte er an: »Nicht der Fabrikant ist der Ausgangspunkt aller markentechnischen Beziehungen, sondern die Psyche des Kunden«[197].

Die Markenforschung datiert den Beginn des »modernen Markenwesens« sehr präzise auf das Jahr 1890.[198] Markenartikel haben sich zum einen zu diesem Zeitpunkt am Markt durchgesetzt, zum anderen findet sich nun vielerorts ein neuartiges Werbemedium, vor allem für Markenprodukte: Große Werbetafeln in den Innenstädten markieren den Beginn der ökonomischen Durchdringung des öffentlichen Raums.

Am Beispiel zweier Pioniere, die bei der Entstehung von Markenkleidung eine Rolle spielten, lassen sich die sich verändernden Arbeitsprozesse in der Bekleidungsindustrie ab Mitte des 19. Jahrhunderts nachzeichnen, zum einen anhand der Geschichte des britischen Couturiers Charles Frederick Worth, zum anderen am Beispiel des Stoffhändlers Löb Strauss. Ein Blick auf die Aktivitäten des schwäbischen Textilherstellers Wilhelm Bleyle an der Schwelle zum 20. Jahrhundert zeigt, wie unternehmerisch auf die sich ändernden Marktbeziehungen und die neue Produktionsweise von Kleidung reagiert wurde. Ein gut sichtbares, auf die Brusttasche appliziertes Markenlogo als charakteristisches Element heutiger Markenkleidung wird vermutlich erstmals in den 1930er Jahren vom französischen Tennisspieler René Lacoste im Unternehmen La Chemise Lacoste als Element »strategischer Kommunikation« eingesetzt, (wenngleich dieses auch anderen Ursprungs ist, wie ein genauerer Blick auf den Sportler und die Entstehung des Markenlogos im Anschluss zeigt).

Die zweite Etappe ist durch unterschiedlich gelagerte, zeitgleich verlaufende Prozesse gekennzeichnet: Neue textile Materialien, die ersten außerhalb der USA durch das Unternehmen Mustang produzierten Jeans, die Einführung sogenannter Zweitverwertungskollektionen namhafter Designer (»Prêt-à-porter«), zunehmender Wohlstand in großen Teilen Westeuropas und die Popularisierung und Amerikanisierung der westeuropäischen (Jugend-)Kultur nach dem Ende des Zweiten Weltkriegs sind die Felder, auf denen sich auch in der Mode gesellschaftliche Neujustierungen erkennen lassen. Seit Unternehmen in den 1970er und 1980er Jahren begonnen haben, durch aufwändige Werbemittel den Produkten durch Strategien der Ästhetisierung spezifische Markenimages einzuschreiben, zeigen sich zum einen die Ausdifferenzierung von Lebensstilen und damit zusammenhängend der Ästhetisierung des Alltagslebens im Ganzen, zum anderen rückt das Subjekt ins Zentrum der Werbebemühungen, was die dritte Etappe kennzeichnet.

Ein Ausblick auf gegenwärtige Entwicklungslinien und Tendenzen im Bereich der Herstellung von Markenkleidung soll diese (kleine) Geschichte der Markenkleidung abschließen. Diese neuen Entwicklungen bestehen in der Entstehung von »Fair Wear«-Produkten, im aktuellen Boom von Klein- und Kleinstmodelabels, in den steigenden Zahlen juristischer Auseinandersetzungen um Markenrechte und Markenrechtsverletzungen sowie der verstärkten Einbeziehung der KundInnen als unbezahlte Beschäftigte der Unternehmen - dem Crowd Sourcing.[199]

Serialisierung und Konfektion: Charles F. Worth und Levi Strauss

Der Couturier Charles Frederick Worth (1825-1895) gilt als Begründer der Pariser Haute Couture und als der erste, der seine Kleidung ›markierte‹. Er ließ einen Herstellernachweis im Inneren der von ihm gestalteten Kleider, nach außen unsichtbar, einnähen. Dieser Nachweis trug den Namen seines Salons: »Worth, No 7 Rue de la Paix, Paris.«[200] Sein Ruf als Erfinder der Haute Couture wurde durch dreierlei begründet: erstens durch die Verwendung extrem teurer Stoffe, zweitens durch die erstmalige Präsentation seiner Kreationen nicht, wie bis dahin üblich, an Puppen, sondern an einem lebenden Mannequin, sowie vor allem drittens durch die völlige Neuorganisation der Betriebsabläufe in der Bekleidungsproduktion, bei der Worth »einen einzigen Schnitt für viele Kreationen verwendete«.[201] Damit begann die serielle Anfertigung von Luxuskleidung - der Weg von der Schneiderei zur Haute Couture. Worth »erkannte als erster die ungeheuren Chancen des Exports. Durch ihn hat der französische Geschmack die Welt erobert, wurde die Rue de la Paix die Modestraße der Welt und Paris die Hauptstadt der Mode.«[202]

Früh schon wurden Worth' Kreationen vor allem in den USA legal und illegal nachgeschneidert und nachgeahmt, eine Praxis, die in den letzten Jahren erneut ›en vogue‹ wurde. Kinzel verweist am Beispiel dieser Worth-Nachahmungen auf den Zusammenhang von Kleidung und sozialem Status, Original und Fälschung: »[...] wer das Original nicht kannte - und welche Frau kannte es schon - konnte leicht auf eine billige Kopie hereinfallen.«[203] Die nun in den USA erhältlichen Kleidungsstücke, teure Originale und weniger teure Fälschungen, wurden alsbald einem größeren Publikum bekannt.

Die veränderte Produktionsweise - zu deren Vorgeschichte auch die Erfindung der Nähmaschine im Jahr 1830 und die 1858 patentierte Zuschnittmaschine für Stoffe gezählt werden muss[204] -, die serielle Fertigung in höheren und hohen Stückzahlen unter gleich bleibender oder sich verbessernder Qualität stand auch am Beginn der Geschichte einer anderen Kleidermarke, der Jeansmarke Levi's. Mitte des 19. Jahrhunderts emigrierte der 1829 geborene jüdisch-stämmige Löb Strauss, der sich später Levi Strauss nannte, aus dem kleinen fränkischen Ort Buttenheim in die USA.[205] In San Francisco, einer Stadt, die aufgrund des in Kalifornien eingesetzten »Goldrauschs« rasant wuchs, stieg er in einen kleinen Betrieb ein, in dem Stoffe gehandelt und Hosen für Goldsucher und Arbeiter aus Segeltuch gefertigt wurden.[206] Später ersetzte Strauss das Segeltuch durch leichteren Baumwollköper - die »Jeans« waren erfunden:

> »Zu Beginn der 1860er Jahre ersetzt er das Segeltuch durch indigogefärbten Baumwollköper, einen Drillich, den er aus dem französischen Nimes einführt. Aus dem Bleu des Nimes wird das amerikanische Blue Denim. Der fürs Färben nötige Indigo wird über Genua in die USA importiert - aus dem Bleu des Genes (Blau aus Genua) werden Blue Jeans.«[207]

Ob Strauss die »Jeans« - die Bezeichnung Jeans setzte sich erst in den 1960er Jahren durch[208] - erfand, ist umstritten.[209] Neben der Umstellung der Produktion auf Konfektionierung, die serielle Produktion der Bekleidung mittels einer von Strauss hierfür entwickelten Maßtabelle, verweist ein Ereignis im Jahr 1872 auf einen zentralen Punkt bei der Entstehung von Markenkleidung. Eine an Strauss & Co. adressierte Postsendung des Schneiders Jacob Davis aus Reno enthielt zwei Paar Hosen und einen Brief, in dem Davis von einer Erfindung berichtete: »Das Gehaimnis von den Hosen sint die Niten, wo ich in die Tasche mache und die Nachfrage is so gros das ich ga nich schnel genug nachkome.«[210] Diese Erfindung, deren Patentierung am 20. Mai 1873 unter der Nummer 139.121 erfolgte, bei der nun die Nähte durch Nieten verstärkt wurden, wurde von mehreren anderen Herstellern kopiert, wogegen Strauss mehrfach erfolgreich prozessierte, wodurch er seine Marktstellung behaupten konnte.[211] Jede der Nieten in den Hosen trug ab diesem Zeitpunkt die Initialen des Herstellers »L.S. & CO S.F.«, zusätzlich wurde, »[u]m den Käufern das Erkennen der Marke noch leichter zu machen [...], auf die Gesäßtaschen der Hosen ein geschwungenes doppeltes V aus leuchtend orangefarbenem Garn und eine Qualitätsgarantie aus Wachstuch gesteppt.«[212] Dieses »doppelte V« hat, so Sabrina Kästner, vor allem eine symbolisch-affektive Bedeutung:

> »1873 lässt Levi Strauss auch zum ersten Mal eine *Ziernaht* in Form eines extrem abgeflachten Doppelbogens in orangefarbenem Garn auf die Gesäßtaschen seiner Hosen aufsticken. Dieses sogenannte ›*Arcurate-Design*‹ (arcurate, engl. - bogenförmig), auch als ›*Double-Arcurate*‹ (engl., Doppelbogen) bezeichnet, soll von der Form her an Schwingen des ›American Eagle‹ oder einen fliegenden Vogel in weiter Ferne erinnern. [...] Levi's Entscheidung für orangefarbenes Garn hängt mit der rötlichen Farbe der Kupfernieten zusammen, die mit dem Garn farblich harmonieren sollen. Deshalb sind seit der Einführung des Arcurate-Design alle sichtbaren Nähte in orangefarbenem Garn gehalten. Mit der Gestaltung der Gesäßtasche durch das Arcurate-Design erschafft Levi Strauss

> bereits 1873 das erste *Markenzeichen* für ein Kleidungsstück, das bis heute als Erkennungsmerkmal einer ›echten‹ Levi's gilt.«[213]

Die Ausstattung mit solchen Erkennungszeichen ist ein dynamischer Prozess, die visuelle Gestaltung der Kleidungsoberfläche erlebt mehrere Neuerungen. Das »Two-Horse-Brand«, das zwei Bauern mit Pferden bei dem Versuch zeigt, eine Hose zu zerreißen (was an die bildliche Darstellung des Halbkugel-Vakuumexperiments Otto von Guerickes im Jahr 1657 in Magdeburg anknüpft), wurde 1886 hinzugefügt; lange nach dem Tod des Gründers (1902) wurde 1936 das »Red Tab« eingeführt, ein kleines, rechteckiges Stück roter Stoff mit eingewebtem »Levi's®«-Emblem.[214] Diese und weitere, ältere Charakteristika (Knöpfe, Nieten) weisen Levi's-Jeans bis heute auf. Die Parallelen zu den Erkennungsmarkierungen anderer Jeanshersteller sind dabei unübersehbar:

> »Mustang Jeans zeichnen sich durch eine Reihe von Besonderheiten und Details aus: Das original Mustang Label, das rote Tab, bewegliche Patentknöpfe aus Edelstahl mit Mustang-Schriftzug, nickelfreie Kupfernieten, Kappnaht in Schritt und am Gesäß, Coin-Pocket - extra aufgenietet, verstärkte Tascheneingriffe und von innen zusätzlich fixierte Gürtelschlaufen.«[215]

Die Markenzeichen, die sowohl Worth als auch Strauss verwenden, erfüllen mehrere Zwecke, die - bis heute - für alle Markenzeichen gelten. Durch permanente Wiederholung in der Werbung und auf den Produkten soll der Markenname bekannt gemacht, eine rasche Identifikation des Produkts ermöglicht und darüber hinaus der Verwechslungsgefahr und Produktfälschungen vorgebeugt werden. Roland Wirth fasst es so zusammen:

> »Die Hersteller (der massenhaft gefertigten Kleidung) versuchen, die tatsächlich gegebene Austauschbarkeit ihres Produkts zu verschleiern, indem sie es mit bestimmten Eigenschaften verbinden. Sie geben ihren Produkten Namen, die diese Produkteigenschaften symbolisieren sollen.«[216]

Diese zumeist einfachen und einprägsamen Namen sind neben dem visuellen Markenzeichen Teil der von Rainer Gries beschriebenen »Produktkommunikation«[217], durch welche die Produkte medial mit einer Aura versehen werden. Als Ersatz für den verloren gegangenen Kontakt von Hersteller und Käufer stehen nun Markierung und Name für das Güte-Garantieversprechen. Ein Markenprodukt, das diese Versprechen einlöst, bezeichnet Dirk Schindelbeck als »Sicherheitsprodukt«: »Da weiß man, was man hat.«[218]

Der Unternehmer Wilhelm Bleyle präsentierte seine Produkte ebenfalls als Sicherheitsprodukte, indem er in seinen Werbeslogans und Werbekatalogen, Prospekten und Inseraten stets die Aspekte Qualität, Haltbarkeit, Wirtschaftlichkeit, Preiswürdigkeit und Kundendienst variierte: »Bitte, mir auch einen Bleyle« oder »Gesund, modern, preiswürdig« lauteten damalige Werbeslogans für den Matrosenanzug, gerichtet an potentielle KäuferInnen des unteren und mittleren Bürgertums.[219] Der Aufstieg des Unternehmens Ende des 19. Jahrhunderts, zu einem Zeitpunkt, als auch der Konsum von modischer Kleidung alltäglicher wurde, umfasste dabei nicht nur den Ausbau der Produktion, sondern Bleyle entwickelte zugleich umfassende und neue Werbemaßnahmen für seine Produkte, allen voran die Einführung eines unverwechselbaren Markenzeichens, des »Bleyle-Herolds«, das in der Werbung verwendet und an der Kleidung angebracht wurde. Bleyle erkannte die notwendige Neuorganisation des Handels angesichts veränderter Produktionsverfahren. Seine unternehmerische Karriere begann, wie Friederike Valet ausführt, 1889 mit »acht Angestellten, fünf Nähmaschinen und 5000 Mark Startkapital« und im Jahr 1890 wurde der erste der kratzig-unverwüstlichen Matrosenanzüge für Knaben hergestellt. 1901 beschäftigte Bleyle erstmals mehr als 100 Menschen und erwarb das erste eigene Firmengebäude in Stuttgart. 1903 folgten Werke in Brackenheim und 1905 in Ludwigsburg. 1911 bezog er sein neues Stammwerk mit inzwischen 1500 Beschäftigten in der Stuttgarter Rotebühlstraße.[220] Württembergische Unternehmen gelten bereits ab Mitte des 19. Jahrhunderts als weltweit führend in der Fabrikation von Wirk- und Strickwaren, so neben Bleyle die Unternehmen Benger und Schiesser, deren Produkte zu Beginn des 20. Jahrhunderts auch in

Spezialgeschäften in New York und Chicago verkauft wurden.[221] Nachdem vor allem aus den USA importierte Baumwolle die traditionellen Rohstoffe Schafwolle, Flachs und Hanf am Ende des 19. Jahrhunderts weitestgehend verdrängt hatte und in Ratingen bei Düsseldorf die erste mechanische Spinnerei in Kontinentaleuropa ihren Betrieb aufgenommen hatte,[222] entstanden auch in Südwestdeutschland kurz hintereinander etwa 15 Spinnereifabriken für Baumwolle.[223] Den schnellen Aufstieg der württembergischen Textil- und Bekleidungsindustrie in diesen Jahren fasst Paul Sauer zusammen:

> »Bereits 1811 existierte in Stuttgart eine von Bockshammer errichtete mechanische Spinnerei, in der 190 Arbeiter beschäftigt waren. Dennoch blieb die Herstellung von Textilien zunächst überwiegend in den Händen des Kleingewerbes. 1882 gab es in Württemberg 10.320 und 1907 noch 1155 selbständige Kleinweber; im gleichen Zeitraum stieg die Zahl der Textilarbeiter von 33 600 auf 52 400 an.«[224]

Zu Beginn des Ersten Weltkriegs hatten acht der insgesamt 15 deutschen Strickerei- und Wirkbetriebe ihren Hauptsitz im Stuttgarter Industriebezirk. Andere wichtige Stuttgarter Textil-Unternehmen dieser Zeit, die zum Teil noch heute bestehen, waren die Firmen Benger, Dreifuß & Lehmann, Rosenstern & Kann, Meden & Levy, Erhardt & Entreß sowie Furchheimer & Strauß.[225]

Vier Faktoren haben zum Aufstieg des Unternehmens Bleyle maßgeblich beigetragen: Die Konfektion, die Qualität und Haltbarkeit der Kleidung, die Einführung der Marke Bleyle sowie die Schadensbehebung zum Selbstkostenpreis.[226]

Bleyle erzeugte durch seine Art der Markenführung ein einheitliches Unternehmenserscheinungsbild, ein frühes Beispiel dessen, was heute Corporate Design heißt, in allererster Linie durch das »einheitliche Erscheinungsbild aller visuellen Äußerungen des Unternehmens, angefangen vom Etikett über den Verpackungskarton bis zum Kleiderbügel.«[227] 100 Jahre nach der Gründung des Unternehmens hieß es immer noch: »Bleyle gehört zur deutschen Mode wie der Eiffelturm zu Paris«[228]. Schon zwei Jahre zuvor hatte das Unternehmen Bleyle KG allerdings Insolvenz angemeldet, in deren Folge die Markenrechte verkauft wurden.[229]

Serialisierung und Konfektion in der Produktion, die Kennzeichnung der Produkte mit Namen, Logos und unverwechselbaren Kennzeichen wie Ziernähten oder Knöpfen mit dem jeweiligen Markenaufdruck sowie die visuelle Vereinheitlichung der Werbemittel, wie dies im Unternehmen Bleyle strategisch umgesetzt wurde, stellen die Geburtsstunde der Markenkleidung dar. Die industrielle Massenproduktion machte es gleichzeitig notwendig, neue Wege bei der Bewerbung der Produkte zu gehen. Die Kennzeichen der damaligen Werbung waren das Versprechen einer stets gleichbleibenden Produktqualität; die visuellen Markenzeichen repräsentierten dabei den »guten Namen« des Unternehmens, die Anerkennung der Qualitätsversprechen auf Konsumentenseite machten Bleyle-Kleidung vollends zur Markenkleidung.

Die französische Marke Lacoste, 1933 gegründet, wurde seit den 1960er Jahren vor allem durch das »Poloshirt« einem breiteren Kaufpublikum bekannt; die Marke setzt bei der Bewerbung ihrer Produkte auf einen Abkunftsmythos, der sich aus den sportlichen Erfolgen des Firmengründers speist. Der Tennisspieler René Lacoste, der von Freunden und Gegnern aufgrund seiner angriffslustigen und dem Gegner hart zusetzenden Spielweise als »das Krokodil« bezeichnet wurde, ließ sich 1927 ein Krokodil-Logo auf seine Sportkleidung nähen. Claudia Herling schreibt, dass mit der Unternehmensgründung 1933, als Lacoste zusammen mit dem Strickwarenhersteller André Gillier unter dem Namen »La Chemise Lacoste« mit der seriellen Herstellung von Tennis-, Golf- und Segelshirts begann, das Krokodil zum Unternehmenslogo erhoben wurde und Lacoste somit angeblich der erste Hersteller sei, »der sein Label sichtbar auf der Vorderseite der Kleidung anbrachte«.[230] Eine Anfrage an das Unternehmen nach weiteren Informationen hierzu blieb in der Sache unbeantwortet, was mit dem Hinweis auf die Vertraulichkeit der Dokumente begründet wurde.[231] Die Geschichte des Poloshirts des Unternehmens Lacoste verläuft in drei Etappen: Zunächst lediglich als Sportbekleidung verwendet, avanciert es in den 1960er Jahren zur Freizeitkleidung, um schließlich in den 1980er Jahren als »›das Hemd mit dem Krokodil‹ zum Statusobjekt«[232] zu werden.

Eine sichtbare Markenkennzeichnung der Kleidung (und von Schuhen) nutzen auch andere Unternehmen. Der französische Designer Jean Patou entwarf nach dem 1. Weltkrieg Badebekleidung mit sichtbarem »JP-Logo« und lud als einer der ersten zu den von ihm durchgeführten Modeschauen auch die Presse ein.[233] Laut Gertrud Lehnert gelang es Patou Mitte der 1920er Jahre, »seine Initialen auf seinen Modellen anzubringen und die Kundinnen davon zu überzeugen, dass es eine Auszeichnung sei, sie auf ihrer Kleidung zur Schau zu tragen.«[234] Dafür buchte er für seine außergewöhnlichen und begehrten Modenschauen professionelle Modelle mit den Charakteristika »groß, schlank, sportlich«[235] - Charakteristika, die auch heute noch auf den Laufstegen der Welt die Norm sind. Für Lehnert sind Patous Ideen der Beginn davon, »dass man heute kaum noch Kleidung kaufen kann, die nicht mit deutlich sichtbaren, auf der Außenseite der Teile angebrachten Markenzeichen versehen ist, ganz gleich, ob diese exklusiv sind oder nicht.«[236]

Die 1908 gegründete Converse Rubber Shoe Company wurde durch ihr Modell »Chucks« bekannt und hat bis heute von diesen Schuhen etwa eine Milliarde Paar verkauft, die im Jahr 1920 nach dem Basketballspieler Chuck Taylor benannt wurden.[237] Dabei kam dem auf der Innenseite der knöchelhohen Sportschuhe angebrachten Logo nicht nur die Aufgabe der Markenkennzeichnung zu, sondern auch des Schutzes des Spielers.[238]

Die Werbestrategie, Produkte nach ihren Designern und Herstellern zu benennen, sollte damals wie heute das notwendige Vertrauen in die Produkte herstellen, ähnlich wie der Werbeeinsatz von Prominenten, die mit ihrem »guten Namen« für Güter und Dienstleistungen aller Art einstehen. Das Beispiel des vor etwa 100 Jahren erfundenen Burberry-Trenchcoats, bei dem gleich ein ganzes Kleidungsstück nach seinem Erfinder, dem britischen Tuchmacher Thomas Burberry benannt wurde, zeigt ebenfalls die Traditionslinien dieser Werbestrategie.[239]

Die erste Akteurin dieser Zeit, die das Bild der »neuen Frau« der 1920er Jahre maßgeblich mitprägte, war Coco Chanel. Das von ihr entworfene Bild der Mode der »Neuen Frau« wurde von Gesa Kessemeier vor allem als neues Körperbild beschrieben.[240] Die Bezeichnung »Coco Chanel« stand und steht bis heute emblematisch für ›die moderne Frau‹, für Unabhängigkeit, Gesundheit, Sportlichkeit. Sie legte sich eine »Bubikopf«-Frisur bzw. den »Bob«, einen androgynen Haarschnitt, zu, kleidete sich stets modisch-aktuell, tanzte zu Jazz-Musik und rauchte Zigarette. Damit wurde die traditionell vorgesehene Frauen- und Mutterrolle zurückgewiesen und ein neues Frauenbild geprägt.

Die 1920er Jahre zeigen sich, was die Hersteller angeht, als Zeitraum der Weiterverbreitung und Konsolidierung von Markenkleidung, die sich allerdings nach wie vor nur wohlhabendere Sozialschichten leisten konnten. Sie sind ein Zeitraum des Experimentierens in den Feldern Mode und Musik, Kleidung und Accessoires und helfen bei der Inszenierung des neuen Lebensstils, des offensichtlichen Abweichens von der Norm, was maßgeblich und nachhaltig zum fort- und andauernden Mythos der »Goldenen 20er« beiträgt.

Markenkleidung ab den 1950er Jahren

Mitte der 1950er Jahre erleben die amerikanischen TV-ZuschauerInnen anlässlich der Oscar-Verleihung in Hollywood eine bewusst inszenierte, absichtliche Regelverletzung des damals legitimen Geschmacks: Marlon Brando und Marilyn Monroe erscheinen zur Oscar-Verleihung in Jeanshosen.[241] Jeans werden seit Beginn der fünfziger Jahre als nonkonforme Kleidung beworben und getragen. Für dieses Kleidungsstück gilt in den USA bereits in den 1930ern, in Europa für die Zeit nach dem 2. Weltkrieg: »Aus einer Kleidung der Arbeit wurde eine Kleidung der Freizeit.«[242] Zeitgleich mit dem Aufstieg der Jeans beginnt der Niedergang der französischen Haute Couture, was eine Neujustierung der bisherigen Geschäftsmodelle in diesem Bereich notwendig machte. Allem voran ist eine solche Innovation mit dem Namen Christian Dior und der von ihm 1947 entworfenen und als

»New Look« bezeichneten Modekollektion verknüpft. Dior gründet als einer der ersten Tochterunternehmen und vergibt Lizenzen für die Produktion von Accessoires, womit er als Stichwortgeber des heute üblichen Geschäftsmodells gelten kann, bei der in erster Linie eine Vergabe von Produktionsrechten für Parfums, Taschen, Gürtel, Brillengestelle und anderes unter einem entsprechenden Markennamen erfolgt. Neben der nach wie vor produzierten teuren Haute Couture fertigt Dior vermehrt »Prêt-à-porter«, tragefertige Mode, die in Standardgrößen angeboten wird. Diese als Zweitverwertungskollektionen der Haute Couture anzusehenden Kleidungsstücke und Accessoires sind preislich deutlich günstiger, und das Geschäftsmodell des »Prêt-à-porter« und der Lizenzvergabe setzen sich in kurzer Zeit weltweit durch. Der Ausbau dieses Vermarktungsmodells ist eng mit Pierre Cardin und Jacques Rouet aus dem Haus Dior verknüpft. [243]

Amerikanische Musik, Film und Mode führen in den 1950er Jahren zum »Probelauf westdeutscher Jugendkultur im *American style*«.[244] Zwar ist bereits Ende der 1930er Jahre mit der mittelständischen und bürgerlichen »Swing-Jugend« ein Vorläufer der amerikanisierten Jugendkultur entstanden, die sich, wie Kaspar Maase ausführt, im eigenen Auftreten und Erscheinungsbild an den Stars der Unterhaltungsindustrie orientiert. Die zeitgleich vor allem in Wien in Erscheinung tretenden »Schlurfs«, auch Swingheinis oder Stenze genannt, legen ebenfalls Wert auf ein amerikanisch-britisches Äußeres, entstammten jedoch mehrheitlich der Arbeiterklasse.[245] Anton Tantner berichtet, dass die »Schlurfs« gerne die »begehrten Heitzmann-Hemden« sowie Schuhe aus dem Geschäft »Dunzinger auf der Mariahilferstraße« tragen, auch wenn ihr finanzieller Spielraum oftmals sehr gering ist.[246] Solche symbolischen Regelverletzungen, deren Akteure von den Nationalsozialisten durchaus massiv verfolgt werden, zeigen sich erneut Anfang der 1950er Jahre im Nachkriegsdeutschland als Provokationsstrategien gegen die bestehende gesellschaftliche Ordnung zum einen, als teilweise klassenübergreifende Kohortenerfahrung zum anderen, Kaspar Maase macht hier erste »Umrisse eines historisch neuen Typs von Jugendkultur« aus:

> »Innovatorisch waren vor allem zwei Tendenzen: Die Heranwachsenden verwendeten Elemente aus dem kultur- und freizeitindustriellen Fundus als Zeichen symbolischer Abgrenzung und des Selbstausdrucks; dabei überschritten sie ansatzweise tradierte Klassenlinien in Richtung auf praktische, punktuell schon artikulierte Generationsgemeinsamkeiten.«[247]

Diese Strategie der Abgrenzung zeigt sich beispielsweise in der Herausbildung der Gruppe der »Halbstarken«, die auch von Filmen mit James Dean und Marlon Brando zu einer »Sozialisierung in eigener Regie«[248] inspiriert werden, bei der Musik (Rock'n Roll) und Kleidung (Jeans, Lederjacke und kariertes Hemd), spezifische Alltagsgesten und Freizeitpraxen zum Teil ihrer Teenager-Kultur werden. Werner Faulstich richtet sein Augenmerk bei der »neuen Jugendkultur« der 1950er Jahre vor allem auf die kommerziellen Angebote, die jungen Menschen bei entsprechendem Einkommen zur Verfügung stehen.[249] Die eng mit dem »Wirtschaftswunder« verknüpften kommerziellen »Marketing- und Ausbeutungsstrategien der boomenden Konsumgüterindustrie«[250] bieten alles, was die neuen Lebensstile brauchen: Eine Lederjacke für ihn, hautenge Oberbekleidung für sie, Elvistolle für ihn, Lippenstift für sie und spitze Schuhe für beide. Diese Verbindung von Waren und jugendkulturellem Selbstausdruck verweist auf die Transformation des Werts der Produkte, was sich auch als Trennlinie von Bedürfnissen und Begehrnissen zeigt. Ein leitender Mitarbeiter der Marketingabteilung von Levi's/Deutschland beschreibt dieses Verhältnis am Beispiel der Nutzung der Jeans für die 50er Jahre: »Jugendlichkeit, Sex und Protest waren nun wichtigere Image-Komponenten als der Gebrauchswert«.[251] Am Beispiel des westdeutschen Unternehmens Mustang lässt sich nachzeichnen, welche Strategien ab Anfang der 1950er Jahre zur Anwendung kommen, so dass aus einem Kleidungsstück schließlich Markenkleidung wird.

Das Unternehmen Mustang: Eine bundesrepublikanische Produktgeschichte

Im Mai 1932 wird im schwäbischen Künzelsau von Luise Hermann die »L. Hermann Kleiderfabrik« gegründet. Sie beschäftigt sechs Näherinnen, die Berufskleidung produzieren. Dieses Unternehmen gilt auch als erster Hersteller von Jeans in Europa, was bis heute in den Mittelpunkt der Firmenerzählung gestellt wird. Dabei spielen die »amerikanischen Wurzeln« der Jeans eine besondere Rolle:

> »Gut ausgerüstet mit 6 Flaschen Schnaps, machte sich Albert Sefranek, Schwiegersohn der Firmengründerin Luise Hermann, 1948 auf den Weg nach Frankfurt. In einer Bar fand er einen GI, der ihm im Gegenzug 6 Paar US-Jeans dafür gab. Zuhause in Künzelsau trennte Albert Sefranek die Tauschware auf und entwickelte daraus seine ersten Jeans-Schnittmuster. Von da an sorgten Innovationen aus der Austraße für Furore und Jeansgeschichten wurden zu einem Stück Geschichte.«[252]

Nach der Erstproduktion von 300 blauen Arbeitshosen wird 1949 mit der Serienproduktion von Jeans begonnen. 1953 werden, nachdem Levi's im Jahr 1938 damit begonnen hatte, die ersten Frauenjeans herzustellen, die »Girl's Campinghosen« in die Produktion aufgenommen, Europas erste Jeans für Frauen. Voraus ging zum einen der Kampf für die Frauenhose, der Ende des 19. Jahrhunderts beginnt und den Gundula Wolter in Form einer »Hosengeschichte als Emanzipationsgeschichte«[253] nachzeichnet, zum anderen die Etablierung der Jeanshose auch als Kleidung für Frauen. Die Modezeitschrift Vogue titelt im Jahr 1935 »What! Overalls in Vogue?« Das Blatt, das bis dahin nur teure Mode zeigte, erhebt damit die von einer Frau auf dem Titelfoto getragenen Jeanshosen unter der Bezeichnung »true western chic« in den Modeolymp.[254] Die Wahl des Namens »Girl's Campinghose« im schwäbischen Künzelsau wird bei deren Einführung damit begründet, dass unter diesem Namen auch »die ›anständigen‹ Frauen die körperbetonte Hose tragen können«.[255] Offenbar will sich das

Unternehmen aus Imagegründen in eine Tradition der Herstellung nonkonformer, jugendlicher und oppositioneller Kleidung einreihen, wenn es das damalige Produkt »Girls's Campinghose« heute so beschreibt: »Sexy, unanständig und knallblau«.[256] Im Jahr 1954 verkauft die Firma insgesamt 100.000 Paar Jeans. Als erste deutsche Firma importiert sie seit 1958 original amerikanischen 13 3/4 OZ US-Denim, was die Hosen nahezu doppelt so teuer macht. Unter der bis dahin verwendeten Bezeichnung »Hermann Cowboyhosen«, so die Überlegungen von Sefranek, rechnet sich diese Produktverteuerung für das Unternehmen nicht mehr und es beginnt die Suche nach einem neuen Firmennamen:

> »Ein neuer und vor allem amerikanischer Name muss her. Inspiriert vom Lebensgefühl der ›Neuen Welt‹ sucht Albert Sefranek nach einer Bezeichnung, die an das Flair des Wilden Westens, John Wayne sowie andere aktuelle Helden wie James Dean und Marlon Brando erinnert. Den Markennamen findet er schließlich in einem Tier, das als Synonym für die unbezwingbare Freiheit steht: Mustang, das Wildpferd!«[257]

Die Anfang der 1980er Jahre erhältlichen, etwa 250 verschiedenen Jeansmarken werden von Daniela Mauch nach ihren Markennamen kategorisiert. Sie unterteilt diese in Namen mit Bezug zum ›Wilden Westen‹ (Rifle, Buffalo, Marshall, Sheriff, Mustang), zu Vornamen (Emanuel, Diesel, Nico, Mac Donald), Namen der Designer (Levi's, Lee, Schott, Calvin Klein, Laura Biagotti), Phantasienamen (Naf Naf Jeans, Bobos, Giti) und Namen, die nicht eindeutig zuzuordnen sind (Big Star, Knock-Out, Angels, Esprit).[258] Vor allem die Bezüge zum »Wilden Westen« wie auch auf Designer, zielen dabei auf einen Abkunftsmythos, zum einen auf den Ort der Erfindung der Jeans, zum anderen auf die ästhetische Leistung des Kleidungsdesigners. Auch eine im sozialistischen Ungarn ab Anfang der 1970er Jahre hergestellte Jeans, mit der auf den zunehmenden Einfluss westlicher Bekleidungsmarken reagiert wird, erhält einen Namen mit USA-Assoziation: »Trapper«. Nach einer Unterbrechung der Produktion Anfang der

1990er Jahre werden Trapper-Jeans und die als Antwort auf den Adidas-Turnschuh geltenden Schuhe der Marke Tisza seit einigen Jahren wieder hergestellt und erleben derzeit in Ungarn ein Comeback.[259] Auch in der DDR wird auf den Einfluss westlicher Mode und Marken reagiert; die ersten, qualitativ höherwertigen Jeans werden im Jahr 1978 produziert und - vermutlich in ideologischer Abgrenzung vom Abkunftsmythos »American Dream« - nach einem europäischen Wildtier benannt, dem Wisent.

Die Doppelkappnahthose Wisent: Symbolische Kämpfe in der DDR

Die Jeans, besser: die symbolische Kraft der Jeans als Ausdruck jugendlichen Aufbegehrens werden spätestens zu Beginn der 1970er Jahre auch in der DDR zum gesellschaftlichen Reizthema. In Ulrich Plenzdorfs Theaterstück *Die neuen Leiden des jungen W.* teilt der Protagonist Edgar mit: »Es gibt ja überhaupt nur eine Sorte echte Jeans. Wer echter Jeansträger ist, weiß, welche ich meine.«[260] Die Anspielung auf die Hosen der Marke Levi's wird vom Publikum verstanden. Der Ruf der Jugend nach Jeans wird, nachdem es bereits 1968 erste eigene DDR-Jeans unter der Bezeichnung Cottino-Kibos zu kaufen gibt, erst zum Ende der 70er Jahre erhört, nachdem »fast die Hälfte aller Jugendlichen mit Jeans aus der DDR-Produktion nicht zufrieden«[261] war. 1978 beschließt die DDR-Regierung, eine Million Paar Levi's-Jeans zu importieren, die während der Weihnachtstage dieses Jahres in Sonderverkaufsstellen zum hohen Preis von 149 Mark verkauft werden, gleichzeitig wird aber auch die eigene Textilproduktion nach und nach umgestellt:

> »Trotz der anfänglichen Schwierigkeiten verlangen die Textilingenieure und Modemacher der DDR weitere Devisen für Textilmaschinen, Farbe, Nieten und Material, um Blue Jeans herstellen zu können. Gemäß den Tücken der Planwirtschaft mangelt es mal an Farbe, mal an Nieten etc., bis die perfekte Kopie der West-Jeans gelingt, die als ›Doppelkappnahthose‹ der Marke ›Wisent‹ verkauft wird. Aufgrund der einsetzenden riesigen Nachfrage

> nach den DDR-Jeans, die auch von Russen, Polen und Tschechen gekauft werden und ›von Santiago de Kuba bis Wladiwostok‹ bekannt sind, kommen Produktion und Handel nicht nach.«[262]

Wohl der wichtigste Grund für diesen Verkaufserfolg ist, dass es gelingt, genau die Original-Levi's-Jeans zu kopieren. In einem Schreiben an die zuständigen DDR-Behörden im Februar 1980 weist Levi's auf die Verletzung ihres internationalen Markenschutzrechtes hin, welches auch in der DDR Gültigkeit hat. Konkret geht es um die Verwendung des Arcurate-Designs und des Red Tab. Nach zwei Jahren Verhandlungen wird schließlich das Design der Taschennaht geändert.[263]

Die zwischen der Staatsführung und der jungen Generation in den sozialistischen Ländern geführten Auseinandersetzungen um die Jeans zeigt die Bedeutung nicht der Kleidung, sondern von Markenname und kleiner Details im Design der Kleidung; die - westliche - Marke ist vor das Produkt getreten und wird zum symbolischen Ausdruck des Wunsches und Begehrens nach einem anderen Leben: Die Jeans sind das konkrete Bedürfnis, das dahinterliegende Motiv ist es, anders sein zu wollen.

Invention of Tradition

Der 1958 in Künzelsau eingeführte neue Name »Mustang« zeigt sich als kommunikative Produktausstattung, wobei der Name, wie es in der Selbstdarstellung des Unternehmens heißt, eine »authentische Jeansmarke« vermitteln und »Ehrlichkeit und Natürlichkeit« ausdrücken soll. Die Praxis des Andockens an den Abkunftsmythos der Jeans kann mit dem von Eric Hobsbawm und Terence Ranger entwickelten Analysekonzept der »Erfundenen Tradition« genauer ausgeleuchtet werden.[264] Hobsbawm und Ranger zeigen darin, wie in Gesellschaften unter Wandlungsdruck, was immer auch heißt, dass bis dahin gültige Normen und Werte gefährdet sind, diese mittels vermeintlich historischer Fakten traditionalisiert werden, um sie als herrschende Normen und Werte zu legitimieren und zu stabilisieren. In einer Werbeanzeige der Firma Levis, die in deren Verkaufsräumen im Outletstore Metzingen gezeigt wird, heißt es beispielsweise: »Our Jeans have always been built for the pioneers, past and present«.

Die zunehmenden Werbekampagnen in diesen Jahren lassen ein mediales »Wuchern der Zeichenmenge«[265] deutlich werden, woraus Rainer Gries schlussfolgert: »[D]as Produkt gerät in den fünfziger Jahren zum Medium seiner selbst, zum Träger seines eigenen konnotativen Kosmos.«[266]

Während in den 1960er Jahren in Künzelsau vor allem an der Produktqualität gearbeitet wird und so beispielsweise die erste »Stretchjeans« und die »Normstabile Herrmannhose« (»ewig haltbare Bügelfalte«) produziert werden, wird 1969 erstmals in der Zeitschrift Bravo inseriert: »Haltet euch an Mustang, Freunde!«[267] Wesentliche Neuerungen zeigen sich ab Beginn der 1970er Jahre, die gesamte Produktion wird auf Jeansmode umgestellt und 1975 gibt sich das Unternehmen den Namen »Mustang Bekleidungswerke GmbH&Co.« In der Folge werden Marketing- und Vertriebsstrukturen massiv ausgebaut, teure und aufwändig produzierte Werbekampagnen in populären Zeitschriften wie Stern und Freundin inseriert, wodurch neue Zielgruppen erschlossen werden sollen.

Die Titelseiten der Zeitschrift Bravo

Anlässlich ihres 50. Geburtstags im Jahr 2006 veröffentlicht die Zeitschrift Bravo auf ihrer Webseite eine Gesamtschau aller von Beginn an produzierten Titelseiten.[268] Diese eignen sich aus mehreren Gründen zum Untersuchungsgegenstand; zum einen zeigen sie in verdichteter Form das, was aktuell als gesellschaftlich bedeutsam und somit berichtenswert erachtet wird, zum anderen lässt sich anhand eines zeitlichen Vergleichs der Titelseiten auf gesellschaftliche Transformations- und Dynamisierungsprozesse schließen.

Das zu Beginn als »Zeitschrift für Film und Fernsehen« angebotene Heft wandelt sich im Jahr 1960 zur Zeitschrift für »Film, Fernsehen, Platten, Schlager, Unterhaltung«. Statt wie bis dahin üblich eher bürgerliche Prominente wie Vivi Bach, Ruth Leuwerik oder Rex Gildo abzubilden, werden nun vereinzelt auch Motive produziert, die jugendlichen Zeitgeist zeigen. So wird Horst Buchholz, Hauptdarsteller des Films *Die Halbstarken*, in lässiger Haltung porträtiert; in der Hand hält er - erstmals auf dem Cover einer Bravo zu sehen - eine brennende Zigarette.[269]

Unter dem Motto »Du bist schöner als du glaubst« werden Mode-, Frisur- und Schminktipps gegeben. Freddy Quinn ziert das Cover als Rock'n Roller mit Tolle und Lederjacke, und die Beatles sind das große Thema dieser Jahre. Mode, Rock'n Roll und Beatmusik sowie die Inszenierung und Ästhetisierung des (eigenen) Körpers sind deutlich erkennbare Themenschwerpunkte. Nicht der Name eines Markenkleidungsherstellers, sondern der eines Autoproduzenten findet sich als erste »Markenwerbung« auf dem Cover einer Bravo, zu sehen sind Mitte der 1960er Jahre »Lil Babs und Peter Kraus in einem schnittigen Wagen für junge Leute: dem BMW 700 Coupé«.[270] Die Zeitschrift enthält ab diesem Zeitpunkt regelmäßig Auto-, Kosmetik- oder Sonderbeilagen wie »Neues für Campingfreunde«. Diese belegen zum einen die zunehmende gesellschaftliche Prosperität dieser Jahre, zum anderen verweisen sie auf die zunehmende Bedeutung einer »Präsentation des Selbst«, in deren Mittelpunkt Musik, der Körper und Mode stehen.

Markenkleidung ist erstmals auf dem Cover der Bravo-Ausgabe 34/1965 zu entdecken. Der in einer Blumenwiese liegende Mario Girotti, besser bekannt unter seinem Künstlernamen Terence Hill, trägt ein Poloshirt, das als Logo einen Lorbeerkranz zeigt: das Markenzeichen des Unternehmens Fred Perry. Dennoch, dieses erste Auftauchen eines Markenemblems auf einem Kleidungsstück auf einer Bravo-Titelseite verweist weniger auf einen Bedeutungszuwachs von Marken als einen sich wandelnden sozialen Gebrauch des Poloshirts als Kleidungsstück.[271] Beate Schmid und Ingrid Loschek zeichnen die Produktgeschichte des Poloshirts am Beispiel des Lacoste-Hemds nach. Ihr Befund lässt sich auch auf den Poloshirt-Hersteller Fred Perry übertragen: Zunächst lediglich als Sportbekleidung verwendet, avanciert das Poloshirt in den 1960er Jahren zur Freizeitkleidung, um schließlich in den 1980er Jahren als »›das Hemd mit dem Krokodil‹ zum Statusobjekt«[272] zu werden. Die Abbildung des Freizeitkleidung tragenden Schauspielers illustriert diesen Schritt, es ist in erster Linie das Poloshirt und nicht die Marke, das den Weg auf die Medienbühne der Populärkultur, in die Bravo findet.

Markenkleidung, die ein deutliches Logo erkennen lässt, ist auf den Titelseiten in diesen Jahren eine absolute Ausnahme. 1967 erscheinen darauf die Schauspieler Jürgen Dräger in einer Jeansjacke von Lee und Michael Maien in einem Poloshirt mit einem großen aufgestickten (mir unbekannten) Markenlogo. Vier Jahre später werden die Sänger Chris Roberts in Lee-Jeansjacke und Terry Jacks in FUS-Jeanslatzhose porträtiert. Jedoch ist spätestens ab Anfang der 1970er Jahre zunehmend eine grafische Gestaltung von Kleidung mit Schrift- und anderen Zeichen zu konstatieren: das Basketballshirt mit übergroßen eckigen und vor allem farbenfrohen Nummern, T-Shirts mit den Logos von Rockbands wie Led Zeppelin oder den Rolling Stones, Urlaubs-Motiven (»Hawaii«) und bunten Musterapplikationen. »Union Jack«-Aufnäher werden zum modischen Accessoire, genauso wie Schmuckketten, Halstücher (und etwas später Buttons).

Ein Cover aus dem Jahr 1978 zeigt eine junge, namenlose »Frau von nebenan« in einem T-Shirt der Marke »Fruit of the Loom«, ein Jahr später wird Peter Maffay Titelmodell, er trägt eine Jeansjacke von Levi's. 1980 finden sich bereits fünf Titelseiten, die Stars und Sternchen in Markenkleidung präsentieren: Peter Maffay in Levi's-Jacke, Thommy Ohrner in einem Poloshirt von Benetton, das Abba-Mitglied Björn in Turnschuhen von Nike, nochmals Peter Maffay in einem weißen, ausgewaschenen T-Shirt mit Fruit of the Loom-Aufdruck und Tommy, Mitglied der Band Styx, mit einer Adidas-Sporthose.[273]

In den folgenden Jahren werden häufig Prominente in Kleidung der Hersteller Nike, Chucks, Adidas, McCain oder Ellese abgebildet. Die Logos der Hersteller finden sich dabei aufgenäht und appliziert auf Kleidungsstücken und Schweißbändern, auf Shirts, Hosen, Gürteln oder Schuhen. Ob hierbei bereits sogenannte Ausstatterverträge zwischen KünstlerInnen und Markenkleidungsproduzenten zum Tragen kommen oder Markenkleidung sich dem Zeitgeist entsprechend durchsetzt, muss an dieser Stelle unbeantwortet bleiben. Redaktionelle Arbeit und Werbung gehen hier jedenfalls immer mehr ineinander über. Diese Praxis findet sich heute in zahlreichen Medienformaten, sogenannten »Magalogs«[274], worunter letztlich auch die Zeitschrift Bravo zu zählen ist.

Produktästhetisierung und Markenprofilierung ab den 1980er Jahren

Auch bei Mustang wird zu Beginn der 1980er Jahre auf eine Dreifachstrategie gesetzt, die die Produkte wie auch deren Bewerbung betrifft und die mehrere Neuerungen zeigt: Prominente wie Reinhard Mey oder Reinhold Messner werden als Werbeträger verpflichtet, bekannte Designer, unter anderem Joop, Kenzo oder Gaultier, entwerfen »eigenwillige Modeschöpfungen«, neue Materialien und Wege der Stoffverarbeitung wie die Verwendung von Lycragarn oder das »stoned-washed«-Verfahren kommen zum Einsatz. Das Produkt Jeans erlebt durch diese Schritte eine mediale, kulturelle und ästhetische Aufladung. Zu einer Kooperation mit einem Designer Ende der 1980er Jahre teilt das Unternehmen rückblickend mit: »Die intensive Zusammenarbeit mit Wolfgang Joop und Mustang ist schnell von Erfolg gekrönt – weil die Gesellschaft und die Zeit auf diese ungewöhnliche ›Ehe‹ wohl regelrecht gewartet haben«.[275]

Zeitgleich entsteht, zunächst vor allem in den Großstädten, eine Jugendszene, die als »Popper« bekannt werden wird und die sich durch intensiven Gebrauch bestimmter Kleidungsmarken auszeichnet: Jeans der Marke Levi's und Wrangler, vollends von C&A sind als »Proletenkleidung« verpönt, stattdessen werden Karottenjeans von Fiorucci, Poloshirts von Lacoste, Schuhe von Docksider und Oberteile und Socken von Burlington zur Schau gestellt.[276] Gezeigt wird damit auch, welche finanziellen Mittel hierfür zur Verfügung stehen, und so dienen die teuren Marken zur ästhetischen Selbstdarstellung und gesellschaftlichen Positionierung, die Distanz zu niedereren sozialen Gruppen ausdrücken und herstellen soll. Die Popper sind dabei, worauf Klaus Farin hinweist, keine Jugendbewegung, da es weder eine überregionale Vernetzung noch Bands aus der und für die Szene gibt, sondern »einfach nur ein Stil, sich zurechtzumachen.«[277] Dieser

Stil steht dabei als kulturelle Bewegung gegen die zu dieser Zeit weit verbreiteten Hippies, Punks und Hausbesetzer. Im Gegensatz zur »No Future«-Attitüde des Punk und dem alternativen »Flower Power«-Habitus der Hippies vertreten die Popper eine positive Weltsicht, die Aussicht auf Wohlstand und das Vertrauen auf beruflichen Erfolg.[278] Dies zeigt sich im Alltagshandeln dieser Akteure vor allem als hedonistisches, materialistisches und egoistisches Imponiergehabe, welches unterschiedliche gesellschaftliche Reaktionen hervorruft. Im Lied »Jacques Gelee« von Udo Lindenberg aus dem Jahr 1982 wird die Popperkultur ironisiert:

> »Meine Damen und Herren, wir präsentieren die Hits der Saison: den doppeltgewendeten Brei-Reiher aus dem Hause Cretin, von la Kotz: den extrabreiten Biberschwanz, naturgeätzt und auf Leopard gegerbt, für den modebewussten Herrn außerdem Taft-, Tüll- und Samtblousons von der Firma Verrutschi und dazu die großzügig weiträumig gehaltenen Billardhosen für den sportlichen Typ.«[279]

Die Auseinandersetzungen über diese Szene finden nicht nur auf symbolischer Ebene statt: Berichte von Massenschlägereien zwischen Punks und Poppern mit mehreren hundert Beteiligten, vor allem in Hamburg und Berlin, lassen vermuten, dass soziale Gegensätze, sprich, vor allem unterschiedliche Herkunftsklassen der jeweiligen Akteure der Motor dieser Ereignisse waren (was bislang freilich nicht ausreichend untersucht wurde). Zahlreiche Anti-Popper-Sprüche dieser Jahre, die vor allem der Sponti-Bewegung zugeschrieben werden, sind bis heute im kulturellen Gedächtnis (auch jüngerer Menschen) verankert: »Liegt der Popper tot im Keller, war der Punker wieder schneller!«[280] Auch wenn die Medien in der Folge der Auseinandersetzungen vom »Klassenkampf unter Jugendlichen«[281] sprechen - die Popper bestehen zu Beginn größtenteils aus (männlichen) Gymnasiasten - bleibt doch weitgehend unklar, welche Strahlkraft dieser jugendliche Lebensstil auf Angehörige anderer sozialer Schichten hat. Der Popper-Stil, umgangssprachlich auch »Schicki-Micki« genannt, hängt eng mit der Entstehung der britischen Yuppies (Young Urban Professionals) zusammen, einer Gruppe konsum- und erfolgsorientierter junger Erwachsener aus der oberen Mittelschicht. Als Ursprung des Yuppie-Stils gilt das England der frühen 1980er Jahre, der Zeitpunkt also, zu dem Margret Thatcher zur britischen Premierministerin aufsteigt und erstmals in Europa neoliberale Politik gesellschaftlich hegemonial wird. Großbritannien, das zwar mit den Teds in den 1950ern und den Mods in den 1960ern bereits proletarische Jugendkulturen kennt, die sich mittels »Updressing« sozial positionieren, besitzt mit den Yuppies erstmals eine populärkulturell bedeutsame Jugendszene »von oben«, die mittels teurer Kleidungsmarken soziale Schließung »nach unten« praktiziert.

Ein solches distinktives Markenkleidungshandeln, wie es Yuppies und Popper praktizieren, ist fraglos eng mit deren lebensweltlichen Einstellungen zu Erfolg und Karriere verknüpft. Wie stark diese Gruppen in ihrem Alltagshandeln von Werbung und Medien beeinflusst waren bzw. bis heute sind, lässt sich nur schwer einschätzen; angesichts der Konsumfreudigkeit dieser Gruppe liegt es nahe, hier Zusammenhänge zu vermuten.

Die Markenhersteller umwerben seit Anfang der 1980er Jahre zunehmend die Jugend. Mit dem Aufkommen des Privatfernsehens Mitte der 1980er Jahre entstehen mit MTV (in den USA 1981, in Europa 1987) und VIVA (1993) multimediale Werbeplattformen für Musik, Stil und Jugendszenen. Anfang der 1990er Jahre startet Mustang das Projekt »Wild & Lethal Trash«, das eine zunehmende Auseinanderentwicklung von Produkt und Botschaft erkennen lässt: »Wir produzieren Lifestyle, Gefühl und Kommunikation - und unter anderem auch Kleidung«.[282] Das speziell an jugendliche KonsumentInnen adressierte Projekt kooperiert ab 1995 mit dem Musiksender VIVA, es wird als Programmbaustein »Jeans and Music« gesendet und der zugehörige Werbeauftritt im TV, im Radio, in Printmagazinen und später auch im Internet, ausgebaut. Mit dem »Edeldesigner« Willy Bogner trifft Mustang Anfang des neuen Jahrhunderts eine Lizenzvereinbarung, und im Jahr 2004 wird das Konzept »Franchising und Fläche« eingeführt, das standardisierte Ladensysteme und das passende Sortiment anbietet. Lizenzen für acht Accessoires-Gruppen (Schuhe, Gürtel, Leather, Legwear, Bags, Bodywear, Uhren und Parfum) werden vergeben; Mustang sucht, laut Selbstdarstellung, sein unternehmerisches Glück nun »nicht mehr in der Herstellung, sondern vor allem in der Schaffung einer Lifestylemarke sowie in Dienstleistungen für Mustang-Handelskonzepte«.[283] Ein weiteres Ziel ist die »Internationalisierung der Marke«.[284] Das letzte eigenbetriebene Fertigungswerk des Unternehmens im ungarischen Marcali, das Ende der 1990er eröffnet worden ist, wird 2007 geschlossen, seither werden die Produkte in Auftragsfertigung durch Zulieferer in Fernost hergestellt. Am Stammsitz Künzelsau arbeiten heute von den einstmals weltweit mehr als 1200 Beschäftigen noch etwa 300 in den Bereichen Design, Entwicklung, Vertrieb und Verwaltung.[285] Innerhalb von knapp 60 Jahren entwickelte sich der Massenhersteller von Arbeitshosen aus dem schwäbischen Künzelsau zu einem global agierenden Lifestyle-Design-Unternehmen.

Begehrnis- und Imageproduktion im »kognitiven Kapitalismus«

Drei Entwicklungen kennzeichnen den generellen Aufstieg der Marke in den achtziger Jahren: das sich durchsetzende Marketing-Konzept der »integrierten Kommunikation«, die Zunahme von »Dachmarken« sowie die deutliche Vermehrung von »Dienstleistungsmarken«.[286] Im Bereich der Produktion von Markenkleidung bewältigen zahlreiche Unternehmen durch integrierte Kommunikation, das heißt vernetzte interne und externe Unternehmenskommunikation, den Wandel vom Bekleidungshersteller zum Label, so beispielsweise Benetton, Esprit oder René Lazard.[287] Das US-amerikanische Unternehmen Nike, das erstmals im Jahr 1982 in Südkorea Sportschuhe produzieren lässt und somit als früher Globalisierer im Bekleidungssektor gelten kann,[288] ist dabei auch Vorreiter bei der Produktion eines spezifischen Firmenimages. Der Gründer Phil Knight verweist auf die Ablösung der Produktkommunikation vom eigentlichen Produkt: »Es liegt kein Wert mehr in der Herstellung von Dingen. Der Wert kommt erst durch sorgfältige Forschung, durch Innovationen und durch Marketing hinzu.«[289] Die zentralen Geschäftstätigkeiten des Unternehmens beinhalten Mitte der 1990er Jahre: Design, Produktentwicklung und vor allem weltweite Vermarktung von Schuhen und Accessoires.[290] Robert Goldman und Stephen Papson verweisen am Beispiel von Nike auf die zentrale Bedeutung der Zeichen- und Bildproduktion beim Aufbau des Firmenimages und damit auf sich grundlegend verändernde Arbeitsprozesse:

> »Betrachtet man die Geschäftstätigkeiten auf globaler Ebene, ist die gegenwärtige Güterproduktion nicht mehr länger die zentrale Achse solcher Unternehmen; stattdessen ist der Produktionsprozess unterbrochen, ausgelagert und räumlich geteilt. Umgekehrt, die leere Fabrik ist hauptsächlich von der Zirkulation der Images oder des wirtschaftlichen Werts der Zeichen bei der Generierung von Profit abhängig. Wie wir festgestellt haben, ist Nike ein Unternehmen par excellance im Wettbewerb der Ökonomie der Zeichen und Symbole.[291]

Die Organisation eines solchen Produktionsprozesses umfasst zwei miteinander verbundene, jedoch strikt voneinander geschiedene Sphären: auf der einen Seite die (meist ausgelagerte) Herstellung des Produkts, auf der anderen Seite die zeichen- und symbolökonomische Produktion von Ästhetik und Design, die Vermarktung und die rechtliche Absicherung der Marke. Etwa 14 Prozent des Gesamtumsatzes, d.h. ca. zwei Milliarden US-Dollar, gibt das Unternehmen im Durchschnitt jährlich für Werbung aus.[292]

In China wurden im Jahr 2005 knapp sieben Milliarden Paar Schuhe für den Export produziert; die Kosten für das Produkt selbst, den Schuh, belaufen sich dabei auf 2,76 US-Dollar pro Paar.[293] Vom Endverkaufspreis eines Sportschuhs entfallen derzeit 50 Prozent auf Einzelhandel und Vertrieb, 33 Prozent auf die Marke (Gewinn der Marke 13, Forschung und Entwicklung 11, Werbung und Sponsoring 8,5 Prozent) sowie 17 Prozent auf die Herstellung (Material 8, Fracht und Steuern 5, Gewinn Herstellerfirma 2, andere Kosten 1,6, Lohnkosten 0,4 Prozent).[294]

Die Verlagerung der Produktion von Levi's-Jeans, die 2003 letztmals in einer Produktionsstätte in den USA hergestellt wurden,[295] wird vom Präsidenten des Unternehmens mit veränderten Aufgabenstellungen begründet:

> »Wir verfolgen in Nordamerika die Strategie, uns intensiv auf Markenmanagement, Marketing und Produktdesign zu konzentrieren, damit wir die Wünsche und Bedürfnisse der Verbraucher im Bereich Freizeitkleidung befriedigen können.«[296]

Die Arbeit an Marke, Werbung und Produktästhetisierung haben zum Ziel, »Begehrnisse« zu schaffen. Gernot Böhme merkt an, dass durch solche Arbeit versucht werde, »Dingen und Menschen, Städten und Landschaften ein *Aussehen* zu geben, ihnen eine *Ausstrahlung* zu verleihen, sie mit einer Atmosphäre zu versehen«[297]: Durch ökonomisch motivierte Ästhetisierung, das absichts- und planvolle unternehmerische Handeln in der Sphäre der Symbolökonomie, soll ein »Inszenierungswert« geschaffen werden, der »Begehrnis« hervorrufen soll. Begehrnisse sind »solche Bedürfnisse, die durch ihre Befriedigung nicht gestillt, sondern vielmehr gesteigert«[298] werden. Dieser Inszenierungswert, der über das Image des Unternehmens kommuniziert wird, lässt sich somit als die eigentliche »Substance of Style«, wie Virginia Postrel es nennt, identifizieren.

Einher geht dies mit einer allgemeinen gesellschaftlichen Entwicklung zur »Stilisierung, Inszenierung und Verschönerung unmittelbarer Alltagsvollzüge«[299]: »Design is everywhere, and everywhere is now designed.«[300]

Dabei ist das von Kaspar Maase beschriebene Phänomen, nach dem die »große Mehrheit der Zeitgenossen [...] nach Eindrücken, Erfahrungen und Erlebnissen [strebt], die sie als schön empfindet - und zwar, weil sie sie als schön empfindet«[301], lediglich ein Zwischenbefund. Zu klären ist, ob und wie unter den Bedingungen der »Herrschaft des Designs« (Rüdiger Bobner) gesellschaftliche Ein- und Ausschlussmechanismen zu erkennen sind und wirksam werden. Werbeslogans wie der einer Stuttgarter Parfümeriekette »Sei schön zu dir«[302] oder die Aufforderung »Deine erste Pflicht ist, dich selbst glücklich zu machen«[303], verweisen auf die gesellschaftliche Relevanz eines Ästhetisierungsdiskurses, bei dem »Schön-Sein«, wie Nina Degele zeigt, als »Ideologie privaten Schönheitshandelns« erkennbar wird; und somit, und hier verweist Degele auf Erving Goffman, dieses Handeln »zum gesellschaftlich notwendigen *impression management* gehört, als autonom und selbstbewusst zu erscheinen.«[304]

Renzo Rossi, Eigentümer des italienischen Labels Diesel (»For successful living«), erläutert, wie in diesem Unternehmen versucht wird, Inszenierungswerte in Produkte einzuschreiben. Er betont das Besondere, das Außergewöhnliche, das begehrt werden will:

> »Wenn Sie heute diese Art von Kleidung verkaufen, geht es eher darum, einen ›Traum‹ zu verkaufen. Mode ist ein Traumgebilde. Das Produkt, das wir herstellen, ist etwas, das Sie nicht jeden Tag brauchen. Es ist etwas, dem Sie sich nähern, wenn Sie es mögen, wenn Sie es können - denn es ist ein Luxus-Produkt, das wir herstellen. Und das ist der Grund, warum es in unserer Werbung mehr darum gehen muss, einen Traum zu verkaufen, einen Traum zu erschaffen, einen Wunsch zu schaffen statt mit aller Gewalt ›Kauf mich!‹ zu rufen.«[305]

In diesem Transformationsprozess vom Bedürfnis zum Begehrnis zeigt sich eine Phase der kapitalistischen Produktionsweise, in der die ästhetische Produktion ökonomisch insgesamt immer bedeutsamer wird.[306] Ähnliches beobachtet Angela McRobbie, die auf den Zusammenhang der ökonomischen Verwertung von »Mode, Kunst und Popmusik«[307], hinweist und anmerkt, dass angesichts der zunehmenden Bedeutung eines ästhetisierten Alltagslebens diese Entwicklung nicht zufällig »zum zentralen Thema für Regierungen geworden« sei, »Kultur heute tatsächlich als Motor für das wirtschaftliche Wachstum dient«.[308] Welchen Anteil die Markenkleidungsindustrie in diesen Ästhetisierungs- und Kulturalisierungsprozessen hat, verdeutlicht die im Jahr 2008 in Düsseldorf gezeigte Ausstellung »Radical Advertising«. Das Rückgrat dieser Schau bildeten eindeutig Anzeigenmotive aus

Werbe- und Imagekampagnen der Unternehmen Benetton, Diesel, American Apparel, Sisley, Calvin Klein, Comme de Garcons, Helmut Lang und Puma.[309]

Die »Begehrnisproduktion« durch Kulturalisierungs- und Ästhetisierungsprozesse gehört zur sogenannten immateriellen oder Wissensarbeit. Design und Vermarktung sind in den großen Unternehmen der Branche zu den zentralen Aufgabenfeldern geworden. Der Umbau von der Fabrik zu einem Unternehmen eines neuen Typs, der als »hollowed corporation«[310] beschrieben wird, ist ein weiteres Kennzeichen der gesellschaftlichen Transformation, die Yann Moulier Boutang als Übergang vom fordistischen Industriekapitalismus zum »kognitiven Kapitalismus« bezeichnet: »Die Firma wird zur ›leeren Schachtel‹ (*hollow box*) [...], das heißt, sie enthält hauptsächlich Eigentumsrechte und die juristischen Mittel, ihre Respektierung zu erzwingen.«[311] Zentral im kognitiven Kapitalismus sind die Auseinandersetzungen um Markenrechte, um geistiges und immaterielles Eigentum, Copyrights und Lizenzvereinbarungen.[312]

Wachsende Werbeausgaben sind ein Kennzeichen dieses Prozesses - so bot beispielsweise das Unternehmen Nike dem Deutschen Fußballbund im Jahr 2006 die Summe von 500 Millionen Euro an, um alle Nationalmannschaften ab dem Jahr 2011 für acht Jahre mit Nike-Produkten auszurüsten, was als Herausforderung an den Konkurrenten Adidas gedeutet wurde.[313] Die Bild- und Symbolproduktion zielt auf die Ausbildung neuer Sozialgruppen, die sich über Lifestyles zusammenfinden.[314] Das Kleinlabel »Blutsgeschwister« beschreibt sich auf seiner Webseite so:

> »Dolce Vita Soulwear.
> ›Was du trägst, sagt, wer du bist und wie du dich fühlst, was du willst, wohin du gehst und zu wem du gehörst.‹ Von Innen nach Außen ein dauerhaftes, inniges Gefühl, das alle Lebensbereiche durchdringt. Von Bruder zu Schwester bedingungslose Wahrheit, blindes Verstehen und tiefes Vertrauen. Blutsverwandtschaft und Seelenverwandtschaft. Pulsierendes Leben, geistige Dynamik, Freude am sinnlichen Genuss, die Verbundenheit im Geiste.

> Dolce Vita Soulwear und Zeitgeist-Souvenirs zelebriert und ritualisiert Individualität und Gemeinschaft. [...]
> Für immer ...
> Die Lust am Genuss und der Hang zum Hedonismus, der durch die ›Seelenkleidung für das süße Leben‹ ausgedrückt wird, lässt alle Blutsschwestern und Blutsbrüder ›für immer‹ zu einer unzertrennlichen Blutsbande zusammenwachsen. Zwei Daumen, die sich kreuzen, die Einheit im Geiste, nach außen transportiert durch die textile Zusammengehörigkeit, machen den Treueschwur aus, der hinter dem Claim ›für immer‹ steht - untrennbar bis in alle Ewigkeit.«[315]

Michael Hardt, der die immaterielle Arbeit als spezifische Form der Wissensarbeit im kognitiven Kapitalismus analysierte, verweist auf die Wirkung dieser Arbeit, die er als beziehungsstiftende, »affektive Arbeit« beschreibt, wie sie in der Selbstdarstellung des Labels Blutsgeschwister deutlich zum Ausdruck kommt: »Affektive Arbeit bedeutet hier für sich und unmittelbar die Konstitution von Gemeinschaften und kollektiven Subjektivitäten«[316], sie »produziert soziale Netzwerke, Formen der Gemeinschaftlichkeit, der Biomacht.«[317]

Der Anfang der 1980er Jahre totgesagte Sportbekleidungshersteller Adidas entwickelte damals ähnliche Marketingstrategien wie das Unternehmen Mustang. Das Markenrevival beginnt, als die Band Run DMC - ohne Zutun des Unternehmens - ihren Song »My Adidas« veröffentlicht und in der Folge einen lukrativen Werbevertrag mit dem Unternehmen abschließt. Popstars und Trendsetter wie Madonna erheben die Schuhe dieser Marke zum modischen »Retro-Look«,[318] die Marke wird erstmals auch außerhalb des sportlichen Geschehens positioniert und so zur ›Lifestyle‹-Marke aufgebaut. Zudem werden Mitte der 1980er Jahre große Summen in das Sport-Marketing investiert. Die Fußball-Weltmeisterschaft 1986 in Mexiko wird auf der Titelseite des Spiegel auch als »Adidas-Weltmeisterschaft« bezeichnet; unter der Schlagzeile »Der gekaufte Sport« wird dabei auf die Durchkapitalisierung des Fußballs Bezug genommen.[319] Dem Sport und prominenten Werbeträgern kommen in der Imageproduktion seitdem eine wichtige Rolle zu. Herbert Hainer, der Vorstandsvorsitzende des Konzerns, der mit seinen knapp 38.000 Beschäftigten in weltweit 836 Fabriken insgesamt 436.000 Menschen für sich produzieren lässt, berichtet über die Schwierigkeit, »den richtigen Sportler« für eine Werbekampagne in den USA zu finden:

> »Es geht vor allem darum, eine Verbindung zu diesen Black Urban Kids zu bekommen. Das ist ja eine enge Community, die sind sehr vernetzt. Die entscheiden teilweise nach Nuancen der Hautfarbe, ob sie einen NBA-Basketballer mögen. Wenn der zu hell ist, ist er kein echter ›Straßenköter‹, der in der Bronx aufgewachsen ist.«[320]

Nicht immer besteht dabei eine vertragliche Bindung von Stars und Vorbildern aus Sport und Popmusik, wie Hainer am Beispiel des Sängers Robbie Williams ausführt, der bei seinen Auftritten Kleidung von Adidas trägt. Auf eine Frage, was Adidas an Robbie Williams bezahlt, antwortet er:

> »Nichts. Wir sind happy, dass er das macht. Robbie Williams bekommt natürlich Produkte geschenkt, wenn er welche haben will. Vor zwei Jahren hatte er in Berlin ein Konzert. Da ist er abends nach Geschäftsschluss in unseren Originals-Laden gegangen und hat fünf volle Taschen rausgetragen. Natürlich haben wir ihm keine Rechnung geschickt.«[321]

Solche Suchen nach einer passenden kommunikativen Positionierung der Marke zeigen, dass es sich weniger um einen Wettbewerb der Produkte als einen Wettbewerb um Themen handelt, mit denen die jeweiligen Zielgruppen ansprechbar sind. Neben Sport, Körper, Erfolg, Fitness, Schönheit oder Musik werden hierbei zunehmend soziale Einstellungen und Werte einbezogen. Das anfangs erwähnte Beispiel der Kampagne von Benetton und dem World Food Programme der Vereinten Nationen ist ein Beispiel für eine solche relativ junge Form der Produktkommunikation, welche unter dem Schlagwort der »Corporate Social Responsibility« (CSR) Themen wie soziale Gerechtigkeit, ökologische und ökonomische Nachhaltigkeit und Multikulturalität aufgreift. Der Vorstandsvorsitzende des Unternehmens Puma, Jochen Zeitz, stellt in einem Interview die »PumaVisions«-Kampagne des Jahres 2009 vor und weist darin den KonsumentInnen eine besondere ethische Selbstpositionierung zu:

> »›PUMAVision‹ besteht aus drei Elementen, ›safe‹, ›peace‹ und jetzt ›creative‹. Es geht um unsere Verantwortung für Umwelt und Gesellschaft, um den globalen Frieden und um die Förderung von Kreativität. Jeder kann von jedem Punkt der Welt aus etwas beitragen. Das wollen wir kommunizieren und, mehr noch, wir wollen es beschleunigen.«[322]

Wenn allerdings ein solcher moralischer Anspruch, der dem bereits seit langem bekannten Werbecredo »Tu Gutes und rede darüber« folgt, vom Unternehmen selbst nicht eingehalten wird, kann der beabsichtige Imagegewinn schnell ins Gegenteil umschlagen und den Entzug eines bislang entgegengebrachten Vertrauens zur Marke nach sich ziehen. Das Unternehmen Puma z. B. lädt seit mehreren Jahren regelmäßig ins fränkische Kloster Banz ein, um dort mit Wirtschafts-, Umweltschutz- und MenschenrechtsvertreterInnen über wirtschaftsethische Fragen zu diskutieren[323], sieht sich dabei aber einem massiven Vorwurf ausgesetzt: »In Kloster Banz bewirbt Puma gerne sein soziales Engagement, doch bleibt dieses vor den Fabriktoren der Zulieferer stecken«, sagt eine Sprecherin der Kampagne für Saubere Kleidung: »Die Kampagne für Saubere Kleidung wird an den morgen stattfindenden Gesprächen im Kloster Banz nicht teilnehmen, da grundlegende Themen zur Durchsetzung internationaler Arbeitsrechte beispielsweise existenzsichernde Löhne und Organisationsfreiheit in den globalen Zulieferbetrieben nur ungenügend behandelt werden.«[324] Die für diese Studie als Expertin befragte Mitarbeiterin der »Aktion Saubere Kleidung« Hellen Baum, die häufig an Schulen Vorträge zu diesem Themenkomplex hält, berichtet über ein Dilemma ihrer Arbeit. Zwar achtet sie darauf, den Jugendlichen »kein schlechtes Gewissen zu machen«, sie weiß jedoch auch, dass es für den Bereich der Markenkleidung »bei den Textilien so wenig Alternativen gibt und diese Alternativen, wenn überhaupt, in der Regel sehr hochpreisige Angelegenheiten sind.« Die »Marschrichtung« ihrer Arbeit sei deshalb,

> »nicht zu den Jugendlichen zu sagen, also wenn du jetzt bei H&M kaufst oder bei C&A oder so, bist du die Ökosau und ein Sozialschwein, ja, sondern wir sagen, dir bleibt nichts anderes übrig. Bei Hess Natur, mit denen haben wir ein Pilotprojekt gemacht, die lassen sozial sauber herstellen, die haben ein ganz begrenztes Angebotsspektrum, da wirst du wahrscheinlich gar nicht fündig werden, und wenn du fündig wirst, ist es halt sehr teuer.«

»PumaVisions«, »Global Warming Ready« (Diesel 2008), »Fashion against AIDS« (H&M 2008) , »Get up, stand up« (gegen Rassismus im Profifußball, Nike 2005), »Lace Up Save Lives«, (Kampf gegen Aids, Nike 2009), »Cotton made in Africa« (Unterstützung afrikanischer Kleinbauern, S. Oliver 2008), »Gemeinsam für Afrika« (Puma 2005) oder »Hunger« (Benetton 2002) - so heißen inzwischen die Kampagnen der Markenkleidungsproduzenten, um nur einige zu nennen. Das Unternehmen Benetton gilt dabei mit seiner »Schockwerbung« als eines der ersten Unternehmen, das derartige Mittel der Produktkommunikation - weitaus provokativer als heutige CSR-Kampagnen - einsetzte. Thematisiert wurden dabei unter anderem Aids, Krieg, Flucht, Homosexualität, Rassismus oder Umweltzerstörung.[325] Es ist fraglich, ob es sich bei derartiger Werbung und den beschriebenen CSR-Kampagnen - die Prototypen affektiver Arbeit darstellen - um, wie Susanne Lang annimmt, »das Erzeugen von Gefühlen in warenförmigen Beziehungen«[326] handelt. Vermutlich sollen dabei eher bereits vorhandene Haltungen und Einstellungen emotional verstärkt und unterstützt werden. Klaus Farin weist darauf hin, dass bereits zu Beginn des 21. Jahrhunderts mehr als 80 Prozent der Jugendlichen es ablehnten, Produkte zu konsumieren oder zu kaufen, »die auf menschen-, tier- oder umweltverachtende Weise produziert«[327] wurden, was die Tendenz, gesellschaftlich relevante Themen aufzugreifen, für die Werbenden attraktiv erscheinen lässt und sich immer mehr als tragender Bestandteil gegenwärtiger Markenführungskonzepte erweist. Adressiert von solchen Kampagnen wird primär die, glaubt man der Marktforschung, wachsende Konsumentengruppe der »Lohas« (Lifestyle of Health and Sustainibility)[328]: Menschen, die Wert auf gesunde und nachhaltig produzierte Waren und Dienstleistungen legen. Ob die entsprechenden Produkte ihr Versprechen tatsächlich halten oder ob es sich lediglich um »Greenwashing« handelt, eine Form der Unternehmenskommunikation, mit der versucht wird, einem Unternehmen ein umweltfreundliches oder soziales Image zu verleihen, wird seit einiger Zeit kontrovers diskutiert.[329]

Fair Wear, Markenfälschungen, Kleinstlabels und die umsatzstärksten Hersteller

In Berlin eröffnete im Jahr 2006 das 1989 gegründete US-amerikanische Unternehmen American Apparel (AA) seine erste deutsche Geschäftsstelle. Auf dem Schaufenster dieses Geschäfts, das in direkter Nachbarschaft der »Flagship-Stores« von Adidas und Hugo Boss am Hackeschen Markt liegt, wurden die PassantInnen unter anderem mit diesem Text informiert:

> »Unsere Mission
> American Apparel stellt T-Shirts und andere Textilien her, die zum einen über den Großhandel, und zum anderen über eine eigene, stetig wachsende internationale Einzelhandelsstruktur vertrieben werden. Das Sortiment von AA umfasst inzwischen 10.000 unterschiedliche lieferbare Modelle in bis zu acht Größen und immer mehr Farben. AA versieht seine Kleidungsstücke ganz bewusst weder mit einem Logo noch mit der Firmenbezeichnung. Die Markenqualität von AA entsteht allein durch das der Kleidung immanente Lebensgefühl. AA will den Mythos des T-Shirts – als Symbol von Freiheit, Toleranz und Menschlichkeit – wieder auferstehen lassen. Kleidung zu tragen, ist über kulturelle und sozioökonomische Grenzen hinweg ein menschliches Grundbedürfnis.

Darum lehnt AA die ausbeuterische Fertigung zu Billigstlöhnen entschieden ab. Wir haben auf unser Banner geschrieben, zu fairen Löhnen erschwingliche und hochwertige Kleidung zu fertigen, die gern getragen wird. [...]«[330]

American Apparel, das in den zehn Jahren seines Bestehens 260 Shops in 19 Ländern eröffnet hat[331], erhebt also die spätestens seit Naomi Kleins Buch *No Logo* bekannt gewordene Kritik an den Herstellungsbedingungen der Kleidung zu seinem Werbemotto; es labelt und kommuniziert die eigenen Produkte unter dem Slogan »Sweatshop Free Production.« Auch andere Hersteller, die auf »Fair Wear« setzen, nutzen diesen Begriff: »No Sweat - 100 % Union, 100 % Sweatshop Free« untertitelt die Marke Vandill ihre Produkte. Die Marken Switcher (»Made with Respect«), Dignity Returns (»Sweat Free Garments«) oder Hess Natur (»Design for Life«) setzen ebenfalls auf Fairness bei der Produktion, was durch ein »Fair Wear«-Zertifikat zum Ausdruck gebracht wird. Die in Amsterdam ansässige Fair Wear Foundation, eine Nichtregierungsorganisation, die dieses Gütezeichen vergibt, listet im Frühjahr 2010 auf seiner Webseite etwa 80 derart zertifizierte Unternehmen auf.[332] Der seit 2006 produzierte Blackspot-Sneaker, entwickelt von der konzernkritischen Gruppe Adbusters (Kanada), ist laut Hersteller zum einen »Deine Chance, den großen Konzernen eins auszuwischen und ›Coolness‹ komplett neu zu definieren«; zum anderen seien Schuhe dieser Marke, »die vielleicht ethischsten Schuhe der Welt«.[333] Ihr Design ist eng an das der Schuhe der Marke Converse angelehnt.

Eine farbliche Markierung erfahren die unter anderem von Bono, Sänger der irischen Band U2 ins Leben gerufenen Produkte der Marke Red. Diese Initiative, 2006 in den USA in Kooperation mit dem Medienpartner MTV gegründet, lässt limitierte Produkte in der Farbe »rot« von Herstellern wie Gap, Converse und Armani, aber auch von Apple oder Motorola, in Lizenz herstellen und verkauft sie zu einem höheren Preis. Ein Teil der Differenz kommt Hilfsprojekten in mehreren afrikanischen Ländern zugute. Dieser Wohlstands- oder Charity-Konsum wurde auch ein als »Aktivismus maskierter Konsumrausch«[334] genannt.

Die Betonung der Qualität der Produkte, wie es in der Selbstdarstellung von American Apparel heißt, dient auch der Herstellung von Differenz zu anderen Produzenten jugendlicher Markenkleidung, bei denen dieser Aspekt fast ausnahmslos fehlt. Der bewusst eingesetzte Verzicht auf ein Logo, wie ihn dieses Unternehmen handhabt - wobei ein neues Logo ein »Nicht-Logo« imaginiert - ist ebenfalls eine Ausnahme. Eher finden sich »Anti-Logos«, wie das Logo des Blackspot Sneakers, das auf jeden Schuh einzeln von Hand aufgemalt wird, oder das sogenannte »Copyleft«-Logo, das als Abgrenzung zum »Copyright«-Symbol entstand und darauf verweisen will, dass mit derart gelabelten Erzeugnissen (Texte, Musik, Software, Symbole und Zeichen) keinerlei Urheber- oder Markenrechte bei nicht-kommerzieller Verwendung verbunden sind.

Diese Praktiken belegen Stuart Halls Annahme, die er in »Kodieren/Dekodieren« ausgearbeitet hat. Das von ihm entwickelte Kreislaufmodell der medialen (Sinn-)Produktion zeigt, wie über einen gesellschaftlich ausgehandelten Diskurs die Sender der Botschaften ihre Inhalte immer wieder aktualisiert und modifiziert medial einspeisen und diese nach erneuter gesellschaftlicher Aushandlung wiederum in den Verkehr gebracht werden. In Halls Modell zeigt sich somit die Begrenztheit der Macht der Medien.[335]

Eine weitere Neuerung in der Produktkommunikation ist die aktive Einbeziehung der Kundschaft: Modellwettbewerbe, Mitmachaktionen oder Gewinnspiele gehören zum Standardrepertoire heutiger Produktvermarktung. Bei American Apparel haben die KundInnen seit 2006 die Möglichkeit, »Werbemodell« für das Unternehmen zu werden. Dafür müssen sie lediglich ein Foto von sich in der Kleidung dieses Unternehmens an die Firmenzentrale senden. Diese Anzeigenkampagne, betitelt »Fashion 2006«, wurde mit dem LEAD Award 2007 ausgezeichnet, handelte sich jedoch auch massive Vorwürfe wegen sexistischer (Selbst-)Darstellungen ein.[336] Das Label Desigual setzt ebenfalls auf diese integrative Methode: »Wir kommunizieren mit Küssen, mit Musik, mit Kino. Vor allem unsere Partner: die Kunden. Uns gefällt, dass sie an der Entwicklung unserer Marke teilhaben. Freude hervorrufen, Parties veranstalten, Show bieten. Wir möchten, dass sie gerührt sind und es allen erzählen.«[337] Dieses »Crowd Sourcing«, bei dem Außenstehende unbezahlt für ein Unternehmen arbeiten, zielt primär auf einen Nachweis kultureller Authentizität. Diese Form des Marketings lässt sich einordnen in eine größere Entwicklung, in der immer mehr Unternehmen ihre KundInnen zu einer - durchaus unterschiedlich gelagerten - Mitarbeit auffordern. G. Günter Voß und Kerstin Rieder haben in ihrer Studie *Der arbeitende Kunde* die Rolle der »Prosumenten«, zusammengesetzt aus den Begriffen Produzent und Konsument, beschrieben und Prosumtion zum Konsumtypus des 21. Jahrhunderts erklärt.[338]

Seit Produkte als Marken kommuniziert und vertrieben werden, werden sie nachgemacht, imitiert und gefälscht. Mit der zunehmenden Bedeutung der symbolischen Aufladung von Produkten rückt jedoch auch die Imitation der für diesen Prozess notwendigen Symbole in den Fokus gesellschaftlicher Auseinandersetzungen. Die für ihre Produktion notwendige Technologie steht in Form von Computern, leistungsfähigen Druckern, Stickmaschinen und Software heute in großem Umfang auch Privatpersonen zur Verfügung. Das Feld der Produkt- und Markenpiraterie berührt dabei Fragen zum Gebrauchsmuster-, Geschmacksmuster- und Gestaltmusterschutz sowie zu Warenschutzzeichen, Warenmustern und Patentschutzrechten. Herbert E. Meister, Jurist beim Markenverband e.V. Wiesbaden, datiert die Entstehung des Ausdrucks »Markenpiraterie« auf das Ende der 1970er Jahre, als »eine Vielzahl von Produkten die Märkte überschwemmte, die zwar ein Warenzeichen trugen, aber nicht von dem jeweiligen Original-Hersteller stammten«.[339] Er unterscheidet den Missbrauch von Warenzeichen von der Imitation von Produkten, bei denen nicht die Marke, sondern deren ästhetische und technische Funktionalität im Vordergrund steht, wie dies zum Beispiel bei Werkzeugen der Fall ist. Für Letzteres schlägt er den Begriff »Produktpiraterie« vor. Die Modeanthropologin Eleonore Müller-Stindl präzisiert diese Unterscheidung für den Bereich Kleidung: Markenpiraten, so ihre Definition, fälschen lediglich Logos, Etiketten und Namen, die Produktpiraterie betrifft die Formen, das Design und komplette Kleidungsartikel.[340]

Die ökonomische Dimension des Markenkleidungsfälschens zeigt sich an einem Beispiel aus Hamburg. Als die dortige Zollbehörde im November 2006 auf der Suche nach gefälschten Zigaretten in 117 Containern nachgemachte Nike-Turnschuhe in einem Handelswert von mindestens 383 Millionen Euro sicherstellt, werden die Fälschungen kurz darauf unter großem Presserummel zerstört.[341] Die »Vereinigung für Bekämpfung von Produktpiraterie« schätzte den einschlägigen wirtschaftlichen Schaden in der Bundesrepublik im Jahr 2007 auf etwa 30 Milliarden Euro jährlich, die OECD nennt eine Schadenssumme von weltweit mehr als 650 Milliarden Euro, die durch nicht-autorisierte Produkte entsteht.[342] Der Präsident der internationalen Handelskammer in Deutschland, Manfred Gentz, schlussfolgert: »Produktpiraterie ist das Verbrechen des 21. Jahrhunderts«,[343] übersieht bei dieser Wortwahl jedoch möglicherweise zum einen, dass jedes nicht-autorisierte Produkt zur Anerkennung der Originalmarke beiträgt, zum anderen, dass angesichts der Austauschbarkeit von Produkten Menschen unter Umständen gar nicht bereit sind, viel Geld für den »Namen« eines Produkts zu bezahlen.

Rudolf Kinzel berichtet, mit welchen unternehmerischen Strategien bereits Charles Frederick Worth im 19. Jahrhundert Produktfälschern begegnete: mit strengerer Kontrolle der Zulieferbetriebe und der Verpflichtung, bestimmte qualitativ hochwertige Stoffe exklusiv an ihn zu liefern, und durch die Produktion qualitativ minderwertiger Stücke für den Export speziell in die USA zur Weiterverarbeitung »à la Worth«, wobei die dortigen Konfektionäre hierfür teure Lizenzen erwerben mussten.[344] Nachdem im Jahr 1890 das Patent von Strauss & Co auf die Nietenhose abgelaufen war und immer mehr Nachahmerprodukte auf dem Markt erhältlich waren, richtete sich das Unternehmen strategisch ebenfalls neu aus. Einerseits wurden neue Modelle, so erstmals das Modell mit der Seriennummer 501 hergestellt, andererseits wurde an der Produktausstattung gespart und eine preislich günstigere Kollektion hergestellt.[345] Heutige Firmen handeln ähnlich, der (inzwischen hoch ausdifferenzierte) Ausbau von Premiumlinien und eine gleichzeitige Einführung von günstigeren Angeboten sind dabei kein Widerspruch. So legte der Herrenausstatter Hugo Boss 1998 erstmals eine hochpreisige »Damenkollektion« vor und produziert seit 1999 die Freizeitlinie Boss Orange, deren Produkte wesentlich erschwinglicher sind als die Premiumkategorie Boss Selection.

Der Vertrieb über das Internet, das nach Erkenntnissen des deutschen Zollamts nach China und Italien den weltweit drittgrößten Umschlagplatz für Markenfälschungen darstellt - speziell das Shopping-Portal Ebay - ruft eine »Hundertschaft von Ebay-Polizisten« auf den Plan.[346] Es mehren sich jedoch auch seit längerem die Berichte, dass nicht mehr nur Markenfälscher, sondern auch Käufer von Imitaten - ob absichtlich oder nicht - strafrechtlich zur Rechenschaft gezogen werden. Ein für 84 US-Dollar privat auf »Ebay USA« gekaufter und dort als Originalware beworbener Ed Hardy-Kapuzenpullover wurde bei der Einfuhr in die BRD vom Zoll als Fälschung beschlagnahmt, woraufhin der Käufer statt der bezahlten Ware eine Abmahnung der Anwaltskanzlei Winterstein (Frankfurt a. M.) erhielt. Diese enthielt bei Androhung einer Vertragsstrafe die Aufforderung, es zukünftig zu unterlassen »unter diesem Zeichen Bekleidungsstücke einzuführen.«[347] Tätig wurde die Anwaltskanzlei im Auftrag der Firma K&K Logistics, dem Lizenznehmer der Marke Ed Hardy für die BRD und Österreich. Diese Kanzlei versendet auch Abmahnungen an Personen, die ein in den USA legal erworbenes Ed Hardy-T-Shirt von »privat an privat« beispielsweise auf Ebay Deutschland, verkaufen wollen. Neben der Drohung mit einer drastischen Geldbuße finden die so Abgemahnten auch eine Anwaltsrechnung über 1.379 Euro, die innerhalb weniger Tage zu begleichen ist. Die Kanzlei verweist dabei auf das Inverkehrbringen einer Ware »ohne Zustimmung des Markeninhabers im Europäischen Wirtschaftsraum«.[348]

Aus Italien, das am 17. Mai 2005 den Kauf von Markenfälschungen unter Strafe stellte (»Gesetz 80/2005«), kommen in regelmäßigen Abständen, vor allem zu Beginn der Sommerferienzeit, Berichte über »teure Schnäppchen«[349], in denen stets vor dem Kauf gefälschter Markenware gewarnt wird. Als erster Fall, kurz nach der Einführung des Gesetzes, gilt die Verurteilung einer dänischen Touristin, die auf dem Schwarzmarkt eine gefälschte Dior-Sonnenbrille gekauft hatte und ein Bußgeld in Höhe von 3.333 Euro zahlen musste, die »Mindeststrafe, die ein Regierungserlass zur Bekämpfung des illegalen Handels mit gefälschten Markenartikeln«[350] vorsieht. Im italienischen Verona wurde im Sommer 2007 auf Großplakaten der Stadtverwaltung vor dem Kauf von Markenfälschungen gewarnt und potentiellen KäuferInnen eine Strafe von »500 bis 10.000 Euro« angedroht.[351] Diese Entwicklung unterstellt den KäuferInnen eine umfassende Markenkompetenz: Man hat die entsprechenden Marken zu kennen und zu erkennen und Markenfälschungen entlarven zu können, was bislang weder kommunikationswissenschaftlich noch juristisch ausreichend problematisiert ist – zumal es für die Polizei bislang keine Rolle spielt, »ob man die Produkte bewusst oder völlig ahnungslos gekauft hat«.[352]

Auch wer nach dem Erwerb von gefälschter Markenware bei der Rückreise aus dem Urlaub vom Zoll kontrolliert wird, muss mit harten Strafen rechnen.[353] In Frankreich gilt, worauf beispielsweise mittels Plakaten am Pariser Flughafen Charles de Gaulle hingewiesen wird, seit Februar 1994 das sogenannte »Gesetz Longuet«, welches »für den Besitz von Raubkopien empfindliche Strafen bis zum Gefängnis«[354] vorsieht. Auch an Flughäfen der Bundesrepublik werden beschlagnahmte Markenfälschungen ausgestellt, um potentiellen Käufern die Folgen ihres Urlaubseinkaufs direkt vor Augen zu führen, die gegebenenfalls eingezogen und vernichtet werden, wobei ebenfalls ein Bußgeld verhängt wird. Am Flughafen Stuttgart zeigt der Zoll zu Aufklärungszwecken einen Gürtel mit der Aufschrift »BSOS«[355], ein offensichtliches Plagiat, das wohl kaum jemand ernsthaft für ein Produkt des Unternehmens Boss halten wird. Das deutsche Gesetz zur Produktpiraterie aus dem Jahr 1990 sieht Freiheitsstrafen bis zu drei Jahren oder Geldstrafe vor, bei gewerbsmäßigem Handel ist eine Freiheitsstrafe bis zu fünf Jahren oder Geldstrafe vorgesehen; ergänzt wurde es im Jahr 2008 unter anderem durch das »Gesetz zur Verbesserung der Durchsetzung von Rechten des geistigen Eigentums«.

Bisweilen fällt es selbst Experten schwer, originale und gefälschte Markenprodukte, vor allem Bekleidung und Taschen, zu unterscheiden;[356] auch Käuferratgeber und Verbraucherleitfäden suchen ihre Leserschaft immer häufiger über Produkt- und Markenpiraterie aufzuklären.[357] Schutz vor dem Erwerb gefälschter Markenkleidung, die über das Internet vertrieben wird und deren Anteil angeblich »durchschnittlich bei 37 Prozent«[358] liegt, verspricht eine Überprüfung der Produktbewerbung anhand von drei Kriterien: ausdrückliches Echtheitsversprechen, auffallend günstiger Preis, negative Käuferbewertungen. Zudem sollten die Verkaufsstatistiken der Anbieter beachtet werden, wie es beispielsweise auf Ebay möglich ist. Will ein Anbieter seine gesamte Ware verkauft haben, sei auch dies möglicherweise ein Hinweis auf den Verkauf gefälschter Markenprodukte.[359] Dass zwischen einer Fälschung und einem Original nicht notwendigerweise ein Unterschied vorliegen muss, betont der Erfinder des »Plagiarius«-Preises, der Designer Rido Busse. Dieser Preis zeichnet jährlich die »dreistesten Kopierer« aus und nach Busses Einschätzung ist die Gefahr von (nicht nur die Kleidungsproduktion betreffenden) Produktionsverlagerungen nach Fernost und einer damit zusammenhängenden unlizensierten Produktmehrfertigung überaus groß, »denn die produzieren dann nicht nur die Kopien, sondern auch die Originale: Die lassen einfach die Bänder weiterlaufen.«[360]

Die Ökonomisierung der Alltagsästhetik zeigt seit einigen Jahren vermehrt neue Akteure, wie die wachsende Zahl von Klein- und Kleinstlabels im Modebereich zeigt. Am Beispiel der Entwicklung dieses Sektors in Berlin, im Jahr 2006 von der UNESCO als erste europäische Metropole zur »Stadt des Designs«[361] erklärt, lassen sich anhand der Beobachtungen Wolfgang Mönninghoffs die sozioökonomischen und soziokulturellen Dimensionen dieses Wandels erkennen:

> »Berlin hat sich als Zentrum für junge, kreative Designer etabliert. [...] Junge Designer finden sich hauptsächlich im Berliner Osten, große Labels wie Prada, Tod's und Yves St. Laurent haben ihre Läden und Showräume am und rund um den Kurfürstendamm etabliert. Der Jahresumsatz der Textilindustrie liegt im Jahr 2004 bei knapp 100 Millionen Euro und ist seither stetig gewachsen. Sieben Modeschulen runden das Angebot für Modefans ab, prominenteste Dozentin bis zum Winter 2005 ist Vivienne Westwood. Die Schulen produzieren jährlich mehr als hundert sehr

gut ausgebildete Modedesigner, viele drängen sofort mit ihren eigenen Kreationen auf den Markt. Inzwischen existieren an die 1000 Mini-Modelabels in der Stadt.«[362]

Die Betreiber dieser Klein- und Kleinstlabels, die häufig »am Küchentisch arbeiten«[363], sind Beispiele für den von G. Günter Voß und Hans J. Pongratz sogenannten »Arbeitskraftunternehmer«[364], der sich in der heutigen Arbeitswelt zu einem »Leittypus« entwickelt hat. Diese neuen Subjekte kultureller Individualisierung[365] sind an den Schnittstellen von Kreativität, Handarbeit und ökonomischer Selbstsorge zu verorten; ihr Leben zeigt deutliche Züge von Selbststeuerung, vermehrter Selbstkontrolle und einer Ökonomisierung der Lebensführung. In diesem Feld ist die normative Selbstverpflichtung zum kreativen Handeln die Basis der dabei geleisteten (Wissens-) Arbeit. Die produzierten Kleidungsstücke werden dabei zumeist in Kleinauflagen oder als Unikate hergestellt, mit denen eine noch größere Individualität versprochen wird.[366]

Auch wenn allerorten mehr und mehr große Markenoutlets wie Outlet City Metzingen, Ingolstadt Village, Wertheim Village oder das Designer Outlet Brennero an der Brenner-Autobahn entstehen, darf nicht übersehen werden, dass die größten Umsätze im Bekleidungsbereich hierzulande nicht von den beschriebenen Markenunternehmen, sondern von den großen Textileinzelhändlern sowie im Versandhandel und beim Teleshopping gemacht werden. Die Liste des Fachmagazins Textilwirtschaft des Jahres 2008 nennt auf den ersten 20 Plätzen des Jahresumsatzes fast ausschließlich Versandhändler und Discounter wie Arcandor, Otto, Metro, Aldi, Lidl und Tchibo sowie Kleidungsdiscounter und Filialisten wie C&A, H&M, Kik, P&C Düsseldorf, Ernsting Family, New Yorker, Takko, NKD und Adler - Unternehmen, die ihre Produkte allesamt im unteren und im günstigen mittleren Preissegment verkaufen.[367] Marktführer wie Arcandor, Otto und C&A setzen auf dem deutschen Markt geschätzt vier, dreieinhalb bzw. drei Milliarden Euro um, das schwedische Unternehmen H&M knapp zweieinhalb Milliarden Euro, Aldi und Lidl verkaufen für jeweils mehr als eine Milliarde Euro Bekleidung. Der Billig-Discounter

Kik (»König ist Kunde«) setzt mit etwas mehr als eineinhalb Milliarden Euro mehr als zehnmal so viel Kleidung ab wie das auf Platz 50 dieser Liste geführte Unternehmen Hugo Boss, das im Jahr 2008 in Deutschland mutmaßlich 113 Millionen Euro Umsatz machte. Hersteller und Filialisten wie Zara liegen in Deutschland mit ihren 309 Millionen Euro weit vor Levi's mit 111 oder Mustang mit 102 Millionen Euro Jahresumsatz. Den 52 Millionen Euro Umsatz, die bei Nike zu Buche schlagen, lassen sich leider keine Vergleichszahlen von Adidas und Puma gegenüberstellen; diese sind lediglich für den europäischen Gesamtabsatzraum verfügbar.[368]

Auch die großen Billigdiscounter labeln ihre Bekleidungsangebote. Das Unternehmen Ernsting's Familiy, 1967 als »Minipreis«-Geschäft in Coesfeld-Lette (Westfalen) gegründet, setzt mehr als 650 Millionen Euro um und bietet Babykleidung (unter dem Label Topolino), Kinderkleidung (Yiggo), Frauenmode (Gina und Gina Benotti) und Männermode (Van Vaan) an. Markennamen des Discounters Aldi lauten beispielsweise Blue Motion, Crone, Watsons, und beim Discounter Plus werden unter anderem die Labels Gin Tonic, Bullboxer, Bronx, Kamo oder No Limits verkauft. Tchibo bringt sein Bekleidungssortiment unter den Bezeichnungen Touch of Summer, Mitsch & Co, Casual und Basics an die Kundschaft.

Zusammenfassung

Die Entwicklung der Markenkleidung verlief bislang in drei großen Etappen, die hier kursorisch und anhand ausgewählter Beispiele nachgezeichnet wurden. Das unternehmerische Handeln von Unternehmen wie Strauss & Co., Wilhelm Bleyle und Charles F. Worth stehen exemplarisch für eine Strategie, bei der die Markierung von Produkten als Herstellernachweis und Garantieversprechen und die Marke als Kommunikationsmittel gilt, was ab den 1870er Jahren zunehmend an Bedeutung gewann. Zahlreiche Fabriken markieren ihre Textilien mit ihrem Namen, was das Schneiderhandwerk zusätzlich in den Hintergrund drängt.

Im Zuge steigenden Wohlstands ab den 1950er Jahren und damit zusammenhängenden Ausdifferenzierungsprozessen werden über Kleidung vermehrt Lebensstil, Zugehörigkeit zu Gleichgesinnten und Abgrenzung ausgedrückt. Die »Sprache der Mode« (Roland Barthes) wird vielfältiger und die (Kultur-)Industrie bietet für jede gesellschaftliche Gruppe das passende Kleidungsstück und entsprechende Accessoires. Zugleich wird elegante Kleidung durch die Einführung von »Prêt-à-porter«-Linien für größere Gruppen erschwinglich.

In den 1970ern wird der systematische Aufbau zur Marke durch Marketing und Ästhetisierung des Produkts forciert. Die Imageproduktion rückt mehr und mehr ins Zentrum der unternehmerischen Tätigkeit, viele Unternehmen gliedern die Produktion ganz oder in großen Teilen aus, die Firma wird zur »hollowed corporation«, in der nur mehr die immaterielle Arbeit im Bereich Ästhetik, Design, Vermarktung und des juristischen Markenschutzes geleistet wird. Diese Unternehmen produzieren »Begehrnisse«, Subjektivität und subjektive Kollektivität, sie stiften Gemeinschaft und greifen vermehrt ethische Werte wie Fairness, Solidarität, Armutsbekämpfung, Umweltschutz, Mulitkulturalität und gesellschaftliche Diversität auf. Aus den Markenproduzenten von Kleidungsstücken sind »Imagineers«[369] von Lebensentwürfen, Träumen und Einstellungen zur Welt geworden. Die 130-jährige Geschichte der Kleidungsmarken zeigt sich so in der Tat als eine umfassende »Neujustierung von Ökonomie und Kultur im neuen Kapitalismus«[370].

III.

Die Ordnung des Diskurses: Geschmack und Gemeinschaft

Um das diskursive Leben, oder anders ausgedrückt, die vielfältig miteinander verwobenen Themen und Felder, die der beforschte Gegenstand berührt, benennen, verorten und verstehen zu können, ist es notwendig, zwei Perspektiven zu unterscheiden: Zum einen geht es um Fragen auf Produktionsseite erkennbar sind, zum anderen - und dies ist der Zugang in den beiden folgenden Kapiteln -, geht es um KäuferInnen und NutzerInnen.

In einem ersten Schritt wurden die insgesamt 28 Jugendlichen und jungen Erwachsenen im übertragenen Sinn gefragt: Was wissen sie über, wie deuten und wie bewerten sie Markenkleidung? Konkret wollte ich wissen: Welche einzelnen Labels und Brands kennen sie und welche Eigenschaften schreiben sie diesen zu? Welchen Stellenwert hat der Freundeskreis in diesen Fragen und gibt es weitere Themen, die sie mit dieser Kleidung in Verbindung setzen?

In einem zweiten Schritt ging es darum auszuleuchten, wie die befragten Jugendlichen und jungen Erwachsenen Markenkleidung gebrauchen, was sie ganz konkret mir ihr machen, wie konkret sie sich Labels und Brands aneignen.

Vor der Auswertung der Feldforschung sollen im Folgenden die Themen und Felder, Entwicklungen und Charakteristika, die das diskursive Leben von Markenkleidung auf Herstellerseite betreffen, nochmals in Kürze zusammengefasst werden.

Die Ausstattung von Produkten mit einem spezifischen Image ist, wie im letzten Kapitel gezeigt, zur Kernaufgabe der Markenindustrie geworden, was wiederum ein zentrales Kennzeichen des Übergangs vom fordistisch organisierten Industrie- zum kognitiven Kapitalismus ist; die (häufig kaum zu unterscheidenden) *Produkte* werden durch lebensweltliche Bezüge auf die Zielgruppen ästhetisch und kulturell inszeniert. Aus der Perspektive der Kommunikationsindustrie werden in diesem Prozess durch »ästhetische Innovatoren (...) Räume zum Sprechen« gebracht und »Design als Dienstleistung« verstanden.[371] Die neuere Konsumforschung, die im Kontext der Begehrens-Produktion von »Fiktionswerten« spricht, die neben, besser, vor die Gebrauchswerte getreten sind, bestätigt, dass nicht nur kulturelle und soziale Faktoren, sondern auch emotionale Prozesse, z.B. das Konsummotiv Selbstbelohnung, in einem komplexen Wirkungsverhältnis zueinander stehen.[372]

Der von Angela McRobbie erhobenen Forderung, wonach bei Fragen zum Konsum und zu Konsumgütern auch die Produktions- und Herstellerseite mitbeleuchtet werden muss, wurde im letzten Kapitel nachgegangen und Markenkleidung als Paradigma für globalisierte Arbeitsteilung identifiziert: Das Produkt wird (zumeist) in Billiglohnländern hergestellt, das Image stammt (zu allermeist) aus westlichen Ländern mit einer entwickelten Kreativwirtschaft. Diese beiden zeitgleich ablaufenden Prozesse heißen: Globalisierung und Individualisierung.

Die Diagnose der Markensoziologie lautet: Markenprodukte ordnen zum einen den unübersichtlichen Konsumgütermarkt und ermöglichen so den VerbraucherInnen, sich darin zu orientieren; zum anderen stehen sie für das Herstellerversprechen, ein Produkt stets in gleicher Qualität, in gleichem Umfang und zum (annähernd) gleichen Preis zu erhalten. Allerdings ist zu fragen, ob diese Befunde für den Bereich der Bekleidungsmarken in dieser Form überhaupt noch Geltung beanspruchen können, denn, alleine auf den beiden Messen *Bread&Butter Berlin* und der *Berlin Fashion Week* stellen mehr als 11.000 Anbieter ihre textilen Produkte und Schuh-Kollektionen vor[373] - nicht überraschend ist daher, dass mir in den Interviews auch zahlreiche Namen von Labels genannt wurden, von denen ich noch nie gehört hatte: Van Dutch, Karl Kani, Xanadu, Madonna, Sumo oder Kookai, um nur einige von ihnen zu nennen.

Die vier wesentlichen Diskursfelder sind, was die Herstellerseite betrifft: Globalisierung der Textilproduktion, Ästhetisierung und Kulturalisierung der Produkte und ihrer Kommunikation sowie, als

Kennzeichen entwickelter Konsumgesellschaften, zunehmende Individualisierung.

Fragt man nun junge Menschen danach, was sie unter Markenkleidung verstehen und welche Themen sie damit assoziieren, erhält man ein überaus vielschichtiges Mosaik an Antworten. Boris bezeichnet sie im Interview als die Kleidung der »Upper Class«, Jennifer fragt sich, was einem Markenklamotten geben, »wenn sie einem was geben«, Danielas erste Anmerkung hierzu ist »Mobbing«, und Dorothea spricht sich vehement für die Einführung von Schuluniformen aus. René vermutet vor allem »Gruppenzwang« als Kaufmotiv für Markenkleidung, merkt jedoch auch als einziger aller Befragten von sich aus an, dass ein bekannter Markenname »auch für gute Qualität« stehe. Peters Vermutung ist, dass bei teuren Labels möglicherweise sorgfältiger »am Design« gearbeitet werde. Erin distanziert sich von »Aldi-Klamotten«, Carmen legt großen Wert auf fair gehandelte und ökologisch erzeugte Kleidung und deren Qualität, betont aber, dass deren Aussehen das wichtigere Kaufkriterium darstelle. Lena, um diese erste kleine Aufzählung abzuschließen, lehnt Kleidung des Designers Tommy Hilfiger entschieden ab, da dieser ein »Faschist« sei.

Eine solche erste und oberflächliche Annäherung zeigt bereits, dass im Feld der Markenkleidung Fragen zur Produkt*qualität* so gut wie keine Rolle zu spielen scheinen, was als empirischer Beleg für Kai-Uwe Hellmanns These gedeutet werden kann, wonach die soziale Dimension von Markenprodukten deutlich im Vordergrund steht und die Sachdimension, die Frage nach der Qualität von Produkten, nicht nur bei der Kommunikation der Marke, sondern offensichtlich auch bei den VerbraucherInnen zweitrangig ist.[374]

Dieser Befund zeigt die Notwendigkeit, den Forschungsgegenstand vor allem in seiner sozialen Bedeutung, genauer, seinen subjektiven *und* gesellschaftlichen Ordnungs- und Orientierungslogiken mitsamt den zugehörigen Klassifikationen und Bewertungen auszuleuchten. Will man Markenkleidung als Auskunftssystem der Gegenwartsgesellschaft verstehen, muss gefragt werden, wie Marken soziale Ordnung repräsentieren, wie diese Ordnung im alltäglichen Leben sich zeigt und wie sie begründet wird. Zu fragen ist weiterhin, wie genauer diese Logiken in die Köpfe junger Menschen hineingeraten und wie sie dort argumentativ verankert sind. Nicht zuletzt ist es notwendig, hierzu junge Menschen zu befragen, gehören sie doch zur ersten Generation, die seit der Durchsetzung des Markenprinzips im Textilbereich seit Beginn der 1980er Jahre als vollständig »markensozialisiert« bezeichnet werden kann - und die daher wissen müssten wie der Gegenstand »funktioniert«.

Diskursfeld Geschmack

Die bei der Rede über Markenkleidung zu Tage tretenden Ebenen verweisen auf in ihr enthaltene Bezugssysteme, auf individuelle, soziale, kulturelle, symbolische und gesellschaftliche Orientierungs-, Ordnungs- und Bewertungssysteme. Dem Regelwerk dieser Systeme liegen - zumeist unreflektierte - Alltagserfahrungen zugrunde, die mit Pierre Bourdieus Annahmen zur Verfasstheit der modernen Gesellschaft genauer ausgeleuchtet werden können. Bei ihm ist sie als ein sozialer Raum konzipiert, in dem die Stellung der Mitglieder der Gesellschaft maßgeblich von der Verfügung über *Kapital* bestimmt ist, und dieser Sachverhalt ermöglicht es, sie objektiv im sozialen Raum zu verorten. In empirischen Studien, die nach geschmacklichen Präferenzen im Alltagsleben fragen - Essen, Wohnung, Kleidung, Musik, Literatur, Kunst, etc. - zeigt Bourdieu, dass ein Zusammenhang von Lebensstil und sozialer Position besteht, und er weist nach, dass Menschen ähnlicher sozialer Herkunft über einen ähnlichen Geschmack verfügen, und somit einen ähnlichen Lebensstil pflegen. Kapital ist dabei nicht lediglich ökonomisches Kapital (Geld, Grundbesitz, Immobilien, etc.), sondern auch kulturelles Kapital, das in erster Linie mit »Bildung« und »Bildungsherkunft« verbunden ist, sowie soziales Kapital, das eine (mobilisierbare) Ressource darstellt, die auf der Zugehörigkeit zu sozialen Netzwerken beruht. Ausreichende Verfügung über diese Kapitalsorten führt, so Bourdieu, zur Anhäufung von symbolischem Kapital, das sich in Form von Prestige und gesellschaftlicher Position zeigt.

Für Bourdieu ist der »Geschmack« eine wichtige Analysekategorie. Der Geschmack, eine Naturalisierung gesellschaftlicher Verhältnisse, ist ein klassenspezifisch vermitteltes Beurteilungs- und Wahrnehmungsschema, welches die Auswahl, Aneignung und Bewertung vor allem auch von Konsumgütern - weitgehend unreflektiert und unhinterfragt - steuert. Diese Güter und ihr Gebrauch sind somit auch Auskunftsgeber über die Beziehungen der Klassen unter- und zueinander. Bourdieu fordert, dass eine »Soziologie der Welt der Objekte«, will sie »mehr sein [...] als phänomenologisch-semiologische Analyse«[375], diesen Sachverhalt berücksichtigen muss.

Lassen sich, so ist daher zu fragen, die von Pierre Bourdieu diagnostizierten Unterschiede bei Angehörigen verschiedener sozialer Klassen an ihrem Markenhandeln erkennen? Hat das von den Unternehmen entworfene Markenimage bei sozial unterschiedlichen NutzerInnen unterschiedliche Bedeutung? Und korrelieren auch die Wissensbestände über Markenkleidung mit der sozialen Position? Lassen sich, um an Fragestellungen Kai-Uwe Hellmanns anzuschließen, anhand des Gegenstands auch gesellschaftliche Ausdifferenzierungsprozesse und damit verbundene »neue« soziale Ungleichheiten erkennen? Wie, so lautet zusammengefasst die Fragestellung dieses Kapitels, deuten junge Menschen das soziale und kulturelle Leben von Markenkleidung?

Zur Klassifikation von Markenkleidung

Jedes Markenprodukt unterliegt spezifischen Bewertungskriterien. Bei den Interviews fällt auf, dass Bewertungen und Klassifizierungen einzelner Marken zumeist mittels recht konkreter Beschreibungen vermuteter Nutzergruppen vorgenommen werden, so beispielsweise in Jennifers Äußerungen: Zur Marke S. Oliver fällt ihr »eine Frau mit Kinderwagen« ein, die beruflich einer eher eintönigen »Büro«-Arbeit nachgehe; das Label Tommy Hilfiger hingegen tragen ihrer Ansicht nach eher karriereorientierte Männer, die bereits »ein bisschen erfolgreich, [...] aber nicht so schlimm wie Calvin Klein-Käufer«

seien - offenbar sind mit den Namen von Marken komplexere soziale Sachverhalte verknüpft, und diesem Zusammenhang wird im Folgenden nachgegangen.

»Nobelmarken«, »Upper Class«, »Schicki-Micki« und »richtige« Markenkleidung

Wird gefragt, was den Kern und das Wesen dessen ausmache, was alltagssprachlich unter Markenkleidung verstanden wird, zeigt sich ein weitgehend übereinstimmendes Bild. Markenkleidung, so nimmt Natalie an, diene der Markierung der eigenen sozialen Position. Sie erwähnt in diesem Kontext den Begriff »Prestige«. Auf Nachfrage, was genauer sie unter diesem Begriff verstehe, meint sie, er verweise auf

> »die Stellung halt in der Gesellschaft. Oder sagen wir, in gewissen Gesellschaftsgruppen bist du halt nur dann angesagt, wenn du auch die gewisse Kleidung trägst. Weil diese Kleidung kostet ja so und so viel Geld [...], und wenn du die Kleidung trägst, dann heißt das halt auch, dass du in der Gesellschaft [entsprechend] angesiedelt wirst.«

Natalie deutet Markenkleidung hier vor allem als »teure Kleidung«, die zum Standard »gewisser Gesellschaftsgruppen«, also höherer sozialer Klassen, gehöre. Auch deutet sie mit Kleidungspraktiken verbundene soziale Schließungsprozesse an, nachdem man nur dann Teil entsprechender »Gesellschaftsgruppen« sein könne, wenn man sich entsprechend anziehe.

Die soziale Position, »der Status«, wird auch von Moritz als Ausgangspunkt für den Gebrauch von Markenkleidung, besonders von (gleichaltrigen Mit-)SchülerInnen, ausgemacht; dieser liege, so seine Einschätzung, weniger in deren »individuellem Geschmack«, als in ihrem »familiären Status« begründet - diese selbst, so führt er aus, hätten ja oft zu wenig Geld hierfür und er vermutet, dass gezeigt werden solle, »meine Familie ist was Besseres, ich kann mir dies und das leisten.« Er konstatiert also ein auf Distinktionsgewinn angelegtes Markenhandeln.

Auch in Lenas Antwort auf die Frage, warum Markenkleidung in den letzten Jahren ein breiter diskutiertes Thema geworden sei, werden gesellschaftliche Ein- und Ausschlussprozesse angesprochen:

> »[Das hat] zwei Seiten. Die eine ist dadurch beeinflusst, dass es halt der Standard zur Zeit ist, oder dass halt diese Billiggeschäfte Überhang nehmen, und weil auch der Geldbeutel der Leute immer schmaler wird, Markenklamotten halt immer mehr zu etwas Unerreichbarem werden.«

Hier ist vor allem Lenas Annahme von Interesse, wonach diese Kleidung zwar zum einen inzwischen zur gesellschaftlichen Konvention zu zählen sei, es sich zum anderen aber um ein anstrebenswertes und für viele wünschenswertes Produkt handele, das angesichts des Auseinanderdriftens der Gesellschaft für mehr und mehr Menschen zu etwas »Unerreichbarem« werde. Auch von ihr wird Markenkleidung somit als Kleidung etikettiert, die nur durch eine entsprechende soziale Position (und ein damit verbundenes Einkommen) erworben werden kann. Dabei, so sieht es Daniela, orientieren sich wohl auch diejenigen, die nicht über das notwendige Geld hierfür verfügen, an diesem Produkt, da es generell etwas Wünschenswertes darstelle:

> »Also es ist zwar jetzt nicht so, dass nur die Reichen oder nur die, die richtig viel Geld haben, Markenklamotten haben, aber ich denk halt schon, dass die, die mehr Geld haben, auch mehr Markenklamotten haben. [...] Und die anderen müssen ja länger drauf sparen und können sich da nicht so oft was leisten. [...] Und die, die halt immer Geld haben, oder nicht drauf achten müssen, die können sich eigentlich kaufen, was sie wollen. Weil, ob es dann 100 Euro oder 120 Euro kostet oder noch mehr, ist denen dann egal.«

Angehörige höherer sozialer Positionen, so Danielas Annahme, zeigten ihre gesellschaftliche Stellung durch einen stets statusgemäßen

Kauf von Markenkleidung; im Gegensatz hierzu stünden die besonderen Anstrengungen derjenigen, die trotz geringeren ökonomischen Kapitals an diesem Konsumgut teilhaben wollen: Sparen, um sich etwas »leisten zu können« - das unterstreicht erneut die Vorstellung von Markenkleidung als etwas gesellschaftlich Begehrenswertem, und auch bei ihr, so lässt sich interpretieren, schwingt die Vorstellung mit, diese sei in erster Linie eine teure Produktgattung. Als erster Zwischenbefund lässt sich festhalten: Markenkleidung und den damit verbundenen Praktiken werden - ähnlich, wie es sich bereits aus den Berichten über die Popper in den 1980er Jahren ablesen lässt - in erster Linie attestiert, soziale Schließungsprozesse anzuzeigen; der Markenkleidungsgebrauch wird als Distinktionshandeln »reicher Leute« identifiziert.

Diese Klassifikation des Gegenstands ist offenbar eng an die eigene soziale Position geknüpft, so wie sich das auch im Interview mit Conny erkennen lässt. In ihrer Bewertung einzelner Marken wird deutlich, dass nicht abstrakt und allgemein über Markenkleidung, sondern stets konkret über einzelne Labels zu sprechen ist. Nachdem sie mir erzählt, dass sie Kleidungsmarken, die mit Neonazis in Verbindung stehen, nicht tragen würde, will ich von ihr wissen:

> RM: Gibt es noch andere Marken, von denen du denkst, die möchtest du eigentlich nicht haben?
> Conny: Ja, diese ganzen Nobelmarken sag ich mal, Prada, Joop, Escada und wie sie alle heißen, weil das einfach nicht zu mir passen würde. [...]
> RM: Und warum glaubst du, das würde nicht zu dir passen?
> Conny: Weil ich mich einfach in dem Umfeld auch nicht bewege, also in dem diese Klamotten getragen werden. Und sie sind halt auch vom Stil her nicht das, was mir jetzt gefallen würde.
> RM: Was wäre dann umgekehrt so ein Umfeld, wo solche Klamotten getragen werden?
> Conny: Ja das sind eher reiche Menschen oder Leute, die vorgeben, reich zu sein.

Connys Hinweis auf den Stil derartiger Kleidung ist hinsichtlich der Bourdieuschen Unterscheidung einer klassenspezifisch verteilten Nutzungsweise - er hat eine eher ästhetische Nutzung in den oberen Klassen, eine eher funktionale Nutzung in den unteren Klassen ausgemacht - aufschlussreich, denn sie grenzt sich sowohl von den von ihr genannten Marken als auch deren modischen Stilen klar ab. Das korreliert mit Connys eigener sozialer Position - ihr Vater ist Arbeiter mit Volksschulabschluss, ihre Mutter Hausfrau mit Realschulabschluss, sie selbst hat ebenfalls die Realschule besucht und anschließend eine Ausbildung zur Arzthelferin absolviert.

Die Träger von Markenkleidung werden in den Interviews auch, so von Boris, als »Upper Class« bezeichnet, und sowohl René als auch Lena verwenden einen Begriff, dessen Ursprung eng mit dem Aufkommen der Popper- und Yuppie-Szenen in den 1980er Jahren verknüpft ist: »Schicki-Mickis«. Anzumerken ist, dass die Bezeichnungen »Nobelmarken«, »Upper Class« und »Schicki-Micki« stets soziale Distanz zu diesen Gruppen ausdrücken.

Definitionsproblem: Was ist Markenkleidung?

Trotz dieses recht eindeutigen Erstbefunds: Was heißt es, wenn Jennifer im Interview davon spricht, dass »die *richtigen* Markenklamotten [...] sich auch nur die wirklich reichen Leute« leisten könnten? Wenn Yavor darauf hinweist, dass nicht »jede Klamotte von jeder Marke eine Markenklamotte« sei und er seine Sneaker der Marke Boras »nicht als Markenschuhe bezeichnen« würde? Wenn er genau hierüber ins Grübeln kommt und fragt: »Ab wann sind Markenklamotten [eigentlich] Markenklamotten?« Im Gespräch mit Daniela wird dieses definitorische Problem ebenfalls erkennbar:

> »Also ich denk mal, es hat eigentlich alles eine Marke. No-Name sagt man halt zu denen, die einfach so gar nicht bekannt sind. Es gibt ja die ganzen Nachgemachten, erst gab es Miss Sixty und dann kamen ja die ganzen Miss Weavy oder Miss Green und dann das Blue Green raus, und klar, das sind eigentlich No-Names, [...]

halt keine richtige Marke. Weil die Marken sind für uns halt so grad Nike, Miss Sixty, Puma, halt Markenklamotten [...]. Weil bei Aldi-Klamotten steht ja auch was drauf.«

In dieser Beschreibung lassen sich unterschiedliche Zugänge ausmachen. Daniela sieht zum einen den Bekanntheitsgrad eines Labels als bedeutsam an und unterscheidet dabei »No-Names« von Markenkleidung, sie verweist zum zweiten auf eine verbreitete Praxis, wonach Produkte mit einem ähnlich klingenden Namen versehen werden, drittens auf den Sachverhalt, dass jedes Kleidungsstück, egal wo es (zu welchem Preis) gekauft wird, einen entsprechenden Herstellernachweis trägt. Viertens schließlich, was besonders aufschlussreich ist, lassen sich in ihrem Statement die Kriterien ihres Markenbezugssystems erkennen, wenn sie die Labels Nike, Miss Sixty und Puma als Marken »für uns« bezeichnet: Nicht die unbekannten Produkte vom Discounter, nicht die Imitate, die einen ähnlichen Namen aufweisen, sondern die bekannten Originalprodukte der genannten drei Hersteller sind Referenz ihrer Generation. Somit lässt sich Yavors oben zitierte Annahme bestätigen, dass man »ab dem Punkt« von Marke sprechen könne, wenn »die Marke in den Vordergrund tritt, würde ich sagen, und dann weniger das Produkt das Entscheidende ist.«

Die Verortung von Marken im sozialen Raum

Die Kommunikation von Marken und Markenkleidung erfolgt in der Regel anhand einer auf spezifische Zielgruppen zugeschnittenen Kommunikationsstrategie. Die werbliche Inszenierung von hochpreisigen Produkten zeigt zumeist ein auf Bildern basierendes Vorgehen, bei der Lebensstile und Emotionen im Vordergrund stehen. Bei den Herstellern günstigerer Produkte fällt auf, dass in deren Werbematerialien fast ausschließlich konkrete Informationen zum Produkt selbst genannt sind: nämlich Preis, Größen- und Farbangebot, Materialbeschaffenheit und auch Packungsgrößen. Diese beiden Formen lassen sich schematisch in eine eher ästhetisch und eine eher funktional argumentierende Produktkommunikation unterscheiden.

Im Folgenden wird umgekehrt vorgegangen: Nicht die seitens der Anbieter adressierten Zielgruppen, sondern die aus VerbraucherInnensicht vorgenommenen Klassifizierungen und Bewertungen unterschiedlicher Marken werden in den Blick genommen. Dabei wird zum einen nach den kulturellen und sozialen Übersetzungsmustern gefragt, mittels derer die befragten Jugendlichen und jungen Erwachsenen das von den Unternehmen kommunizierte »Image« unterschiedlicher Marken deuten; zum anderen wird danach gefragt, wen sie als jeweilige KäuferInnen dieser Marken vor Augen haben.

Marken der Distinktion: Louis Vuitton, Versace, Joop, Boss

In den für diese Studie geführten Interviews wurden häufig die Namen einzelner Hersteller in Verbindung mit Annahmen zur sozialen Position der vermuteten KäuferInnen genannt, auffallend oft waren dies Labels, deren Produkte als hochpreisig gelten können. Erwähnt wurden diese zumeist dann, wenn danach gefragt wurde, was eigentlich gekauft werde, wenn man Markenkleidung kaufe. Stets wurde dabei auf »den Namen« als zentrales Kaufmotiv verwiesen. Sergej beispielsweise nimmt an, man kaufe »das, wovon man ausgeht, dass die anderen, die Umgebung, viel von hält.« Für Petra ist ein »gewisser Bekanntheitsgrad« von Marken, und dass mit ihnen »irgendwas Nobles, Edles« verbunden werde, der Grund für den hohen Preis, und dafür, dass es auch KäuferInnen gebe, die gerade Wert auf teure Labels legten: »Deswegen können die das machen.« Wenn es um kostspielige Marken geht, werden stets konkrete Hersteller ins Feld geführt und bewertet: »Joop«, so teilt Jennifer im Gespräch mit, »kauft sich ja jetzt nicht irgend jemand«; die KäuferInnen von »Nobelmarken«, so führt Conny aus, verbinde sie »auch so ein bisschen [mit] Tussen, also um das mal böse zu sagen«. Die von Boris als Angehörige der »Upper Class« bezeichnete Gruppe trägt seiner Einschätzung nach vor allem »Joop-Klamotten oder Calvin Klein-Klamotten oder weiß nicht was«, und für Martin gehören Prada und Gucci, »diese Designer-Mode«, generell zum »teuren Zeug«, das hauptsächlich von Menschen aus »ganz anderen Kreisen« gekauft werde. Dolce&Gabbana, Joop und Hugo Boss, um diese kurze Aufzählung abzuschließen, sind nach Renés Bewertung »Schicki-Micki-Marken«.

Für Lena steht die Absicht eines Prestigegewinns beim Erwerb teurer Marken außer Frage; sie nimmt an, diejenigen, die sich derlei Produkte kaufen, versuchten

> »was herzumachen, etwas darzustellen, rein von der äußerlichen Erscheinung her. Und dass man halt auch diese neidischen Blicke von den anderen [sieht], oder halt auch mal die blöde Frage [hört]: Oh, ist das Versace, die Hose? Und dann: Ja natürlich ist das Versace. Boah! Was hast du denn dafür bezahlt?«.

Auch Sergej deutet die Images von Gucci und Prada als Distinktionsversprechen: »Wenn du mich kaufst, bist du besser als der, die, das andere - wichtiger«.

Die Deutung des Markenimages von Hugo Boss, wie sie Martin vornimmt, kommt mit noch weniger Begriffen aus. Boss, so sagt er, verkaufe »Stil, Sicherheit, Reichtum«, und Moritz merkt zur Kleidung dieses Herstellers kurz und knapp an: »Seriös und teuer«.

Zum einen fällt auf, dass die hier aufgeführten und als »Marken der Distinktion« zu bezeichnenden Labels in den Interviews ausschließlich als eben solche klassifiziert werden und dabei nicht einmal thematisiert wird, dass mehrere der hier genannten Unternehmen seit längerem unterschiedlich ausgestattete Produktlinien führen, sowohl hinsichtlich des Angebotssortiments als auch der Preise. Markus Gmeiner, Visual Merchandiser eines global tätigen Modeunternehmens, nennt im Experteninterview ein solches Beispiel und verweist u.a. auf Hugo Boss, der neben dieser Stammmarke auch die Labels Boss Green (Edelsportlinie), Hugo (für junge, erfolgsorientierte Menschen) oder Boss Orange (vor allem Vintage- und Retrostil) anbiete.

Zum anderen ist anzumerken, dass bei der Beschreibung der genannten »teuren« Angebote diese meist nicht in Beziehung zu anderen Marken gesetzt werden; es lässt sich vermuten, dass dies dem vom

Unternehmen beabsichtigten, auf soziale Ausschließung gerichteten Markenimage geschuldet ist; zugleich ist es ein Hinweis darauf, dass Distinktionsmarken im Alltag der Befragten wohl keine oder keine bedeutsame Rolle spielen. Lediglich in Erins Statement wird eine solche, eine relationale Markenpositionierung erkennbar, wenn er verschiedene Anbieter vergleicht und klassifiziert:

> »Da kann einer zum Beispiel jetzt mit Adidas kommen und einer kann mit Prada kommen, zum Beispiel einer Adidas-Tasche oder einer Louis Vuitton-Tasche. Da denkt man, boah, Louis Vuitton-Tasche, das ist eine geile, eine teure Tasche, so für 500, 600 Euro, und dann denkt man, boah, ich hätte auch gerne so eine und dann ist man neidisch auf den anderen.«

Dass lediglich Erin einen solchen Vergleich anstellt, liegt dabei vermutlich in erster Linie im alltäglichen Markenhandeln der Befragten begründet. Die in den Interviews abgefragten »fünf bekanntesten Markenhersteller« entsprechen weitgehend der sozialen Zusammenstellung des Samples: Allen voran werden hier zumeist Turnschuhhersteller genannt, etwa gleichauf mit Jeansproduzenten - Lena nennt »Levi's, Adidas, Puma, Nike, Benetton«, Martin »Adidas, Nike, Levi's, Wrangler, Puma« und Peter »Nike, Adidas, Reebok, Puma, Miss Sixty«. Häufiger werden Miss Sixty, Reebok und Hilfiger, seltener Benetton, Diesel, Hugo Boss oder Wrangler angeführt.

Die Klassifikation der hier behandelten Marken geht mit einer Bewertung einher, die eine soziale Distanz zu diesen Labels und ihren vermuteten NutzerInnen erkennen lässt.

Marken der mittleren Klassen: S. Oliver, Esprit, H&M

Trifft ein solcher Befund nun auch auf Marken zu, die die Befragten eher selbst gebrauchen? Wie werden weniger teure Produkte sozial bewertet und klassifiziert? Eine erste Annäherung am Beispiel des Herstellers S. Oliver zeigt ein sehr uneindeutiges Bild. Christian sieht die NutzerInnen dieses Labels »im Bereich Angestellte und Büro«, wie er ausführt, wohingegen Maria »junge Leute«, die »mehr in die sportlichere Richtung« gehen, in den Sinn kommen.

Jennifer hat ein relativ klar umrissenes Markenprofil vor Augen, sie schildert, wen sie sich als Konsumentin vorstellt:

> »Also für mich ist S. Oliver eher für Frauen, natürlich, Frauen. Und ich kann sie mir gut vorstellen, so mit einem Kinderwagen. So eine Frau mit einem Kinderwagen und dann irgendwie [...] so eine Jeans, die bis zu den Knien geht, das kann ich mir gut vorstellen. Eher so die bisschen ältere, reifere Frau würde ich sagen.«

Jennifer ist sich sicher, diese Frau sei »verheiratet«, sie glaube allerdings nicht, dass die Käufer »Geschäftsleute oder so sind. Ich glaube, die sind so Verwaltungsleute, so bodenständig, und wo man immer das Gleiche macht«. Auf die Frage, woher sie dieses Bild habe, vermutet sie, dass es wohl in erster Linie von der Werbung dieser Firma geprägt sei.

Ähnlich uneindeutig zeigt sich das Markenbild in den Deutungen des Labels Esprit. Florian nennt es »mehr schick«, wobei er, wie er ausführt, niemanden kenne, der diese Marke kauft oder trägt. Er vermutet, ist sich dabei aber sehr unsicher, es könnten eventuell »zielbewusstere« Leute sein, und als eine mögliche Käufergruppe nennt er »BWL-Studentinnen.« Für Moritz hingegen stehen Esprit, wie auch S. Oliver, für die, wie er sie nennt, »Ete-petete-Damen« in seiner Schulklasse. Auf Nachfrage erläutert er, das seien diejenigen, »denen halt ein Sack Kartoffeln zu schwer« sei. Als ihre soziale Herkunft vermutet er »gute Mittelschicht, [...] vielleicht auch untere Oberschicht«. Während Florian und Moritz die Käuferinnen dieser Marken eher in der »oberen Mitte« der Gesellschaft ansiedeln, werden sie von Jennifer und Christian anders verortet, ihrer Einschätzung nach üben sie eher Verwaltungstätigkeiten aus. Unabhängig von dieser relativ uneindeutigen Zuordnung lässt sich erkennen, dass auch diese Labels sozial klassifiziert und dabei weitgehend in der gesellschaftlichen Mitte angesiedelt werden. Die geäußerten Assoziationen legen, im Vergleich zu Marken der Distinktion, den Schluss nahe, dass Marken der Mitte eher in konkreten Berufsbildern und Tätigkeitsfeldern gedacht werden, wohingegen die Deutungen der Markenpraktiken der oberen Klassen sich fast ausschließlich auf die Effekte dieser Praktiken beziehen, eine Abgrenzung nach unten.

Zu erwarten wäre bei der Marke H&M, die von insgesamt vier der Interviewten als ihre Lieblingsmarke bezeichnet wird (und es gibt niemanden im Sample, soweit abgefragt, der noch nie dort etwas gekauft hat), aus diesen Gründen eine Mehrzahl von Deutungen und sozialen Klassifikationen. Jedoch, der Befund ist hier recht eindeutig. Andrea, die dort regelmäßig einkauft, nennt als Grund, dass »es billig ist«, wie sie lachend erzählt; für Anna sind die Produkte dieses Labels eher »08/15-Sachen, [...] für mich auf jeden Fall ausreichend«. H&M sei, so führt sie weiter aus, »nicht gerade berühmt dafür, dass ihre Klamotten die beste Qualität sind, dafür sind sie relativ preiswert«, denn

> »grade auch wenn man jünger ist, finde ich, wechselt man auch oft noch bisschen so seinen Stil oder man geht auch noch mehr mit der Mode mit, und das heißt halt auch, dass die Klamotten wahrscheinlich nicht fünf Jahre lang getragen werden«.

Produkte von H&M sind, auch aufgrund des hier erwähnten relativ günstigen Preises, eine Kleidung des »Ausprobierens«, sie werden gerade wegen ihrer minderen Qualität erworben, was von fast allen Interviewten bestätigt wird. Keiner der Interviewten, bis auf Lena, klassifiziert das Label H&M sozial eindeutig (worauf im Kapitel vier ausführlich eingegangen wird); zu vermuten ist, dass die eigenen mit diesem Label gemachten Erfahrungen eine solche Bewertung verunmöglichen. Stattdessen findet sich ein Legitimationsmuster, das den Preis der Produkte ins Verhältnis zu ihrer Qualität setzt. So betrachtet und unter Zuhilfenahme der Annahmen Pierre Bourdieus lässt sich schlussfolgern: Produkte von H&M werden weniger als Marke wahrgenommen und bewertet, denn in den alten Kategorien von Preis und Qualität gedacht, was es ermöglicht, dieses Unternehmen als »Kleidungsverkäufer« zu beschreiben.

Billig-Marken: Aldi-Kleidung und No-Names

Angesichts dessen, dass die größten Umsätze im Textilbereich von Billiganbietern und Textil-Discountern erzielt werden[376] und der Begriff Markenkleidung als Distinktionsmittel, von dem sich die Befragten vielfach distanzierten, verstanden wird, ist zu fragen, ob und wenn ja wie, »Billig-Marken« klassifiziert und gesellschaftlich eingeordnet werden.

Sabine schlägt im Gespräch einen weiten Bogen, sie gelangt von anerkannten und teuren Marken zu No-Name-Produkten und zu »Billig-Marken«:

> RM: Wenn ich es richtig beobachte, wird in den letzten Jahren viel über Markenklamotten geredet. Das ist anscheinend ein sehr wichtiges Thema inzwischen. Was glaubst du, an was liegt das, dass Marken so enorm wichtig sind?
> Sabine: Ich denke, dass es am Namen liegt. Hauptsache, der Name steht im Prinzip drauf, und dass es irgendwie in eine bestimmte Sparte dann kommt, von Leuten, also die Gesellschaft und, ja, das wird da einfach reingestuft, der, wo was ist, der kauft sich halt Markenklamotten, weil sie einfach mehr darstellen wie eventuell billige Kleidung.
> RM: Ich bin nicht sicher: Kaufen die Leute das wegen der Werbung oder kaufen es die Leute, weil sie was darstellen wollen. Wie schätzt du das ein?
> Sabine: Also die Werbung unterstützt es auf jeden Fall, weil von Billigwaren gibt es ja eigentlich nicht wirklich viel Werbung. Da werden dann zwar Sonderangebote und so in der Werbung [gemacht], so wie jetzt Kik oder so, 2,99 Euro für zwei Oberteile, aber jetzt, wenn man Werbung von Nike guckt, die präsentieren wirklich gut aussehende, tolle Leute mit deren Klamotten an, und die strahlen dann auch irgendwie immer was Besonderes aus. Ja, das sieht doch dann gut aus, und deswegen kaufe ich das.

Zum einen denkt Sabine also, dass Billigmarken relativ wenig beworben werden, zum anderen verweist sie auf die unterschiedlichen Formen der Wareninszenierung. Während Kik offensichtlich Kleidung verkaufen will - hier nennt sie »zwei Oberteile« - sind es in der Nike-Werbung »gut aussehende, tolle Leute«, die, entsprechend in Szene gesetzt, das Produkt mit einer Aura des »Besonderen« ausstatten sollen. Bewertet wird von ihr der unterschiedlich hohe werbliche Aufwand und gerade eben nicht die Produkte, und es muss an dieser Stelle offen bleiben, wo Sabines eigene Präferenzen liegen.

Ganz anders Erin, der sich zu Billig-Marken eindeutig positioniert. Erin, der großen Wert auf Stil und Stilkompetenz legt, betont mehrfach, dass nicht die Marke, sondern die Kombination entsprechender Kleidungsstücke für ihn wichtig sei. Für Billig-Marken verwendet er den Begriff »Aldi-Klamotten«, den auch Sabine und Andrea benutzen; auch Christian und Jens verweisen auf diesen Discounter, als es um den Kauf von Billig-Marken geht. Als Mara über einige ihrer T-Shirts sagt, diese stammten von Aldi, schaut sie, so meine Beobachtung, ein wenig schamhaft zur Seite.

Für Erin steht eindeutig fest, dass junge Menschen lieber teure Marken als Billigprodukte tragen wollen:

> »Ja gerade in der Jugendzeit, da denkt man noch, hey, ich kauf mir dann jetzt lieber so gute Sachen, die besseren Sachen, die geilen Sachen und so, als irgendwie bei Aldi oder so was zu kaufen«.

Für ihn kommt der Kauf von Discounterware einem Stigma gleich, denn »wenn man im Karstadt oder bei Aldi kauft, das ist auch so eine Blamagesache wieder, [...] man schämt sich dann.« Für Erin ist vor allem Aldi kein Ort, an dem Kleidung gekauft werden sollte: »Immer Aldi, scheiße Aldis, Billigladen, [...] was soll ich da kaufen?« Er selbst kaufe keine Kleidung dort und er kenne auch niemanden, der das mache: »Die, die beim Aldi einkaufen, die schämen sich ja nicht. Für die ist es egal, wie sie aussehen.« Schlussfolgern lässt sich, dass für ihn sein Aussehen wichtig ist, was auch durch seine Kommentare zu Markengebrauch und Kleidungshandeln sichtbar wird, was er so begründet:

> »Ich würde sagen, wer nicht auf sein Äußeres achtet, der weiß nicht, auf was es in der Gesellschaft ankommt. Auf die Marken kommt es nicht richtig an, es kommt drauf an, ob man sich anzieht wie ein Penner oder sich normal anzieht, so menschmäßig. Gut angezogen, sauber angezogen. Auf das kommt es an.«

In einer solchen Bewertung rückt der Kauf von Billig-Marken, in diesem Fall die bei Aldi erworbenen, in der sozialen Klassifikation weit nach unten. Sie wird als mit heutigen Standards nicht-kompatibel eingeordnet. Ihre Träger werden von Erin als sozial randständig verortet und als »Penner« bezeichnet. Er grenzt sich also in seinem Kleidungs-, nicht Markengeschmack deutlich nach unten ab.

Die Interviewpassagen zeigen, dass die Kommunikation von Marken durch Werbung sozial wirksam und in den Köpfen junger Menschen als gesellschaftliches Ordnungsmuster verankert ist, dass sie also an der »symbolischen Ordnung der Marktgesellschaft«[377] aktiv teilhaben. Abschließend ist anzumerken, dass die thematisierten Marken in den Interviews fast ausschließlich ästhetisch beschrieben und bewertet werden, das Funktionale der Kleidung wenig bis keine Rolle mehr zu spielen scheint; die in den Köpfen verankerte Anordnung von Marken im Raum der sozialen Position gibt Auskunft über die Beziehungen der Klassen zu- und untereinander und es lässt sich festhalten: Marken und Markenkleidung fungieren als »soziale Tatsachen«, die kollektive Bedeutung erfahren und dadurch geschmacklich klassifiziert werden können.

Markenkleidung als gesellschaftliche Norm?

In den Interviews mit Lena und Daniela wird der Gebrauch von Markenkleidung als eine gesellschaftliche Konvention heutigen Kleidungshandelns erkennbar. Für Lena ist sie »der Standard zur Zeit«. Daniela spricht von denen, »die halt einfach den Standard nicht haben«, und Jens kommentiert: »Du bist halt nur was, wenn du wirklich Markenklamotten trägst«. Das vielfach als Freiheitsversprechen inserierte

Konsumangebot Marken-Bekleidung bringt so betrachtet eine »Repräsentationspflicht des Selbst« mit sich. Der in den Shell-Jugendstudien regelmäßig wiederkehrende Befund, wonach junge Menschen heutzutage sehr großen Wert auf ihr Äußeres und vor allem darauf legten, »toll auszusehen«, ist demnach keine lediglich phänomenologische und wertfreie Beschreibung ihrer Bekleidungs- und Körperpraktiken, sondern muss als Reaktion auf ein gesellschaftliches Selbstrepräsentationsregime verstanden werden. Anna lenkt den Blick ebenfalls auf einen solchen Zusammenhang:

> »Ich denke, dass auf jeden Fall der Schein nach außen, oder das Bild, das man nach außen abgibt, in der heutigen Zeit sehr wichtig geworden ist für die Menschen. Und dass viele eben durch die Markenklamotten probieren, das ein bisschen nach außen zu repräsentieren, was sie sind und wer sie sind, um sich so ein bisschen darzustellen.«

Doch gilt heutzutage tatsächlich, dass es zur Bedingung gesellschaftlicher Anerkennung geworden ist, Markenkleidung zu tragen? Anna sieht, so lässt sich deuten, zwar eine Zunahme der Selbst-Repräsentationsaufgaben, relativiert die Funktion von Markenkleidung dabei jedoch, wenn sie anmerkt, dass diese hierbei »ein bisschen« von Bedeutung sein könnte. Um Aufschluss über den Zusammenhang des Marken-Gebrauchs und veränderter normativer Anforderungen, hinsichtlich der von Sighard Neckel konstatierten »Pflicht zum Erfolg«, zu erlangen, bat ich die Befragten folgende These zu kommentieren: »Wer heutzutage keinen Wert auf Markenkleidung legt, hat nicht verstanden, auf was es in unserer Gesellschaft ankommt. Was hältst du von dieser These?« Gleich vorneweg: Der These wurde im Kern weitgehend zugestimmt, allerdings wurde zumeist auch ein deutliches Unbehagen an einer solchen Entwicklung formuliert. So etwa bei Lena:

> »Ich finde die These nicht gut, ich finde die Einstellung, die dahinter steht, nicht gut, aber sie ist durchaus richtig. Weil ich finde ja auch unsere Gesellschaft nicht gut, so wie sie ist, aber ich denke

mal, wenn man diese Funktionalität dieser Gesellschaft betrachtet, rein sachlich, dann stimmt das schon.«

In Danielas Statement zeigt sich weniger eine Fokussierung auf die heutige Gesellschaft als Ganzes, vielmehr steht bei ihr der einzelne Mensch in seinen gesellschaftlichen Bezügen im Zentrum, vor allem aber diejenigen, die gerade wenig oder keine Markenkleidung besitzen:

»Im Prinzip gebe ich ihr Recht. Also es ist ja jetzt nicht so, wenn jetzt jemand keine Markenklamotten hat, ist er kein schlechterer Mensch oder so, aber er wird einfach in der Gesellschaft auch nicht so angesehen. [...] Ich hab jetzt auch nicht nur Markenklamotten, das ist auch kein Problem, wenn ich einfach mal einen H&M-Pulli drüber hab, sieht ja auch keiner, sieht ja trotzdem gut aus. Aber wenn du so was [Markenkleidung, Anm. RM] mal hast, dann kannst du dich mit den Leuten unterhalten. [...] Wenn du gar keine hast und womöglich immer nur No-Name oder sonst was, dann gucken die Leute eher auf dich herab. Oder zumindest fühlen sich viele so, das ist leider meistens in unserer Gesellschaft, unter so einem Umfeld so.«

Daniela, die eine deutlich erkennbare Empathie für diejenigen zeigt, die von Markenkleidung strukturell ausgeschlossen sind, bestätigt zwar die Funktion demonstrativen Konsums (Thorstein Veblen) als Ausdruck einer umfassenderen gesellschaftlichen Teilhabe, gleichzeitig relativiert sie aber die Notwendigkeit, Güter dieser Art überhaupt besitzen zu müssen. Tatsächlich zeigt sich bei der Zählung ihres Bekleidungsbestandes, dass sie nicht nur relativ wenig Kleidung besitzt (drei Hosen, zwei Röcke, ca. 20 Oberteile), sondern auch, dass Marken dabei wenig Bedeutung haben. Sie beschreibt ihre Kleidung auch weitgehend anhand von Form, Stil, Farbe sowie dem passgenauem Zuschnitt, und so gut wie nicht nach Herstellernamen und Markenimages. Die Vermutung liegt nahe, dass die Distanz zum Markenthema und die Empathie denjenigen gegenüber, die nicht über ihn verfügen (können), aus dem eigenen, eher funktionalen Kleidungsgebrauch heraus gespeist wird, denn Danielas soziale Position erlaubt ihr keine großen Sprünge auf dem Markenmarkt. Eines der wenigen Markenkleidungsstücke in ihrem Besitz, ein pinkfarbenes T-Shirt des Labels Dolce&Gabbana, für das sie vor etwa drei Jahren 40 Euro zahlte, hat sie, wie sie nicht ohne zu lachen anmerkt, von ihrem allerersten Ausbildungsgehalt gekauft.

Zurückgewiesen wird die These, wonach man heute ohne Markenkleidung gesellschaftlich kaum bestehen könne, auch von Sabine:

> Sabine: Genau andersrum, ich denk, der, der Wert auf Markenklamotten legt, der hat nicht verstanden, worauf es bei uns in der Gesellschaft ankommt.
> RM: Na ja, und dann ist die Frage, auf was kommt´s denn aus deiner Sicht in unserer Gesellschaft an?
> Sabine: [...] Also die Kommunikation eigentlich untereinander, dass es nicht wichtig ist, was man darstellt, sondern wer man ist. [...] Dass nicht wichtig ist, was man anhat, sondern was hinter den Klamotten steckt, denk ich.

Sabine argumentiert vordergründig damit, dass Menschen nicht auf äußere Erscheinungsmerkmale wie die Kleidung reduziert werden dürften. Es ist zu fragen, was der Grund für diese Haltung sein könnte. Sabines Kleiderschrank ermöglicht hierauf Rückschlüsse, denn er enthält in erster Linie Billig-Marken und No-Name-Produkte. Es liegt nahe zu vermuten, dass jemand, der sich Prestigemarken nicht leisten kann, deren Versprechen deshalb zurückweist, weil er sonst eine fehlende Autonomie in diesem Feld vor sich selbst - und dem Interviewer - eingestehen müsste.

Diese, zugegebenermaßen, provokante These wird im Interview mit Jennifer unterstützt. Diese merkt an, sie kaufe sich Markenkleidung nicht, weil sie es müsse, sondern weil sie »irgendwie so dieses kleine Etwas« habe, das sie interessiert. Sie bestätigt jedoch: »Man sieht immer als erstes den Menschen, und wenn der auftritt mit Klamotten, die gut aussehen, das zählt natürlich.« Für Moritz ist diese

These »hart, aber irgendwo halt doch ein bisschen wahr.« Dorothea verweist auf einzuhaltende Dress-Codes, die unhintergehbar seien, wenn jemand beispielsweise ein Vorstellungsgespräch bei einer Bank habe, müsse dieser, um nicht »gleich abgestempelt« zu werden, »mit einem guten Anzug hinkommen, so ist die Gesellschaft.«

Der Hinweis auf ein Vorstellungsgespräch zeigt, dass ein gesellschaftlicher Normierungsdruck hinsichtlich eines »repräsentativen Äußeren« keine gänzlich neue Entwicklung der letzten Jahre darstellt; allerdings hat das Thema vor dem Hintergrund unsicherer werdender Perspektiven vor allem für junge Menschen an Relevanz gewonnen. Ob dabei Marken oder die Kleidung generell entscheidend sind, muss ein Stück weit unbeantwortet bleiben. In einer Anmerkung von Anna zur gegenwärtigen Bedeutung von Markenkleidung geht es ebenfalls um das Menschenbild. Sie findet zwar, wie oben erwähnt, dass »der Schein nach Außen« bedeutsamer geworden sei, jedoch verweist sie auch auf eine spezifische Art und Weise des Markenumgangs, wenn sie sagt:

> »Man gibt sich eigentlich nicht so besonders viel Mühe jetzt, durch viel Persönlichkeit oder so was zu überzeugen, sondern man hat ja die Hilfsmittel, und das sind für mich schon unter anderem Markenklamotten.«

Dem von ihr ausgemachten (oberflächlichen) »äußeren Schein« stellt sie implizit die (ganzheitliche) »Persönlichkeit« gegenüber und äußert somit zugleich Skepsis an den Angeboten und Versprechungen der Lifestyle-Industrien. Das hier angesprochene Verhältnis von Schein und Sein lässt sich auch als Verhältnis von Verpackung und Inhalt deuten, was vor allem im Bereich von Konsumgütern immer wieder dann zu breiter geführten Debatten führt, wenn gerade eben nicht der Inhalt zu finden ist, der auf der Verpackung versprochen wurde.

Annas Formulierung, wonach Markenkleidung im Prozess der Gestaltung der eigenen Oberfläche eines von mehreren möglichen »Hilfsmitteln« sei, lässt zum einen auf ein spezifisches Maß an Selbstreflektion schließen, was sich sicherlich damit erklären lässt, dass

Aussehen und Kleidung seit langem bedeutsame und im Alltag ausgehandelte Themen jugendlicher Vergesellschaftung sind; zum anderen kann ihr Statement als Beleg dafür gelten, dass dem beforschten Gegenstand der Stellenwert des Normalen und Alltäglichen zugedacht wird, was Pierre Bourdieu als »Doxa« bezeichnet, als »gewohnheitsmäßige Verwurzelung mit der alltäglichen Ordnung des Ungefragten und Selbstverständlichen«[378]. Für Anna sind auf Hilfsmittel gestützte Praktiken der Überzeugungsarbeit offenbar normal, was auf deren gesellschaftliche Normalität schließen lässt.

Der Gebrauch von Markenkleidung wird von allen Befragten als selbstverständlich beschrieben. Vor diesem Hintergrund lässt sich angesichts der regelmäßigen Diskussionen über Markenkleidung fragen, ob sich die dabei zumeist federführende Erwachsenengeneration über diesen Sachverhalt tatsächlich im Klaren ist - zu vermuten ist, dass in ihren Vorstellungen in erster Linie das Funktionale und das Aussehen von Bekleidung und weniger ein solches auf Marken gestütztes soziokulturelles Ordnungsprinzip im Vordergrund stehen.

Annas Anmerkung, dass Markenkleidung ein *»Hilfsmittel«* sei, ruft die Frage hervor, wen genau die Interviewten eigentlich vor ihrem inneren Auge haben, wenn es um Markengebrauch und spezifische Markenpraktiken geht. Dargestellt wird daher im Folgenden, ob sie Zusammenhänge zwischen Umgangsweisen und sozialer Position der jeweiligen Akteure sehen, welche Diskursformationen hierbei erkennbar werden und wie die Praktiken »der Anderen« von den Interviewten argumentiert und bewertet werden.

Imaginierte NutzerInnen und Nutzergruppen von Markenkleidung

Fast gleichlautend beantworten Jennifer, Moritz, Anna, Maria und Daniela die Frage, ob es denn ihrerseits Themenaspekte gäbe, über die sie gerne sprechen würden: Jennifer möchte gerne über die »Zuordnung zu Personen, dass manche Personen eher Markenklamotten haben als andere« reden, Anna fragt mich danach, »was du so bis jetzt gehört hast, und was die Leute, die Markenklamotten so faszinierend finden, bis jetzt so von sich gegeben haben«, und Moritz zeigt großes Interesse daran, »welche soziale Schicht oder Kulturschicht oder wie auch immer, also Subkultur oder eben nicht Subkultur, wie man's nennt, welche Art von Kleidung trägt.« Maria möchte von mir, da es sie »grundlegend interessiert«, wissen, »wie viel Leute, prozentual, Wert auf Markenklamotten legen«, und Daniela merkt an, sie wolle »generell [wissen], wie vielleicht andere drüber denken.« Offenkundig äußern die Befragten Interesse an einem vermuteten Wissensvorsprung des Forschers, von dem sie sich Auskünfte über die NutzerInnen von Markenkleidung erhoffen. [379]

Ausgangspunkt dieser »Neugierde« könnten dabei eigene Unsicherheiten bei der Deutung des Phänomens sein, wie sie sich auch bei der Beschreibung und Zuordnung von imaginierten NutzerInnen und Nutzergruppen zeigen: »Wer sind denn eigentlich diejenigen, die großen Wert auf Markenkleidung legen?«, lautete die Frage und in den zugehörigen Statements werden unterschiedliche soziale Gruppen erkennbar.

Maria unterstellt zum Beispiel denjenigen, die sich bei Pimkie einkleiden, einer Modekette, die Trendmode für eher jüngere Menschen verkauft, sich damit selbst aufwerten zu wollen. Zu Pimkie

> »(…) gehen einfach, also meiner Ansicht nach die Leute rein, die was Besseres sein wollen. Also die haben jetzt meinetwegen einen Job bei Aldi an der Kasse und privat wollen sie dann jemand ganz Tolles sein, was sie einfach nicht sind.«

Maria distanziert sich hier in doppeltem Sinne, zum einem vom erwähnten Label, bei dem sie, wie sie sagt, selbst niemals Kleidung kaufen würde, zum anderen sowohl von einem vermeintlich nicht standesgemäßem als auch einem nicht-authentischem vestimentären Handeln. Ihre Imagination einer Verkäuferin, deren Konsumpraxis sie im Anschluss als »schicksenmäßig« bezeichnet, verweist Pimkie-KäuferInnen auf einen Platz innerhalb unterer sozialer Klassen, und ihrer Meinung nach ist es nicht zulässig, sich mittels »Updressing«

als »etwas Besseres« darstellen zu wollen. Ihr Hauptaugenmerk liegt dabei auf einem stilsicheren und authentischen Kleidungshandeln: »Leute, die ihre Klamotten nur nach dem neuesten Trend kaufen, haben ja keinen Stil einfach. Die haben ja keinen Klamottenstil.«

Entgegen der Annahme von Maria, die auf diese Weise einem weitgehend stabilen, geschmacksbegründeten funktionellen Kleidungsgebrauch das Wort redet - worauf nicht zuletzt auch der abwertende Ausdruck »schicksenmäßig« hinweist -, wird vor allem sozial benachteiligten Akteuren unterstellt, für den Konsum von Markenkleidung empfänglich zu sein. Menschen mit »schwacher Persönlichkeit«, wie Natalie sie nennt, »mit Sicherheit Menschen, die nicht gestärkt sind in ihrer Persönlichkeit und sich dadurch halt sicherer fühlen«. Martin zeichnet ein ähnliches Bild:

> »Also letztendlich kann ich ja nur von Vermutungen sprechen, weil ich eben so was nicht studiere und auch nie groß untersucht hab, oder noch mal nachgelesen. Aber ich denke schon, dass es grad sozial benachteiligtere Kreise sind, die es dann wiederum eher nötig haben, weil sie den Halt von der anderen Richtung her weniger haben. Also wenn wir jetzt grad ein krasses Beispiel nehmen, einfach die jungen Kinder, wo ihre entweder alkoholabhängigen Eltern haben, oder arbeitslose Eltern oder wo einfach einen Großteil ihrer Freizeit alleine daheim verbringen, und eben dadurch auch keinen roten Faden haben. Oder die einfach nicht wissen, was sie so machen sollen. Ja gut, wie man das jetzt direkt mit Markenklamotten [verbindet]? Aber ich denke, also die Markenklamotte an sich ist halt schon irgendeine Sicherheit oder ein Rahmen, wo man, ja, wie erkläre ich das am Besten?«

Eine Möglichkeit, diese Annahmen - schwierige Familienverhältnisse, Markenkleidung, Sicherheit - miteinander zu verknüpfen, besteht darin, Konsum als eine »Technik der Leidabwehr« zu begreifen. Dass für sozial benachteiligte Menschen eine gesellschaftliche Teilhabe durch Konsum von besonderer Bedeutung sei, wird seit längerem durch Studien bestätigt. Als zentrale Befunde können dabei zum einen gelten, dass Jugendliche, die in nicht-intakten Familien leben, wesentlich materialistischer eingestellt sind als diejenigen, die in intakten Familien aufwachsen. Zum anderen wird das zentrale Versprechen der Konsumgesellschaft darin gesehen, eine Hilfe anzubieten, durch die individuell erlebtes Missbefinden beseitigt werden könne.[380]

Martins Vermutung, dass Markenkleidung »Sicherheit« vermittle, verweist darauf, dass ihr Besitz als Nachweis einer relativ gesicherten ökonomischen Existenz angesehen werden kann. So gedeutet ist das Verfügen oder Nicht-Verfügen über Markenkleidung eine Erscheinungsform strukturell bedingter sozialer Ungleichheit und lässt sich, mit Pierre Bourdieu begriffen, auch als eine »vergessene Dimension des Klassenkampfes«[381] verstehen. Dieser ist somit nicht nur ein Produkt, mit dem Distinktion hergestellt wird bzw. werden soll, sondern kann auch als Mittel für Menschen aus unterprivilegierter Gruppen gedeutet werden, »nachholendes Prestige« zu erwerben.

Eine solche Perspektive, die Benachteiligung als Motor für Markenkleidungskonsum fokussiert, spricht auch Carmen an: Sie hat »am ehesten ein Bild von Hauptschülern im Kopf«. Nach kurzem Nachdenken fügt sie jedoch an, dass es »im Gymnasium ein bisschen genauso sein wird.« Moritz verortet die Markenkleidung ungebrochener in den unteren Bildungsschichten: »Ich würde jetzt fast sagen, umso niedriger der Abschluss ist, umso wichtiger wird es.« Erin, der selbst die Hauptschule besucht hat, unterscheidet ebenfalls die SchülerInnen von Gymnasium und Hauptschule:

> RM: Würdest du sagen, dass es an der Hauptschule wichtiger ist Markenklamotten zu haben, wie zum Beispiel am Gymnasium?
> Erin: O.k., Gymnasium, ich weiß nicht, wie die da drauf sind. Mein Bruder ist zum Beispiel am Gymnasium, aber der zieht sich an wie ich, weil ich ja der ältere Bruder bin. Und der sieht es bei mir und er hat jetzt auch seinen eigenen Stil gefunden. Der zieht sich ja jetzt nicht ganz genau gleich an wie ich, der kombiniert das anders, die Sachen. Aber ich weiß nicht, Hauptschule ist halt so eine Sache. [Im] Gymnasium konzentrieren sie sich mehr auf die Schule und so, dass die Noten gut sind und so. In der Hauptschule

> ist es ja dann irgendwie egal, o.k., die sagen o.k., mach mal einen guten Hauptschulabschluss, das war's dann. Und die müssen dann auf ihr Image achten.

Hier zeigt sich, dass das Äußere, der Körper, das Auftreten, schließlich die Repräsentation des Selbst als Ganzes als Feld gesellschaftlicher Auseinandersetzungen um die soziale Position zu begreifen ist. Dabei sieht er die soziale Bedeutung von (Marken-)Kleidung je nach besuchtem Schultyp unterschiedlich gewichtet. Auch er deutet die Markenorientierung bei Hauptschülern als Versuch, ihre Bildungsbenachteiligung gegenüber den SchülerInnen eines Gymnasiums zu kompensieren.

Boris spricht eine weitere Marken-Nutzergruppe an: Seiner Einschätzung nach spielt die Marke Diesel bei jungen Migranten eine besondere Rolle. Er selbst kam im Alter von acht Jahren mit seiner Familie aus Kasachstan in die BRD:

> »Vielleicht hat das auch damit zu tun: Ich war mit 13, 14 manchmal mit jungen Männern zusammen unterwegs, da weiß ich auch nicht, wie ich da rein geraten bin, die waren [aus der] migrantischen Hiphop-Ecke. Ich war ja nun auch Migrant, also hab ich mich daran orientiert und hab mich zu ihnen geschlagen, und sie trugen damals auch alle Diesel. Ich habe mich nicht wohl gefühlt bei denen, vielleicht hat es damit zu tun, [...] das hatte auch so etwas Prolliges, irgendwie.«

Seine Beobachtung, nach der diese soziale Gruppe die recht teure Marke Diesel bevorzuge, kann zum einen als ein Beleg dafür gedeutet werden, dass durch die Wahl ähnlicher oder gleicher Marken Gemeinschaft konstituiert und kommuniziert wird, zum anderen können solche Praktiken auch als »Aspirationshandeln« interpretiert werden, als Ausdruck der Hoffnung auf gesellschaftliche Teilhabe und Anerkennung. Boris' Darstellung deckt sich weitgehend mit den Markenpraktiken der in dieser Studie befragten Migranten: Vor allem diejenigen, die einen türkischen Hintergrund haben, besitzen Kleidung von Diesel, so wie Ilhan, der daneben Kleidung von Versace und Boss trägt und dessen Lieblingsmarken Dolce&Gabbana und Lacoste sind. Erin ergänzt den Fragebogen mit Louis Vuitton, Versace und Gucci, mit Labeln, die, wie er sagt, »mag«. Vergleichbares ist aus den USA bekannt, wo Mitte der 1990er Jahre berichtet wird, dass vor allem schwarze Jugendliche aus der Hiphop-Szene sich die Kleidung von Tommy Hilfiger aneignen: »Tommy represents the American dream [...]. He's a great example of how the hip-hop community can reposition a company.«[382] Inzwischen verpflichtet das Unternehmen, wenn auch zaghaft, für seine Werbekampagnen auch dunkelhäutige Darsteller.[383]

Die Praktiken des Umcodierens einer Marke und des individuellen wie gemeinschaftlichen Updressing sind keine gänzlich neuen Entwicklungen. So sind aus dem Großbritannien der 1950er und 1960er Jahre die aus proletarischen Verhältnissen kommenden Teds und Mods bekannt, die mittels Updressing symbolisch einen angemessenen Platz in der Gesellschaft suchten, zugleich dadurch aber auch eine trotzige Selbstbehauptung ausdrücken wollten. Ilhan, der sehr großen Wert auf teure Kleidung legt und dabei eine klare Markenpräferenz zeigt, gibt etwa 100 bis 150 Euro monatlich dafür aus. Auch Ilhans bester Freund trägt am liebsten »sportlich-elegante Schuhe, so in Richtung Puma« und »hauptsächlich auch Diesel-Hosen«. Um tiefergehenden Aufschluss über das Verhältnis von Aspirationshandeln und trotziger Selbstbehauptungen im Bereich des Markenkleidungshandeln zu erlangen, wäre weitere empirische Forschung notwendig.

Markenkleidung wird in den Interviews auffallend häufig als besonders bedeutsamer Gegenstand für Jugendliche genannt. Maria denkt, diese trügen sie besonders gerne, weil sie »noch nicht genau wissen, wo sie mal hinwollen, und [...] sie müssen sich irgendwie finden oder selbst identifizieren.« Sergej vermutet Ähnliches:

> »Ich sag es jetzt mal etwas geschwollen: Die wissen ihren Weg noch nicht. Oder die haben ihren Weg noch nicht so wirklich [gefunden]. Die wissen nicht, wo sie hinwollen und ich denk mal, das ist dann auch so eine Geschichte, die da mitunter eine Rolle spielt.«

Markenkleidung wird hier als ein Mittel der Identitätsfindung im Übergangsprozess vom Kind zum Erwachsenen gedeutet, bei der dem Produkt eine Orientierungsfunktion zugeschrieben wird. In den Ausführungen von Boris wird das Verhältnis von aktivem und passivem Konsum bei der Herstellung sozialer Ordnung in den Mittelpunkt gerückt:

> »Also ich glaube, dass es zum einen, /4/ also wenn man davon ausgeht, dass Jugendliche so per se, ich glaube das nicht so ganz, aber per se wird gesagt, sie sind orientierungslos erst einmal, da, glaub ich, können Markenklamotten auch, wie viele andere Dinge, Orientierung bieten. Indem man sich nämlich ziemlich klar irgendwo zuordnen kann. Also Markenklamotten sind ja auch nicht beliebig, [dass] es egal ist, welche Marken man anhat. Sondern bestimmte Gruppen Jugendlicher definieren sich über eine ganz bestimmte Marke und auch ich als junger Punk oder so hab natürlich drauf geschaut, dass ich möglichst Doc Martens anhabe und nicht Nike-Turnschuhe. Aber da waren die Doc Martens auch wichtig und nicht irgendein Verschnitt.«

Aufgrund einer solchen Schilderung lässt sich vermuten, dass eben gerade nicht das Konsumgut selbst eine entscheidende Rolle einnimmt, sondern es die Akteure und ihre jeweiligen kulturellen Praktiken sind - die durchaus eng mit entsprechenden Labels verknüpft sein können -, die dem Markenhandeln sozialen Sinn verleihen. Zwar nimmt Boris auf die Orientierungsfunktion von Marken Bezug, erkennen lässt sich aber auch, dass die Konstitution von Gemeinschaften entlang eines spezifischen Markenkonsums erfolgen kann. Dieser Punkt wird später nochmals vertiefend aufgegriffen. Höchst auffällig ist zudem, dass bei den imaginierten Nutzergruppen von Markenkleidung die Kategorie Geschlecht lediglich im Interview mit Natalie sehr kurz erwähnt wird, was ebenfalls später ausführlicher thematisiert wird.

Race, Class, Gender? Das Label Tommy Hilfiger

Nur über wenige Marken wurde in den Interviews so ausführlich und so kontrovers gesprochen, wie über das Label Tommy Hilfiger. Für Anna ist dies eine der fünf bekanntesten Marken überhaupt, und Heike antwortete auf die Frage nach ihrer Lieblingsfirma: »Jetzt sagen wir es mal so, von welchen Klamotten mir eigentlich immer irgendwas gefällt, ist vielleicht von Tommy Hilfiger.« Fünf mal - von Heike, Lena, Boris, Yavor und Sabine - wurde in den Interviews eine fast gleich lautende Geschichte über diese Marke erzählt (sie wird weiter unten referiert). Die mit diesen Produkten assoziierten Annahmen sind allerdings auf den ersten Blick sehr widersprüchlich, sowohl was den Hersteller als auch die vermuteten KäuferInnen betrifft.

Heike begründet ihre Vorliebe für Hilfiger so:

> »Was ich garantiert nicht anziehe, sind [Sachen], wo es riesengroß draufsteht. Also gerade jetzt, als Beispiel, bei Tommy Hilfiger, find ich es eigentlich ganz angenehm, die haben dieses kleine Zeichen, da steht noch nicht mal was drauf. Also wenn einer mit dem Zeichen nichts anfangen kann, weiß er es auch nicht. So was ist o.k., aber sobald es irgendwie größer wird, würde es mich auch eher abschrecken, das dann anzuziehen.«

Carmen hingegen beschreibt Hilfiger-Produkte gänzlich anders. Vor ihrem inneren Auge sieht sie dabei Leute, »die ganz groß Tommy Hilfiger auf ihren Pullis stehen haben«, wie sie lachend erzählt. Sie vermutet, dass man diese Marke deswegen trage, »damit es die anderen sehen, wieder wie bei diesem Cliquen-Zeug, damit es die Freunde sehen, dass es auch so was ist.« Sie nimmt zudem an, dass damit ausgedrückt werden soll: »Ich hab das Geld, mir das zu kaufen«, und geht davon aus, dass hauptsächlich Menschen »jetzt eher im jüngeren Alter, also wieder diese Teenies«, die Marke Hilfiger tragen. Zwar lehnt sie es grundsätzlich ab, Menschen nach ihrer sozialen Herkunft zu unterscheiden, - weil man damit »Leute in so Schubladen steckt« -, dennoch definiert sie die vermutete Gruppe auf Nachfrage als »Hauptschule, also eher«.

Boris verbindet mit dieser Marke - nachdem er gerade seinen eigenen Status als Migrant erwähnt hatte -, »Jugendliche mit einem nicht wirklich ausdifferenzierten Sprachwortschatz«. Er meint, dass

> »man die sofort erkennt, also da ist nichts dezent, sondern es ist sehr plakativ. Man weiß sofort, man sieht ja von weitem was das ist, und ich glaub, das hat was damit zu tun, was ich vorher schon mal gesagt hab: sich auszudrücken und das sehr deutlich machen zu wollen.«

Zur »Botschaft der Marke selber« kann er wenig sagen, er geht jedoch davon aus, dass es den KonsumentInnen darum gehe, »sich klar zu platzieren«, und er vermutet, dass sie sich dadurch »Sicherheit« versprechen. Sowohl Carmen als auch Boris mutmaßen, dass, aufgrund der doch eher hohen Preise der Produkte dieses Herstellers, eine (mögliche) soziale Unterprivilegierung durch entsprechende Marken kompensiert werden soll.

Ein solches, kulturell organisiertes soziales Regel- und Ordnungssystem wird auch bei Jennifer sichtbar. Sie kenne von Hilfiger »vor allem das Parfüm«, und ihr ist das »blau-weiße« Logo nicht unbekannt. Ihr fallen dabei Leute ein, die »eine Jeans tragen, und dann so ein Tommy Hilfiger T-Shirt oder so ein Sweatshirt, wo Tommy Hilfiger draufsteht«. Sie vermutet, dass »eher Männer« auf so etwas Wert legten, und charakterisiert diese Gruppe so:

> »Die sind eher so der mittlere Typ. So schon ein bisschen erfolgreich, aber gesetzt. Also ich hab schon viel erreicht und so, jetzt geht es mir eigentlich gut, solche Leute.«

Auf die Frage danach, welches Image dieses Unternehmen eigentlich kommuniziere, führt sie aus:

»Ich glaub die wollen, gut, Abstand hört sich halt komisch an, aber so ein bisschen wir sind so ein bisschen was Besseres, wir können zeigen, dass wir schon was erreicht haben so ein bisschen, nicht zu aufdringlich. So manche anderen Marken zum Beispiel, die sind ein bisschen aufdringlicher.«

Als ein solches »aufdringlicheres« Label nennt sie Calvin Klein, sowohl hinsichtlich des Markenlogos, welches sofort ins Auge springe, als auch der Botschaft dieses Herstellers, die ihrer Ansicht nach ausdrücken soll, »ich kann mir was Gutes leisten.« Der Befund, dass Hilfiger symbolisch »Erfolg« kommunizieren will, wird auch von Anna geteilt, die sich den Konsumenten dieser Marke so vorstellt:

»Hilfiger ist für mich auch so eine Männermarke, und deshalb so ein durchtrainierter junger Mann, vielleicht so 20, 25. Hmm, was arbeitet der? Vielleicht Rechtsanwaltssohn oder so, vielleicht arbeitet der selber gar nicht so viel, sondern das Geld kommt woanders her. Der sehr viel Wert auf sein Äußeres legt und bei irgendwelchen abendlichen Veranstaltungen oder Dates mit tausenden Frauen, der da ein bisschen repräsentieren muss.«

Die Marke Hilfiger wird in den Interviews zusammengefasst als zweierlei geschildert: zum einen als Distinktionsmarke, mittels der sich bereits privilegierte Gruppen abgrenzen wollen; zum anderen, dies legen die Erwähnungen schwarzer Hiphop-Kids in den USA als auch die sozialen Verortungen vermuteter KonsumentInnen als tendenziell benachteiligte Gruppe nahe, kann das Label als symbolische Kommunikation eingesetzt werden, um soziale Distanz zu überbrücken. Kennzeichnend ist in beiden Fällen, dass es mit »Erfolg« übersetzt wird.

Auch die oben erwähnte Geschichte, die mehrfach Gegenstand in den Interviews war, ist hinsichtlich der sozialen und kulturellen Verortung des Labels aufschlussreich. So merkt Lena, gefragt, ob sie Hilfiger kenne, empört an: »Natürlich, sollte man nicht kaufen, ist ein Faschist.« Auch Yavor berichtet, dass es wohl einen Vorwurf gäbe, wonach »Tommy Hilfiger irgendwie ein Rassist sei oder irgendwie so was, und irgendwelche rassistischen Bemerkungen gemacht« habe. Lena führt hierzu weiter aus: Hilfiger, so sagt sie, habe »eine Äußerung gemacht, so nach dem Motto, hätte er gewusst, dass Juden und Neger seine Klamotten irgendwann tragen werden, hätte er sie nie gemacht«. Boris, der auf die Frage danach, welche Marke er sich niemals kaufen würde, das Label Hilfiger nennt, meint sich zu erinnern, diese Geschichte in der Zeitschrift Neon gelesen zu haben. Er sagt:

> »Also Tommy Hilfiger, mit ihren Rassismus-Geschichten und so, die sie am Start hatten, das würde ich mir niemals [kaufen]. Der hat auf jeden Fall mehrere rassistische Äußerungen von sich gegeben, dass er eigentlich keinen Bock drauf hat, dass Schwarze seine Klamotten anhätten. Also bei so was würde ich dann sagen: Nee, lieber nicht.«

Glaubt man den im Internet kursierenden Berichten, so liegt der Hintergrund dieser Erzählungen bereits längere Zeit zurück. Demnach war der Designer Tommy Hilfiger im Jahr 1997 zu Gast in der in den USA sehr populären Talkshow von Ophra Winfrey. Von ihr sei er gefragt worden, ob es stimme, dass er es ablehne, wenn schwarze Menschen seine Kleidung tragen würden. Als er darauf mit einem einfachen »Ja« geantwortet habe, sei er von der - schwarzen - Showmasterin unverzüglich hinausgeworfen worden. Diese Begebenheit wurde sofort in zahlreichen Internet-Foren und auf Webseiten kolportiert[384] - wo sie offenbar, wie die Interviews zeigen, bis heute zirkuliert. Sabine hat über E-Mail von Mitschülern erst kürzlich von dieser Sache gehört, nämlich dass

> »Tommy Hilfiger gefragt worden ist von wegen: Stimmt das, dass Sie gesagt haben, also wenn sie gewusst hätten, dass viele Ausländer oder viele, ja Ausländer, Immigranten, arme Leute und so, dass die Ihre Klamotten kaufen, dass Sie sie gar nicht entworfen hätten? Und das anscheinend soll stimmen und ja, also der hat dann gemeint gehabt, ja, wenn ich gewusst hätte, dass das ganze

> Gesocks hier meine Klamotten kauft und dass die mit den Klamotten rumrennen und das war nicht für die gedacht und so weiter und bla bla bla, so.«

Die in den Interviews geäußerten Statements hierzu, in denen skandalisiert wird, dass ein Designer offenbar Wert darauf lege, von bestimmten sozialen und ethnischen Gruppen nicht getragen zu werden, ist ein weiterer Beleg dafür, dass über Design und Marke bedeutsame Fragen zu gesellschaftlicher Teilhabe, sozialer Position und gesellschaftlichem Ein- und Ausschluss ausgehandelt werden bzw. werden können. Allerdings - das von den Interviewten mehrfach angesprochene und in der Folge beschriebene Ereignis hat, wie eine Internetrecherche ergab, niemals stattgefunden. Bereits im Januar 1999 musste Winfrey die zirkulierenden Gerüchte aufgreifen und im Rahmen ihrer Show darauf hinweisen, dass die ganze Geschichte nicht stimme:

> »Jetzt möchte ich etwas ein für alle mal klarstellen. Es geht das Gerücht um, dass der Modedesigner Tommy Hilfiger in diese Show kam und rassistische Bemerkungen machte und ich ihn daraufhin rauswarf. Ich will mitteilen, dass dies nicht wahr ist, weil es niemals geschehen ist. Tommy Hilfiger ist niemals in dieser Show aufgetaucht. Lesen Sie es von meinen Lippen ab, Tommy Hilfiger ist niemals in dieser Show aufgetaucht. Und alle die, die sagen, ich sah, ich hörte es - es ist niemals geschehen. Ich habe Tommy Hilfiger noch nie in meinem Leben getroffen!«[385]

Die Beständigkeit, mit der die erfundene Geschichte tradiert wird, sowie der Befund, dass über kein anderes Label so oft in den Interviews gesprochen wurde wie über Hilfiger, belegt die Verwobenheit von Marken mit den Sozialstrukturkategorien Race und Class, aber auch auf die mit Marken generell verknüpften sozialen Ein- und Ausschlussprozesse, die von den Befragten in ethischer Bewertung des Markenimages von Hilfiger als Skandal wahrgenommen werden.

Diskursfeld Gemeinschaft

»Mobbing« sagt Daniela spontan als erstes, als ich sie frage, über welche Themen wir im Interview wohl reden werden, und sie ergänzt, dass es das ja manchmal gebe, »wenn man keine Markenklamotten hat«. Vor allem in der Schule, so Daniela weiter, gehe es dann um diese »Außenseiter«, die »gehänselt, gemobbt und was weiß ich alles« würden. Max erwähnt gleich zu Beginn unseres Gesprächs die aus der Schule bekannte Debatte um Schuluniformen und Markenkleidung und Dorothea plädiert, als wir über ihre eigenen Erfahrungen sprechen, entschlossen: »Eigentlich gehört eine Schuluniform her.«

Der Ort Schule steht offenbar für das Feld, in dem vestimentäre Praktiken erprobt werden und werden müssen. In kaum einer Schulklasse der achten Jahrgangsstufe, unabhängig vom Schultypus, dürfte das Thema »Markenkleidung/Schulkleidung/Schuluniform« nicht als Erörterungsaufsatz im Fach Deutsch auf der Agenda stehen – alle von mir Befragten jedenfalls bestätigen dies.

Wenn es um Schule geht, geht es stets auch um Erfahrungen bei der Ausbildung einer personalen Ich-Identität, die aus der Abgrenzung zum konkreten Gegenüber, dem »Du« entsteht; bei der Ausbildung einer kollektiven Identität, in deren Zentrum ein »Wir« steht und das durch Abgrenzung zu Anderen, einem »Ihr« entsteht. Dies verbindet sich mit der Ausbildung einer sozialen Identität, die sich aus klassen- und schichtspezifischen Werten und Normen des Elternhauses wie der Schule speist. Im Zentrum dieses Teils der Untersuchung sollen Fragen zum Diskursfeld »Gemeinschaft« – und damit zusammenhängend der Herstellung von Abgrenzung und von Ähnlichkeit zu anderen – stehen. Erstens wird nach der Bedeutung von schulischen Sozialisationsprozessen junger Menschen im Zusammenhang mit Markenkleidung gefragt. Zum zweiten wird die Lebensphase Jugend vor dem Hintergrund der Bedeutung von Bekleidung für Jugendszenen und dem unüberschaubaren Konsumangebot für diese Altersgruppe ausgeleuchtet, und drittens schließlich wird dargelegt, ob sich Hinweise auf ein geschlechterspezifisches Markenhandeln finden lassen.

Markenkleidung, Schulkleidung und Schuluniformen

In regelmäßigen Abständen werden in den Medien Debatten über die Einführung von Schulkleidung bzw. Schuluniformen geführt und es ist kaum zu übersehen, dass in den letzten Jahren immer mehr Schulen auf freiwilliger Basis Schulkleidung eingeführt haben. Wie bereits in der Einleitung angemerkt, sind die Akteure hier teils in der Politik, vor allem aber im Bereich schulischer Alltagspraxis zu verorten. Argumentiert wird zu allermeist damit, dass Schulkleidung zu einer Harmonisierung des Unterrichts beitrage, da sie helfe, soziale Unterschiede zu verdecken - das Evangelische Gymnasium Bad Marienberg beispielsweise spricht in seiner Begründung für Schulkleidung davon, dass Markenkleidung die materielle Konkurrenz fördere, die man nicht unterstützen wolle.[386] Eine telefonische Nachfrage bei einem Anbieter von Schulkleidung ergab, dass es keine klar erkennbaren Unterschiede hinsichtlich unterschiedlicher Schultypen gäbe, die Abnehmer seien »bunt gemischt«; bestätigt wurde, dass die Nachfrage in den letzten Jahren stetig gewachsen sei.[387]

Im Statement von Boris zu den Debatten über die Einführung von Schulkleidung wird ein enger Zusammenhang von Bekleidung als Ausweissystem der sozialen Herkunft und der konkreten Situation von SchülerInnen in der Schule deutlich:

> »Also ich glaub, die größte Diskussion gab es ja, als es darum ging, dass sich bestimmte Kids, vor allem im Kontext Schule, solche Klamotten leisten können oder die Eltern sie sich leisten können, und bestimmte nicht, und dass dadurch /2/ offensichtlich in der Schule, soziale Unterschiede zu Tage treten und möglicherweise auch junge Kiddies, die sich es nicht leisten können, darunter leiden.«

Von fast allen Befragten wird die Schule auch als Ort sozialer Ausgrenzung - lästern, hänseln, mobben, abziehen und abzocken - beschrieben, die, direkt oder indirekt selbst erlebt wurden. Beim »Abziehen und Abzocken« von Geld, Handys und vor allem Markenkleidung, wobei es sich sprachlich richtiger um Erpressung und Diebstahl unter Jugendlichen handelt, sind vor allem männliche Jugendliche beteiligt. Zentral ist dabei jedoch nicht die Tat beziehungsweise der Diebstahl selbst, sondern vielmehr, worauf Christine Kammerer hinweist, ein Gefühl von Macht gegenüber anderen[388] - was sich jedoch auch als Reaktion auf eigene Ohnmachtserfahrungen deuten lässt, eine Überlegung, die Kammerer weitgehend ausblendet.

Dorothea erzählt, dass bei ihr Zuhause das Geld eher knapp war. Sie sei deshalb »mit 15 Jahren arbeiten gegangen«. Sie wollte sich, wie sie sagt, auch mal was »leisten« können, um nicht länger »Außenseiterin« zu sein. Sie ist, wie sie betont, schon lange für die Einführung von Schuluniformen:

> »Also ich hab da schon lang die Meinung, ich bin mir nicht ganz sicher, ob schon auf der Realschule, aber es war auf jeden Fall in der Berufsschule, da hab ich es schon gesagt: Eigentlich gehört eine Schuluniform her. Ist auch jetzt noch meine Meinung.«

Auch für Jennifer ist die Ungleichheit materieller Ressourcen der Hauptgrund, warum immer wieder über die Einführung von Schuluniformen diskutiert werde. Auch sie meint, dass die Frage, ob man »dazugehöre, oder nicht«, durch Schulkleidung überflüssig werde. Jennifer spricht sich nicht für, aber auch nicht gegen die Einführung von Schuluniformen oder Schulkleidung aus, was eventuell daran liegt, dass sie als eine der wenigen Befragten ihre Schulzeit rückblickend als spannungsfrei empfunden hat: »Ich kann mich nicht erinnern, dass ich irgendwie neidisch war auf jemanden, der was anderes anhatte als ich.«

Ein gänzlich anderer Umgang mit dem Thema im schulischen Alltag zeigt sich bei Erin. Er berichtet - nicht ohne Stolz - davon, dass es während seiner Schulzeit in seiner Klasse durchaus üblich war, einander vor den Ferien zu fragen, ob es Urlaubs-Mitbringwünsche gäbe:

> »Bei uns in der Klasse, es geht doch jeder in Urlaub, die meisten sagen: Hey, wollt ihr Lacoste-Oberhemden haben? Soll ich euch was mitbringen? [...] Oder [sie sagen]: Bring du mir von dort Van Dutch- Sachen, und bring du mir von da solche Sachen, wenn es da billiger ist als in der Türkei.«

Dabei wüssten selbstverständlich alle Beteiligten, dass es sich bei den erwähnten Marken um sogenannte Fakes, um nicht-lizenzierte Nachahmerprodukte handelt, »halt billige Stoffe, wo einfach nur mal ein Joop oder Van Dutch oder so draufgeklebt ist.« Welche Bedeutung die mitgebrachten Fakes dann in Erins schulischem Alltag hatten, wurde nicht weiter eruiert, das Beispiel zeigt jedoch wiederum, welch großen Stellenwert die symbolische Kommunikation durch Marken bei jungen Menschen innehat.

Jugendliche und Markenkleidung

Markenkleidung wird in den Interviews sehr häufig als besonders bedeutsamer Gegenstand für Jugendliche bezeichnet. Das betreffe vor allem die Jahre der Pubertät. Carmen ist sich ein wenig unsicher, sie denkt, dass Labels »auf jeden Fall, so ab 16 rum, oder bis 16« wichtig seien. Die 24-jährige Heike meint, dass Markenkleidung mit zunehmendem Alter wieder unwichtiger werden könne:

> »Also wie ich ja gerade eben schon gesagt habe, in meinem Alter, so in der Altersgruppe, ist das jetzt eigentlich gar nicht mehr. Wie es mittlerweile bei irgendwelchen 13, 14, 15-Jährigen ist, keine Ahnung, bei meinem kleinen Bruder, der ist 19, müsste ich jetzt sagen, also er selber achtet nicht drauf, was er jetzt so großartig anhat. Aber ich würde jetzt, wenn ich mir so seine Klasse angucke, schon sagen, dass das immer noch auch großes Thema ist. Ich glaube, da ist einfach so eine Altersgrenze, wo man so einen Schnitt macht, wo man seine Persönlichkeit vielleicht so weit entwickelt hat, um zu sagen, ich zieh das an, was ich will, und nicht, was der andere cool findet.«

Martin erinnert den Beginn seiner »Markensozialisation« anhand einer Auseinandersetzung mit seinen Eltern, da »ging es um tolle Adidas-Turnschuhe« und er war damals »so 13, 14 Jahre« alt. Erkan denkt, dass Markenkleidung im Alter von »12 Jahren« wichtig wird, und Thomas nimmt an, es gehe

> »schon ziemlich früh los, also sobald du irgendwo mit vielen Menschen zusammen kommst. Ich kann mir gut vorstellen, dass das in der Grundschule auch schon ist.«

Offenbar beginnt das Interesse an Markenkleidung zu dem Zeitpunkt, an welchem man in der Familie das Recht fordert, selbst darüber zu entscheiden, welche Kleidung und Marken man tragen möchte. Diese - nicht konfliktfrei verlaufenden - familiären Auseinandersetzungen tragen wesentlich zur Ausbildung der personalen Identität bei. Innerhalb schulischer Arrangements sind in erster Linie Fragen zur kollektiven Identität, zur Konstitution von »Gemeinschaften« berührt, ähnlich wie bei dem im Folgenden dargestellten Bereich, in dem es um die Bedeutung von Marken in Jugendszenen geht.

Szenemarken: Die Beispiele Carhartt und Doc Martens

Jugendszenen entstehen durch geteilte kulturelle Praktiken: Vorlieben für dieselben Musik- und Kleidungsstile, äußerliche Ähnlichkeiten wie Frisur und Schminkstil, eine gemeinsame Szene-Sprache. Hersteller von Markenprodukten, die sich dezidiert an spezifische Szenen wenden, tun dies über ein auf diese zugeschnittenes Werbeprofil, wie schon ein flüchtiger Blick in die Hersteller-Kataloge oder auf die Webseiten von beispielsweise »Nix-Gut« (Punk), »Hoodboyz« (Hiphop) oder »Mob Action« (Antifa) zeigt.[389] Die Marke Carhartt beispielsweise wird von Boris so beschrieben:

> »Carhartt steht, glaube ich, in Deutschland für die Skaterszene. [...] Sie war mal, meinem Empfinden nach, irgendwann mit der Hiphop-Szene verbunden, durch so ganz bestimmte Jacken, die

jeder Hiphopper irgendwann mal tragen musste. Mittlerweile präsentieren die sich zumindest stark in Richtung Skater, also in so einem Outlet kriegt man dann auch BMX-Fahrräder und Skateboards.«

Aus Boris' Statement lässt sich ableiten, dass es offenbar Unterschiede zwischen der Skater- und der Hiphop-Szene bei der Markenkleidung gibt und sich die Marke und ihr Gebrauch auch immer wieder verändert. Eine Einschätzung, die auch bei René aufscheint: Er kennt diese Marke bereits seit Längerem und weiß, diese habe »damals eher so die Techno-Szene bedient und dann ein Stück weit diese Skater-Szene«. Carhartt sei vor allem in kleineren »Skaterläden« erhältlich. Dass ein Label zwei doch recht unterschiedlichen Szenen zugeschrieben wird, mag auf den ersten Blick verwundern: Techno- und Hiphop-Musik sind kulturell gut voneinander zu trennen. Erstere ist gekennzeichnet durch einen äußerst geringen, Letztere durch einen extrem hohen Wortanteil, den Rap. Hiphopper legen zumeist Wert auf weite und legere Kleidung, bei der die Körperkontur weitgehend in den Hintergrund tritt, in der Techno-Szene wird in erster Linie stark körperbetonende Kleidung getragen. Beide Szenen gelten als überaus markenbewusst, die unterschiedlichen Bezeichnungen ihrer Bekleidungsstile sind ebenfalls aufschlussreich: Im Techno wird dieser als »Clubwear«, im Hiphop als »Streetwear« gelabelt. Dennoch, Carhartt wird, wie eine Durchsicht entsprechender Magazine ergibt, trotz der angesprochenen Unterschiede der drei erwähnten Szenen offenbar von allen geschätzt (De:bug/Elektronische Musik; Rugged/Hiphop u. a.; Skateboarding). Zu den kulturellen Szene-Praktiken lässt sich somit auch die Verwendung spezifischer Marken im Bekleidungsbereich zählen.

Carmen vermutet ebenfalls, dass Markenkleidung in erster Linie für jüngere Menschen von Bedeutung ist und verweist, wie Boris und René, auf die Hiphop-Szene. Ihrer Beobachtung nach ist es in dieser vor allem wichtig, dass der Herstellername gut sichtbar auf dem Kleidungsstück angebracht ist: »Also bei Hiphop kommt es mir oft ein bisschen so vor, dass möglichst groß irgendwas draufstehen muss«. Daniela kennt solche Kleidung gut, denn sie besitzt einen Pullover des

Labels Fubu, das sie als »eine reine Hiphopper-Marke« charakterisiert. In dieser Szene werden, auch dies zeigt die Durchsicht entsprechender Szenemagazine, zudem Karl Kani und Timberland, aber auch Nike und Adidas häufig getragen.

Eine derartige Nutzung von Labels in Szenen ist keine gänzlich neue Entwicklung, wie das Beispiel der Marke Doc Martens zeigt, das von Boris angeführt wird. Er beschreibt das Image dieses Labels, dessen Schuhe in unterschiedlichen Szenen bedeutsam sind:

> »Also für mich hat das was mit Punk zu tun, was mit Krawall machen auf jeden Fall. Das hat glaube ich durchaus was damit zu tun, also weil es gab einmal so einen Werbeband von Doc Martens, wo auch einige Krawallbilder abgedruckt waren. [...] Also ich glaube, dass es schon so eine Marke ist, also so eine Protestmarke irgendwie, die durchaus auch verbunden ist mit der Arbeiterbewegung.«

Er merkt an, dass Doc Martens »einmal tatsächlich Arbeitsschuhe hergestellt hat« und es in »Arbeitervierteln in England dazu gehörte, dass man diese Schuhe getragen hat«. Als Kriterien dafür, dass diese Produkte heute Szenemarken seien, nennt er zum einen, dass diese »früher nicht so arg teuer [waren], wie sie heute in Deutschland sind«, zum anderen, dass die Qualität des Produkts eine deutlich untergeordnete Rolle spiele, »außer, dass sie tatsächlich wirklich lange haltbar sind.«

Doc Martens-Schuhe, die nach dem Ende des 2. Weltkriegs zuerst in Großbritannien, ab Anfang der 1950er Jahre auch in München hergestellt werden, finden in unterschiedlichen Szenen Verwendung. Zuerst von männlichen proletarischen Skinheads gegen Ende der 1960er Jahre in Großbritannien genutzt, sind sie später bei Punks und in Teilen in der Waver-Szene zu finden. Heute werden »Docs« nach wie vor in der Punk- sowie der linken, der rechten und der Oi-Skinhead-Szene getragen, mit roten (oder gelben), mit weißen oder den original schwarzen Schnürsenkeln, womit die entsprechende Szenezugehörigkeit symbolisiert wird.

Dass Marken bei der Konstitution von Szenen die kommunikative Doppelfunktion von Integration und Abgrenzung zukommen, zeigen die Interviews vor allem, wenn es um Marken ging, die die Befragten niemals kaufen bzw. tragen würden; dem Sample geschuldet ist dabei sicherlich, dass Labels, die vor allem in rechtsextremen und neonazistischen Kreisen getragen werden, rundherum abgelehnt wurden - so Lonsdale, Thor Steinar, Pitbull und Consdaple.

Eine diffuse Gemeinschaft: Die »No Logo«-Bewegung

Markenkleidung wird in einem global organisierten, hoch arbeitsteiligen Produktionsprozess hergestellt, vermarktet und verkauft. Bei der Befragung von jungen Gewerkschaftsmitgliedern, aus denen das Sample zu Beginn dieser Untersuchung bestand, werden die »schmutzigen Seiten« des Produktionsprozesses nicht ganz überraschend, von diesen, selbst thematisiert. Erstaunlich ist jedoch, dass auch die anderen Befragten fast ausnahmslos gut darüber informiert waren, was es mit der Kleiderproduktion in den Sweatshops des Trikonts auf sich hat. Fast alle nannten dabei die Schule und auch das Fernsehen als Informationsquelle. Lediglich Mara, Erin und Daniela hatten noch nie etwas von Sweatshops und darüber gehört, wo und unter welchen Bedingungen heute die meiste Kleidung entsteht.

Für Carmen, die seit ein paar Jahren ökologische, faire und nachhaltig produzierte Lebensmittel im Bioladen kauft, stehen diese Themen auch bei der Bekleidungswahl im Vordergrund:

> »Angefangen hab ich mit den vegetarischen Stiefeln, die gibt es auch da, also Stahlkappenstiefel, die nicht aus Leder sind, die hab ich schon vor drei, vier Jahren gekauft, aber das war's dann eigentlich auch. Und jetzt Hess Natur, // ist vielleicht grad mal ein Jahr her, glaube ich.«

Derzeit ist Hess Natur ihre Lieblingskleidungsmarke: »Also bei mir stehen die für gerechte Arbeitsbedingungen und die Qualität, Natur, Rohstoffe, also biologischer Anbau von Sachen.« Dabei ist ihr, wie allen anderen Befragten auch, das Wichtigste an dem Kleidungsstück, das sie kauft, »wie es aussieht, [...] erst dann die Qualität.« Der Preis ist für sie, da sie nicht so oft Kleidung kauft und regelmäßig etwa 900 Euro Einkommen hat, von nachrangiger Bedeutung. Carmens Präferenzen weisen sie somit als »bewusste Konsumentin« aus, der es wichtig ist, nachhaltigen und ethischen Vorstellungen gemäß ihr Leben zu gestalten.

Auch für Jens, der unter anderem in der »Aktion Saubere Kleidung« aktiv ist, sind politische und ethische Maßstäbe in der Bekleidungsproduktion von großer Bedeutung. Er erzählt von einer Kampagne kurz vor der Fußball-Weltmeisterschaft 2006 an der er beteiligt war und bei der in einem offenen Brief an Adidas gefordert wurde, dass sich Näherinnen in El Salvador gewerkschaftlich zusammenschließen könnten und angemessen bezahlt würden. Er hält diese Fußball-WM und die mit ihr zusammenhängende mediale Berichterstattung über die Arbeitsbedingungen in der globalen Textilindustrie für einen der Hauptgründe, warum über das Thema Markenkleidung in der letzten Zeit vermehrt diskutiert werde.

Jennifer ist ebenfalls über die Herstellungsbedingungen in der Bekleidungsindustrie informiert. Auf die Frage, ob es Marken gibt, die sie niemals kaufen würde, sagt sie:

> »Das wäre die Nike-Marke. Weil da habe ich so einen Film gesehen, [...] *Bowling for Colombine* [...]. Und wenn man das alles rausfindet, dann: Oh Gott, oh Gott! Gut, Puma kauf ich gerne, gut, das ist ja auch eine deutsche Firma, das finde ich eigentlich gut. Ich mag auch das Zeichen, das sieht irgendwie schon gut aus. Gut, gerade so was wie Nike oder wenn ich so was rausfinde von solchen Firmen, auch von H&M gab es mal so eine Debatte. Dann denk ich schon so: Also nö! Das beeinflusst mich schon.« [...]
>
> RM: »Würdest du sagen, du bist konsequent und vermeidest den Kauf?«
> Jennifer: »Ja, wobei ich glaube, zum Beispiel bei H&M, da ist es schwierig, weil die Sachen sind eigentlich noch kaufbar, und ja,

> die sind auch so normal. Das sind ja solche einfachen Sachen, so schwarze Sachen, solche Sachen. Deshalb, ja, da finde ich es schwierig.«

Jennifer löst das Problem, dass auch ihre Lieblingsmarke H&M in der Kritik steht, indem sie nicht so sehr die Firma, sondern nur ihre eigenen Konsumgewohnheiten in Schutz nimmt. Ihr Argument ist die Unterscheidung von »normalen« und »einfachen Sachen«, mit - im Umkehrschluss - teuren und (über-)ästhetisierten Produkten, wie sie beispielsweise Nike herstelle. Ihre Annahme, dass Puma, wovon sie mehrere Kleidungsstücke und mehrere Paar Turnschuhe besitzt, anders produziere als Nike, ist in der Sache falsch: Auch diese Firma lässt über Subunternehmen ausschließlich außerhalb Deutschlands produzieren.

Sabine weiß ebenfalls, unter welchen Bedingungen produziert wird, und wundert sich daher, warum Markenkleidung so teuer ist:

> »Ich weiß, wo sie hergestellt werden. Also wir haben in der Schule einen Film angekuckt, da ging es um Nike-Klamotten, grad um T-Shirts, und die werden ja irgendwo in Bangladesh oder so hergestellt. Und pro T-Shirt, die die Mitarbeiter, wo die T-Shirts herstellen - die schaffen zwischen acht und achtzehn Cent auf die Stunde! - und deswegen verstehe ich gar nicht, warum die so teuer sind. Also ich hab auch keine Ahnung. Also der Name vielleicht oder eine besondere Nähweise, damit der Stoff eventuell länger am Faden ist? Ich kann mir nur das vorstellen.«

Sie erklärt den hohen Preis also mit einer vermuteten höheren Qualität, also mit dem sogenannten Bandwagon- oder Mitläufer-Effekt: Man glaubt, dass ein Produkt, welches viele haben, gut sein *muss*. Markenkleidung ist für Sabine somit eine Produktgattung, bei dem eine gute Qualität vermutet wird.

Erkan hat vor nicht allzu langer Zeit im gewerkschaftlichen Kontext ebenfalls einen Film zum Thema gesehen und er sagt:

»In der Produktion kostet ja ein Schuh, glaube ich, einen Euro. [...] Das meiste, was so viel kostet, das gibst du eigentlich nur für die Werbung aus, soweit wie ich das noch in Erinnerung habe. Also du bezahlst im Prinzip nur 15 Euro für den Schuh, und der Rest ist Werbung, dass die neue Werbespots machen können, dass die die Fußballer bezahlen und überall Plakate aufhängen können, usw.«

Erkan drückt deutlich sein Unverständnis gegenüber dieser Praxis aus und lehnt die Arbeitsbedingungen, vor allem die niedrigen Löhne in der Kleidungsbranche entschieden ab.

Für Martin wiederum sind die Produktpreise vor allem eine Folge der Konsumentenforschung:

»Wenn *ich* einen Schuh verkaufen würde, und merken würde, die Leute springen bei 180 Euro ab, dann würde ich den nicht für 250 Euro ins Schaufenster stellen. Aber scheinbar rentiert sich es mehr, wenn ich weniger Stückzahlen verkaufe, für mehr Geld. Weil dann die Produktionskosten wieder wegfallen. Und ich glaube, das ist der einzige Grund dafür: Dass da einfach ausgereizt wird und das eine reine Marktforschung ist.«

Der von ihm angesprochene Nachfrageeffekt lässt sich als ein sozial strukturiertes und motiviertes Konsumhandeln beschreiben; diese Effekte sind aus der Betriebswirtschaftslehre und der Marktforschung bekannt. Hierzu gehören auch der Snob-, der Veblen- und der Giffen-Effekt.[390] Letzterer postuliert, dass bei steigendem Einkommen der Anteil höherwertiger Produkte zunehme und bei sinkendem Einkommen der Anteil minderwertiger Produkte steige. Beim Snob-Effekt werden bestimmte Produkte dann nicht mehr erworben, wenn andere, von denen man sich unterscheiden möchte, diese Produkte besitzen. Der Veblen-Effekt ist durch eine höhere Nachfrage bei steigendem Preis gekennzeichnet, was als »demonstrativer Konsum« und »Prestigekonsum« beschrieben wird. Das von Martin erwähnte Beispiel lässt sich somit als ein ökonomisches Handeln identifizieren, bei dem der »demonstrative Konsument« angesprochen werden soll.

Einige Markenunternehmen bieten bereits seit längerem limitierte Auflagen, vor allem von Sportschuhen, an. Diese werden nicht selten von »Turnschuhfans« als Sammelobjekt zusammengetragen, und ein Paar dieser Sneaker kostet oftmals mehrere hundert Euro.[391] (Im Sample fand sich allerdings niemand, der als »Marken-Sammler« bezeichnet werden könnte.)

Die vom Buch der kanadischen Journalistin Naomi Klein inspirierte und mit großer medialer Strahlkraft ausgestattete »No Logo«-Bewegung findet im Sample zwar keinen direkten Niederschlag, jedoch sind deren Leitmotive fast allen Befragten, wenn auch nicht direkt mit ihrem Namen verbunden, bekannt.

Als zentraler – und zugleich höchst paradoxer – Befund lässt sich an dieser Stelle festhalten, dass trotz ihres Wissens über die miserablen Herstellungsbedingungen von Markenkleidung dieser Fakt im (Konsum-)Alltag der Interviewten so gut wie keine konkrete Bedeutung hat, was mich dazu bringt, von einer »diffusen Gemeinschaft« zu sprechen, die zwar diskursiv eindeutig, in Fragen der Praxisformen aber so gut wie nicht zu erkennen ist.

Markenkleidung: Männersache? Frauensache?

Lassen sich, so wird im Folgenden gefragt, bei der Deutung und Bewertung des beforschten Gegenstands Unterschiede zwischen Männern und Frauen erkennen? Was bedeutet es, wenn lediglich eine Befragte im Sample, Natalie, darauf hinweist, dass ein bestimmtes Label (Escada) vor allem bei Frauen sehr bekannt sei? Ist dies ein Hinweis darauf, dass die Interviewten auch keine Gender-Unterschiede bei der Wertschätzung von Markenkleidung zeigen?

Jennifer antwortet auf die Frage, ob Markenkleidung eher Männern oder eher Frauen wichtig sei: »Ich glaube, ehrlich, eher was für Frauen. Frauen sind viel anfälliger, also ich glaube Frauen fallen da mehr drauf rein.« Dann präzisiert sie ihre Antwort:

> Jennifer: »Ich glaube das *Einkaufen,* das ist mehr so für Frauen, so was, wo man so ein bisschen aufgehen kann.«

> RM: »Jetzt muss ich nachfragen. Das Einkaufen ist das eine und die Frage nach Marken, also nach Markenklamottenkonsum, ist was anderes.«
> Jennifer: »Na gut, vielleicht kaufen ja die Männer lieber so eine Marke und dann haben sie sie, und die Frauen [haben] dann halt eher viele verschiedene Sachen. Doch, dann würde ich es lieber so sagen. Marke ist doch eher für Männer, so was Stabiles, na, und Einkaufen dann so für Frauen.«

Die in den Interviews erhobenen Angaben über die geschätzten eigenen durchschnittlichen Ausgaben für Kleidung sowie über die vermuteten Ausgaben des besten Freundes und der besten Freundin hierfür zeichnen ein uneindeutiges Bild. Fünf Befragte, darunter vier Frauen, geben an, dass ihre beste Freundin deutlich mehr Geld für Kleidung im Monat ausgibt, als ihr bester Freund, allerdings meinen zwei Befragte, ihr bester Freund gebe monatlich mehr Geld aus als ihre beste Freundin.

Conny berichtet aus ihrer Realschulzeit, dass es damals allgemein wichtig war, Marke zu tragen und man

> »schon seltsam angeschaut worden ist, wenn man nicht jeden Tag die neueste Levi's anhatte und keine Marken-T-Shirts hatte.«

Aber dann fügt sie hinzu, dass das Tuscheln darüber, »was für neue, tolle Klamotten man doch hat, [...] unter Mädchen schlimmer [war] wie unter Jungs« und diese größeren Wert auf Marken legten:

> »Also die Mädchen waren versessener auf Markenklamotten wie die Jungs damals. Also den Jungs aus meinem Jahrgang war es halt teilweise relativ egal, was die Hose jetzt für eine Marke anhatte, ob es irgendwie No-Name, oder ob es Levi's, oder irgendwas in der Richtung war.«

Als Grund hierfür vermutet sie: »Ich glaube, die Mädels waren eitler.« Ganz anders die Meinung von Christian:

RM: »Was denkst du, ganz spontan: Markensachen - eher Männer-, eher Frauensache?«
Christian: »Ouh! (lacht) Ich würde fast sagen, eher Männersache.«
RM: »Eher Männersache?«
Christian: »Mhm. Weil, Männer sind doch eine Spur eitler noch als Frauen.«

Boris wiederum kann zunächst keine geschlechtsspezifischen Präferenzen sehen:

»Ich glaube, da kann man keinen Unterschied machen erstmal. Also ich glaube, das geht nicht. Da bin ich absolut Vertreter der These, dass man intrageschlechtlich viel unterschiedlicher ist als /2/, ja. Also ich würde keinen Unterschied machen erst einmal. Ich kann mir vorstellen, dass Jungs im Pubertätsalter offensiver damit umgehen und die Marke ihnen unter Umständen wichtiger ist, [sie] die Marke offensiver zur Schau zu tragen. Also ich glaube, Firmenlogos wie Lonsdale oder Everlast oder auch Tommy Hilfiger, die das Logo auch schon mal ganz groß über der Brust platzieren, spielen auch damit und fahren damit auch relativ erfolgreich, dass gewisse Menschen das dann ganz offen zur Schau tragen. Weil, was sie da anhaben, ich glaube, das kann bei Jungs im Pubertätsalter schon verstärkter sein als bei Frauen.«

Die 15-jährige Mara teilt diese Einschätzung. Auf die Frage, wem in ihrer Klasse es wichtiger sei, dass das Logo auf der Kleidung gut sichtbar ist, antwortet sie sofort: »Jungs!« Sie selbst mag große Logos auf ihrer Kleidung nicht so sehr: »Wenn es dann so ganz riesig raussticht, dann ist das auch immer ein bisschen so angeberisch«. Allerdings ist dies für sie kein Grund, derartige Kleidung überhaupt nicht zu tragen: »Wenn es mir gefällt, dann zieh ich es an.«

Für Erin steht ebenfalls die Sichtbarkeit der Logos im Vordergrund. Als typische »Mädchen«-Marke nennt er Louis Vuitton und für »Frauen« Versace, »aber [von den] Jungs ziehen ja die meisten G-Stars an, wo man das irgendwie lesen soll, [oder] Van Dutch«. Für die Produkte dieser beiden Hersteller ist charakteristisch, dass deren Logos zu allermeist übergroß sind. Frauen, so Erin,

> »haben das weniger, bei denen steht es innen drin, bei denen merkt man es nicht mal, ob das Markenklamotten sind [...]. Aber bei den Jungs sieht man es gleich, ah, da steht G-Star, oder das ist von H&M oder so, man merkt es.«

Es ist, wie man sieht, schwierig, einen eindeutigen Trend der Aussagen zur Geschlechterspezifik des Markenhandelns festzustellen. Doch überwiegen die Hinweise darauf, dass es Jungen und jungen Männern wichtiger sei, Kleidung mit einem gut sichtbaren Markenlogo zu tragen. Eine solche Einschätzung deckt sich mit den Forschungsergebnissen von Maike Boecker, die feststellt, dass auf der Kleidung von männlichen Jugendlichen eher deutlich erkennbare Logos vorzufinden seien. Ihre Schlussfolgerung, dass Jungen eher zu Marken neigen und Mädchen eher den Körper betonende Mode bevorzugen,[392] lässt sich mit Renate Menzis Hinweisen zum Markengebrauch abgleichen. Sie konstatiert, dass Marken auf Identität zielten, Stile hingegen bei der Herstellung von Ähnlichkeit eingesetzt würden.[393] Vor allem in der Frage, *wie* Ähnlichkeit hergestellt wird, ist ein Blick auf Einkaufspraktiken aufschlussreich, denn damit können die miteinander verkoppelten Felder Marke, Mode, Identität und Stil besser ausgeleuchtet werden.

Ein weitestgehend einheitliches Bild zeigt sich in den Interviews insofern, als angegeben wird, dass Männer signifikant öfter alleine ihre Kleidung kauften und dabei zweckrationaler vorgingen. Frauen hingegen gingen häufiger in der Clique einkaufen, berieten sich dabei untereinander und zeigten einen eher spielerischen Umgang mit dem Kleidungskauf. In Marias Worten klingt das so: Männer »kaufen eher Sachen, wenn sie wirklich was brauchen. Und Frauen kaufen halt Sachen, wenn sie halt Lust drauf haben« – was Jennifers zitiertem Statement nahe kommt, wonach Männer Marken bevorzugten und Frauen eher »einkaufen« gingen. Ob diese Aussagen erfahrungsgesättigt sind oder eher medial und stereotyp tradierte geschlechterspezifische

Zuschreibungen ausgedrückt werden, muss letztlich unbeantwortet bleiben, denn hierzu bräuchte es eine empirische Forschung, die die konkreten Konsumpraktiken von Frauen und Männern fokussiert, was im Rahmen dieser Untersuchung nicht zu leisten war.

Allerdings, ein letzter Befund, der sich an der Schnittstelle von Kleidungskonsum und Geschlechterhandeln ansiedeln lässt, sei hier noch kurz angedeutet. In der von Maria geäußerten Annahme, wonach Frauen eher nach dem Lustprinzip Kleidung kaufen, lässt sich mit Zygmunt Bauman fragen, ob sich Konsumpraktiken generell geändert haben: Bauman merkt an, dass man früher neue Dinge kaufte, weil die alten Dinge kaputt waren, heute jedoch neue Dinge gekauft würden, damit man neue Dinge hat.[394] Kleidung, dies ist bekannt, hat sich bereits seit längerem vom Ge- zum Verbrauchsgut entwickelt, was sich in veränderten Formen des Kleidungskonsums ablesen lässt: Andrea, die von sich selbst sagt, sie gebe »schon viel Geld aus für Klamotten« und lachend anfügt, sie habe »den Kaufwahn«, ist eine dem Lustprinzip und der Regelmäßigkeit verpflichtete Konsumpraxis offenbar alles andere als fremd, sie gehe mindestens einmal in der Woche Kleidung kaufen und achte »überhaupt nicht auf das Geld«; und wenn ihr was gefällt, dann kauft sie »das halt einfach.«

Zusammenfassung

Die Deutungen von Markenkleidung als Auskunftssystem des Sozialen erlauben es, schematische Trennungslinien zwischen den verschiedenen gesellschaftlichen Gruppen zu ziehen. Die geschmackliche Bewertung des Gegenstands zeigt in ihrem Kern die von Pierre Bourdieu attestierten Abgrenzungen zwischen den gesellschaftlichen Klassen und Klassenfraktionen: nach oben im Ausdruck »Upper Class« und »High Society«, nach unten in den Begrifflichkeiten von »Billigmarken« und »Aldi-Klamotten«.

Die »soziale Tatsache« Markenkleidung wird in den Interviews als vieldimensionales gesellschaftliches Ordnungssystem beschrieben: als Qualitätsversprechen hinsichtlich des Materials, des Designs sowie der Be- und Verarbeitung der Rohstoffe. Sie wird als Ausdruck globaler Arbeitsteilung wahrgenommen, verbunden zumeist mit einem Unverständnis für den hohen Preis des Produkts. Vor allem aber wird Markenkleidung als ein Kennzeichen sozialer Ungleichheit erfahren. Gleichzeitig wird sie häufig als eine einzuhaltende Konvention beschrieben, was Rückschlüsse auf gesellschaftliche Transformationsprozesse zulässt, in denen veränderte Anforderungen an die Repräsentation des Selbst erkennbar werden.

Die vorherrschende Interviewtenmeinung, Markenkleidung sei stets Ausdruck von Distinktion, bestätigt Pierre Bourdieus Theorie, wonach die Klassenlage im Raum der Lebensstile von großer Bedeutung ist. Der von ihm beschriebene unterschiedliche Gebrauch von Kleidung – »funktional« bei den Angehörigen unterer Klassen, »ästhetisch« bei den Angehörigen der oberen Klassen – lässt sich in den hier erhobenen Befunden, wenn auch nicht überdeutlich, nach wie vor erkennen: einmal in einer erkennbaren Abgrenzung gegenüber »Nobelmarken«, zum anderen dadurch, dass Billigmarken als eher funktionale Kleidung betrachtet und beschrieben wird, die heutigen Kleidungsstandards nicht entspricht.

Deutlich wird auch, dass vor allem der kommunikative Produktanteil der Kleidung, die »Marke«, wahrgenommen wird und woraus sich folgern lässt, dass dieser ein vom materiellen Gegenstand Kleidung, weitgehend abgetrenntes, gesellschaftliches Eigenleben entfaltet hat.

Wenn Markenkleidung von allen Befragten, trotz deren unterschiedlicher sozialer Herkunft und divergierender vestimentärer Praktiken, attestiert wird, die Kleidung der »besseren Leute« zu sein, ist es notwendig, den Blick auf zunehmende soziale Ungleichheiten in unserer Gesellschaft zu lenken. Um es mit Michael Vester zu sagen:

> »Mit der Wiederkehr sozialer Klassenunterschiede sind unsere Wahrnehmungen herausgefordert. Wie wir uns die Gliederung der Gesellschaft vorstellen, hängt nicht zuletzt von unserer eigenen Stellung darin ab. Aus der Perspektive von oben verschwim-

men die feinen Unterschiede, die den einzelnen Menschen im Alltag so wichtig sind.«[395]

Mit dieser konstatierten »Wiederkehr sozialer Klassenunterschiede« muss, so lässt sich schlussfolgern, auch Ulrich Becks Befund des »gesellschaftlichen Fahrstuhleffekts«[396] weitgehend revidiert werden.

Im folgenden Kapitel wird daher gefragt: Lassen sich die bisher dargestellten Befunde zur Ordnung des Diskurses und die von Vester angesprochenen »feinen Unterschiede« auch im alltäglichen Kleidungshandeln erkennen?

MARKEN
KLEIDUNG

IV.

Praktiken: Der Gebrauch von Markenkleidung

Wurde bislang der Diskurs über Markenkleidung behandelt, stehen in diesem Kapitel die Praktiken der Befragten im Vordergrund. Dabei geht es zunächst um biographische Erfahrungen sowohl im familiären als im schulischen Kontext. Zum anderen geht es um die gegenwärtigen Praktiken und die Frage, welche Bedeutung für die Gebrauchsweisen von Markenkleidung die soziale Position der Befragten hat. Die vorfindbaren Befunde münden in eine Typologie gruppenspezifischen Markenhandelns.

Frühe Erfahrungen mit Markenkleidung

Die von mir Befragten sind, bis auf eine Ausnahme, alle nach 1980 geboren und somit seit früher Kindheit mit Markenkleidung und Markenwerbung sozialisiert. Fast alle Befragten können sich gut daran erinnern, wann Marken in ihrem Leben zum ersten Mal von Bedeutung waren.

Markenkleidung in der Kindheit und frühen Jugend

Heike, die als Siebenjährige mit dem Leistungsschwimmen begann, berichtet von ihren ersten Erfahrungen mit Schwimmbekleidung:

> »Also ich hab ja mal früher Leistungssport gemacht und da war das natürlich auch, na ja, irgendwie Thema. Die Ausrüstung, die wir gebraucht haben, die gab es halt nur von bestimmten Marken, und da hatten wir halt die Diskussion, ob jetzt da Speedo oder ob Arena besser ist, und dann gab es vielleicht mal noch so zwei, drei kleine Marken, aber die wurden tatsächlich nicht angeguckt. Also es gab nur Speedo oder Arena, die man genommen hat.«

Als Unterschied zwischen den beiden Marken merkt sie zunächst an, dass sie »Speedo immer schöner« fand, kommt dann aber auch auf die funktionale Qualität der Schwimmbekleidung zu sprechen:

> »Das kann sich ein Laie jetzt überhaupt nicht vorstellen [...], dass da tatsächlich irgendwas an der Qualität anders ist. Das kann sich jetzt ein Laie, der einmal im Schaltjahr schwimmen geht, nicht vorstellen, dass es irgendwie was ausmacht. Aber da war dann, also meiner Meinung nach, Speedo führend.«

Heike merkt darüber hinaus an, dass die Frage nach der »richtigen« Marke ständiger Diskussionsstoff im Sportverein war, bis sie als 18-Jährige dann schließlich mit dem Schwimmen aufhörte. Gleichzeitig glaubt sie, dass sie aufgrund des enorm umfangreichen Trainingsaufwands manches, »was da so in der Schule an Druck mit Markenklamotten gelaufen ist«, gar »nicht so mitgekriegt« habe:

> »Also ich würde jetzt mal behaupten, ich hab auch nicht so diese typische Pubertätskarriere hinter mir, oder Teenagerlaufbahn, einfach durch den Leistungssport [habe ich] ein komplett anderes Leben irgendwie auch gehabt, als jetzt dieser normale Teenager, der in die Schule geht.«

Heikes Annahmen, dass Markenkleidung etwas Typisches für die Phase der »Pubertät« sei, »normale Teenager« an dem Thema nicht vorbeikämen und ihr Verweis auf die Schule als Ort vestimentärer Ein- und Anpassungsprozesse werden von fast allen Interviewten bestätigt. Erin berichtet, dass es ab der vierten Klasse wichtig gewesen sei, dass »die Schuhe Marke sein müssen, egal ob Adidas oder Nike«, und dass er seitdem »immer Markenschuhe« trage. Ilhan schätzt, dass Markenkleidung »schon ab zehn Jahren« bedeutsam wird, »der Erste zieht da schon Markenklamotten an, [...] weil er irgendwo beim älteren Bruder oder sonst wo schon was gesehen hat«. Auch Thomas vermutet, es gehe »schon ziemlich früh los, also sobald du irgendwo mit vielen Menschen zusammen kommst. Ich kann mir gut vorstellen, dass das in der Grundschule auch schon so ist.«

Die 17-jährige Daniela meint beobachtet zu haben, dass die ersten Erfahrungen mit Markenkleidung bei den Jüngeren früher beginnen, als das bei ihr der Fall war:

> RM: »Wann fängt das an? In welchem Alter?«
> Daniela: »Also früher war es jetzt noch nicht so ein Thema, wo ich noch so zehn war oder so, war es für uns noch gar kein Ding. Da war es uns eigentlich egal, da sind wir in Aldi-Klamotten rumgelaufen (lacht). Und jetzt denke ich, wenn ich so manchmal Drittklässler oder so angucke, von meiner alten Schule, wo es jetzt schon drum geht, nur noch in Markenklamotten rumzulaufen. Oder man sieht ja jetzt auch, früher gab es ja so für Babys fast nichts, und jetzt gibt es da schon Schuhe und alles von den Markenklamotten, dass die auch schon Babysachen herstellen. [...] Also das war ja früher nicht so. Jetzt merkt man halt, dass es sozusagen echt von klein auf anfängt.«

Daniela verweist also darauf, dass die Hersteller von Markenkleidung - nicht überraschend - ihre Produkte auch an Eltern kleinerer Kinder adressieren und entsprechende Produkte herstellen, was in Anlehnung an die Debatten in der Konsumsoziologie als »Ausweitung der Markenzone« (Kai-Uwe Hellmann/Rüdiger Pichler) oder als Ökonomisierung aller Lebensbereiche beschrieben werden kann. Ihre Aussage schließt aber nicht aus, dass eine eigene Orientierung auf Markenkleidung im späten Kindes-, vermutlich eher im frühen Jugendalter erfolgt, so wie diese auch bei ihr erst später zu »ihrem Ding« geworden sei, und sie bis dahin »Aldi-Kleidung« noch nicht negativ bewertet habe.

Die Erinnerung an die erste eigene Markenkleidung - hier werden überaus häufig Schuhmarken, vor allem Sportschuhmarken genannt - ist bei vielen Befragten sehr ausgeprägt. Christian vermutet, dass dies auf damit verbundene Auseinandersetzungen zurückzuführen sei:

»Vielleicht weil damit auch ein Kampf einhergegangen ist, wahrscheinlich. So wenn die Mutter sagt, für was brauchst du jetzt diesen Schuh und nicht diesen aus dem Aldi? Vielleicht war auch das erste Mal, grad wenn ich jetzt an 13-, 14-Jährige denke, dass sie wirklich aktiv argumentieren mussten, *warum* will ich jetzt das? Und nicht nur: Weil ich es halt will. [...] Ich denke, dass es nur in den allerwenigsten Familien so ist, dass von vorne herein Marken gekauft werden [...]. Ich würde eher sagen, es gibt viele, die sich das erst erkämpfen müssen.«

Für ihn ist in einer Marken-Biographie der Zeitpunkt von Bedeutung, an dem

»die Jugendlichen selber Einfluss darauf haben, was sie tragen. Also ein Kind kann ich reinstecken, wo ich will, wobei da auch schon sehr viele in ihren Nike-Outfits rumlaufen. Aber ich würde sagen, so mit Beginn der Pubertät, wenn es wichtig wird, [...] einen Rang, einen Status zu haben.«

Nicht immer kommt es zwischen Eltern und Kindern in Fragen der Markenkleidung jedoch zum Konflikt. Jens und Sabine berichten von keinerlei Schwierigkeiten, die gewünschten Sportschuhe zu bekommen. Bei Jens waren es Puma-Schuhe, allerdings waren diese »auch ziemlich günstig, sonst«, so denkt er, »hätte ich sie nicht bekommen«:

»Also ich kann mich nur an mein erstes Paar Markenturnschuhe erinnern. Also ich habe früher ganz viel Fußball gespielt und da war ich, ich weiß nicht, zehn oder so. Da war halt grad Fußball, irgendwie lief bei mir voll das Ding und das war grad so Street-Soccer-Zeit, da ist diese Street-Soccer-Geschichte ganz hochgekommen, und das waren halt so Puma-Street-Soccer-Schuhe, also so Fußballstraßenschuhe.«

Sabine, die bis zu ihrem 16. Lebensjahr in einem Verein Fußball spielte, sind aus diesem Grund die Marken Nike, Adidas und Puma wegen deren »Kickschuhen« gut bekannt. Diese habe sie zu ihrer aktiven Zeit »viel gebraucht«, Auseinandersetzungen mit ihren Eltern erwähnt sie nicht. Anders bei einem eher aus Modegründen gewünschten Objekt der Begierde:

> »Also ich hab mir Buffalo-Schuhe gekauft, da war ich 14, von meinem Konfirmationsgeld. Meine Eltern haben gesagt, also nee, 220 Mark, das haben sie damals gekostet, kriegst du nicht für die Schuhe, du kriegst 100 Mark für Schuhe und das war es dann. Und dann hab ich aber gesagt, o.k., dann kaufe ich mir von den 100 Mark lieber was anderes, kaufe mir die Schuhe von meinem Konfirmationsgeld. Und ja, ich bin dann in die Schule gelaufen, so richtig stolziert, guck mal, hier meine neuen Schuhe und so. Aber das war dann auch nur ein Jahr, wenn überhaupt. Ich habe die Schuhe immer noch.«

Ähnliche Aushandlungsprozesse dürften bei allen zum familiären Alltag gehören, die Kinder in entsprechendem Alter haben.

Bei Sabine war Markenkleidung ab der fünften, sechsten Klasse ein Thema. Dabei war auch wichtig, dass »man mit Älteren Kontakt gehabt hat«. Zu ihren damaligen Markenpräferenzen sagt sie:

> »Also da waren ja teilweise die Buffalo-Schuhe, die hohen da, die Plateau-Schuhe, ziemlich in, dann die Knopf-Hose hier von Adidas, und dann T-Shirts allgemein, Adidas oder sonst irgendwie. Ja, und dann Miss Sixty-Hosen, weil die auch so schöne lange Beine machen. Hat bei mir zwar nie geklappt, aber ja, da hat das eigentlich angefangen.«

Von der Schule als Ort des Beginns ihrer Markensozialisation erzählen fast alle Befragten. Die Schule kann daher als ein, wenn nicht sogar als der zentrale Ort bezeichnet werden, an dem Kleidungshandeln und die Bewertung von Marken alltäglich ausgehandelt und erstmals ein Markengeschmack gebildet wird.

Markenkleidung in der Schulzeit

Die Orientierung an bestimmten Marken und der Wunsch diese selbst zu tragen, ist erkennbar von Vorbildern geprägt, seien es prominente Werbeträger oder, worauf ebenfalls häufig Bezug genommen wird, Menschen im sozialen Umfeld, die zur Nachahmung anregen. Der 17-jährige Erkan, seine Mutter ist Hausfrau, der Vater Hausmeister, beide Elternteile sind Ende der 1960er Jahre nach Deutschland gekommen, orientierte sich zwar durchaus an seinem »besten Freund« und an dessen »Brüdern« - diese hatten »die coolen Sachen, sag ich jetzt mal« - konnte sich aber aufgrund seiner finanziellen Lage nicht so wie sein Umfeld kleiden:

> »Und dann waren wir mal in der Klasse gesessen, fünfte Klasse war es, glaube ich, und dann [fragt einer]: Ha ja, warum trägst du eigentlich keine Markenklamotten? Dann hab ich gesagt: Warum soll ich Markenklamotten tragen? Hauptsache, ich hab was an. Und dann hat er gesagt: Ja also meine Brüder, ja, die sind ja ganz cool, die haben ja immer, was war das, Adidas-, Nike- und so weiter Klamotten an. Hab ich gesagt: Ja, ich brauche das nicht, Hauptsache mir ist nicht kalt im Winter, hab ich gesagt. Und der dann so: Ah ja, aber so bist du ziemlich uncool. Hab ich ihn angekuckt, hab gesagt: Warum bin ich uncool, wenn ich keine Markenklamotten trag? Und seitdem hat er eigentlich nix mehr gesagt. Das war eigentlich so das einzige Erlebnis.«

Erkan, der von seinem Auftreten und Aussehen her vor allem Wert auf den Stil seiner Kleidung legt - lockere, legere Kleidung, wie sie in der Hiphop-Szene, der er sich zugehörig fühlt, getragen wird - hat vereinzelt Kleidung von Puma, Nike und Fila in seinem Kleiderschrank. Vor allem aber finden sich darin Shirts, Pullis und Hosen sogenannter Billigmarken, etwa von Takko, New Yorker und H&M.

In seiner Erzählung werden zwei Ebenen sichtbar. Zum einen, dass das, was in einer Gruppe als »cool« gilt, als eng mit bestimmten Kleidungsmarken verknüpft ist. Zum anderen lässt sich darin eine Art trotzige Selbstbehauptung gegenüber denjenigen erkennen, die durch ihr Markenhandeln anzeigen, welche soziale Position sie selbst innehaben. Erkan, der aus einem eher bildungsarmen Haushalt kommt, beharrt gegenüber der ästhetischen Aura der Markenkleidung auf einer funktionalen Nutzung von Kleidung. In Heikes Hinweis lassen sich ebenfalls zwei Ebenen erkennen:

»Also ich kann jetzt sagen, ich habe die Erfahrung gemacht, so mit 15, 16, 17 [Jahren] war das ein großes Thema, dass man die richtigen Klamotten auch anhat. Also da warst du einfach nichts, wenn du nicht jetzt den Markenpulli angehabt hast.«

Die von Heike erwähnte Kleidungskonvention hat bereits seit Längerem zur Folge, dass soziale Ungleichheit zunehmend anhand der Bekleidung von SchülerInnen erkennbar ist, worauf auch aktuelle Studien zur Kinderarmut und einem damit verbundenen strukturellen Ausschluss von Teilhabe verweisen.[397]

Fast wortgleich wie Heike beschreibt Christian eine »Pflicht zur Markenkleidung« und eine damit verbundene Anhebung des Bekleidungsstandards:

»Das, würde ich sagen, hat wieder mit dem Statussymbol zu tun. Wer in der Schule keine Markenklamotten trägt, ist unten durch, irgendwie ist da die Doktrin entstanden, das war auch schon so, als ich in der Schule war, das ist auch schon ein paar Jährchen her jetzt. Da ist die Doktrin entstanden, du musst Markenklamotten tragen, sonst bist du nichts.«

Auch Lena berichtet über eine entsprechende Konkurrenz in ihrer Schulklasse:

»Also jetzt betrachte ich es von einer ganz anderen Warte, weil in der Realschule, als ich so 15 war, ah, Gschmarre, ich war jünger, 12, 13, da gab es diese Buffalo-Schuhe, die so ganz furchtbar hässlich waren, mit diesen Plateau-Absätzen, aber jeder hat solche

Latschen getragen. Und ich hatte damals meinen ersten Nebenjob angefangen und da hab ich das Geld in solche Latschen gepulvert, und da gab es ein Mädel in der Klasse, die war aus sehr wohlhabendem Hause, und die hatte die natürlich, sobald die auf dem Markt waren. Und dann hatte sie noch ein Paar und noch ein Paar und noch ein Paar, und da hat sich dann schon so ein Wettbewerb irgendwie entwickelt, weil ich hatte dann auch so meine zwei Paar und ja, und dann waren wir halt die zwei in der Klasse, die diese Schuhe trugen. Und ich bin dann auch früher mit so hohen Schuhen [rumgelaufen], als dann diese Plateau-Schuhe vorbei waren, da kamen dann die mit der Spitze und mit den hohen Absätzen, da bin ich mit solchen unmöglichen Schuhen in die Schule gegangen. Freiwillig! Und heute geh ich weg und hab Turnschuhe an, weil es mir egal ist. Aber damals - gut aussehen ist alles.«

In der Schilderung ihrer Jugenderfahrungen werden vier unterschiedlich gelagerte Themen sichtbar: Nicht nur von ihr, sondern auch von Sabine und Conny - die ungefähr gleich alt sind - werden Schuhe der Marke Buffalo und deren hoher Preis, wofür Lena, um modisch mithalten zu können, einen Nebenjob suchte, explizit erwähnt. Hieraus lässt sich schlussfolgern, dass es wohl immer wieder neu zur Ausbildung von modeabhängigen - und immer kurzlebigeren - Markenkohorten kommt. Zum zweiten betont Lena den hohen Stellenwert des vestimentären Handelns in der Schule, eine Identitätsarbeit, bei der die Herstellung von Differenz und Ähnlichkeit im Zentrum steht. Drittens wird erkennbar, dass es sich um einen dynamischen Prozess des Ausprobierens von Stilen und Marken handelt: Erst trug sie hohe, dann spitze Schuhe und heute Turnschuhe. Viertens schließlich ist ihr Hinweis bedeutsam, wonach ein gutes Aussehen für sie damals sehr wichtig war: Da Lena eine der wenigen Befragten im Sample darstellt, die regelmäßig ein Fitnessstudio besucht, schließt sich die Frage an, wie wohl Marken-, Mode-, Körper- und Schönheitspraktiken miteinander verzahnt sein mögen. Nina Degele beschreibt den Aufstieg und die Wirksamkeit des Konzepts »Schönheit« als eine soziale Positionierung, bei der vordergründig zwar ausgedrückt werde, man mache sich für sich selbst schön, sich bei genauerer Analyse jedoch eine »Pflicht zur Schönheit« erkennen lasse, die allerdings nicht eingestanden wird: Niemand wolle sich als »fremdgesteuert« bezeichnen lassen. Degele bezeichnet diesen Sachverhalt als »Ideologie privaten Schönheitshandelns«.[398]

In ihrem Statement distanziert sich Lena zwar deutlich von ihren damaligen Praktiken, jedoch, ihre heutigen Markenpräferenzen und ihr gegenwärtiges vestimentäres Handeln, das später ausführlich geschildert und analysiert wird, stehen damit nicht unbedingt im Einklang: Zum einen wird darin eine abwertende Beurteilung des Massengeschmacks sichtbar, zum anderen tritt deutlich eine Vorliebe für teure Kleidung und für Designerlabels zu Tage; zu vermuten ist, dass sie während ihrer Schulzeit ästhetische Kompetenzen zur Bewertung von Kleidung erlernt hat, die identitätsbildend gewirkt haben.

Bei den schulischen Erfahrungen wird mehrfach das Für und Wider einer Einführung von Schuluniformen thematisiert. Die Erfahrung von Mobbing und Ausgrenzung oder Jugendgewalt in der Schule über die Einführung neuer oder schärferer Kleidungsregeln hat ja in den letzten Jahren immer wieder zu Plädoyers für die Einführung einer (freiwilligen) Schulkleidung geführt (in jüngerer Zeit beispielsweise an der Johann-Henrich-Büttner-Schule, einer Grundschule in Neuried-Altenheim, Baden[399]).

Auffällig ist, dass in diesen Debatten zwar stets eine anzustrebende »Gleichheit« von SchülerInnen betont wird, die sozial ungleichen Ausgangsbedingungen von ihnen jedoch wenig tiefgründig thematisiert werden. Für Jennifer wäre eben dies jedoch naheliegend, denn es gehe hierbei stets um die Frage, ob man sich Markenkleidung überhaupt leisten könne:

> »*Deshalb* kam ja auch die Diskussion mit der Schulkleidung und so, wo man dann halt gesagt hat, gut, man nimmt so eine einheitliche Kleidung, damit dann alle gleich sind.«

Dorothea spricht sich ebenfalls im Interesse sozial benachteiligter Kinder und Jugendlicher für die Einführung von Schuluniformen aus.

Moritz erwähnt gleich zu Beginn des Interviews das Problem der Ungleichheit in der Schule, worin auch er den Hauptgrund dafür sieht, dass das Thema gesellschaftlich breit diskutiert wird:

> »Also ich würde fast sagen, was in der Diskussion war sehr oft in den letzten fünf Jahren, gerade mit der Gleichheit von Schülern, dass man dann eben gesagt hat, Marken sind nicht fördernd für ein soziales Miteinander an Schulen. Und dass halt praktisch Schuluniformen eingeführt werden sollen.«

In fast jedem Interview wurden Schulkleidung und Schuluniformen von den Befragten selbst angesprochen. Angesichts dessen, dass dieses Thema seit einigen Jahren fester Bestandteil des schulischen Curriculums ist - und zwar unabhängig von der Schulart -, ist eine solche häufige Thematisierung nicht sonderlich überraschend. Es zeigt sich dadurch jedoch erneut, dass es sich bei der Schule um eine zentrale Lebensphase und einen zentralen Ort handelt, an dem soziale Prozesse durch kulturelle Praktiken auf der symbolischen Ebene im Alltag ausgestaltet werden.

Dabei ist mit zu bedenken, dass eine jugendliche Sozialisation von Erfolgen und Niederlagen, Brüchen und Neuanfängen gekennzeichnet und eine Zunahme solcher »diskontinuierlicher Praktiken« (Josef Held) festzustellen ist. Es geht dabei um ein Ausprobieren und Erproben von Szenen und Freundschaften, wobei die Verweilzeiten in den jeweils gewählten Peer Groups kürzer werden. Als Gründe hierfür lassen sich einerseits das große Angebot im Konsumbereich, andererseits veränderte Familienstrukturen erkennen: eine »Erziehung der Kinder durch Kinder«, wie lange Jahre in Viel-Kind-Familien üblich, komme heute so gut wie nicht mehr vor.

In Marias Erzählung wird eine solche diskontinuierliche (Kleidungs-) Sozialisation sichtbar. Für sie war es rückblickend ganz normal,

> »einfach alles mal auszuprobieren. Ich meine, ich hatte auch mal die Schicki-Micki-Zeit, und dann bin ich mit Punker-Klamotten rumgelaufen, dann hatte ich im Sommer mal Hot-Pants, Bikini-

> Oberteil, Flip-Flop-Phase. Ich meine, das sind immer so Phasen von Jugendlichen.«

Während dieser Phase des Ausprobierens, die bei ihr im Alter von etwa 15 Jahren begann, spielten spezifische Marken, so sagt sie, keine Rolle. Wichtig war, dass die Sachen »einfach gut aussehen«. Während ihrer »Schicki-Micki-Zeit« bekam sie viele ihrer Klamotten von ihrer Cousine, während der Punk-Phase habe sie sich ihre Sachen selbst genäht. Marken habe sie sich »vom Geld her nie leisten können«.

Ebenso wie mehrfach berichtet wird, dass Markenkleidung ab einem bestimmten Alter eine wichtige Bedeutung erlange, wird auch darauf verwiesen, dass dies mit zunehmendem Alter wieder nachlasse. Yavor waren Labels, wie er sagt, früher sehr wichtig: »Also als ich 15 war, wenn ich irgendwie ein Nike-Logo gesehen hab, fand ich das voll geil, und das wollte ich dann haben«. In den letzten Jahren hingegen ist es dem heute 26-Jährigen »eher immer unwichtiger geworden«. Vermutlich liege es daran, dass er »jetzt vielleicht auch nicht mehr so in den Kreisen drin [ist], wo das ein Thema ist«. Auch Jennifer sagt, sie sei früher »anfällig« für Markenkleidung gewesen, was sich inzwischen allerdings geändert habe: »Als ich jünger war, war das schon noch mehr in der Diskussion. Zwischen uns Freundinnen auch.« Sergej kann zwar nicht gänzlich ausschließen, dass Markenkleidung für ihn irgendwann als ein »abgeschlossenes« Thema gelten könne, doch auch er meint, dass sie im späteren Jugendalter generell eine geringere Bedeutung habe. Diese Einschätzung wird auch von Ilhan geteilt - wobei er einer der wenigen ist, der ein wenig genauer auf den Kontext dieses Verhaltenswandels eingeht:

> »Ich denke, solang man es sich leisten kann, hört das [mit den Marken] nicht auf. Ich denke, es nimmt ab, also es hört auf gar keinen Fall auf, da bin ich mir sicher. Also ich denke, es nimmt ab, ab einem bestimmten Alter, wenn man zum Beispiel anfängt auszuziehen von den Eltern, eine eigene Wohnung hat, ein eigenes Auto, wo man dann auch nicht mehr so flüssig ist, was das Geld angeht, wo man auch vielleicht keine Hilfen mehr von den Eltern

> bekommt, da kann man sich das alles auch nicht mehr leisten. […] Ich denk nicht, dass man einfach sagen kann, o.k., dann hol ich mir jetzt das, das, das, was man sich halt vorher so alles geholt hat.«

In den Beschreibungen der ersten biographischen sowie der schulischen Erfahrungen, zeigt sich also die Relevanz von Markenkleidung vor allem während der Pubertät, in der das Sich-Ausprobieren, das sich Einpassen und sich Unterscheiden im Vordergrund steht. Die in den meisten Interviews überaus ähnlichen Beschreibungen und Deutungen verweisen auf die Wirkmächtigkeit der »sozialen Tatsache« Marke bei der Herstellung sozialer Ordnung durch kulturelle Alltagspraktiken. Aus den von den Befragten beschriebenen Erlebnissen und Erfahrungen lässt sich schlussfolgern, dass die Sozialisation von Kindern und Jugendlichen generell eng mit Markenkleidung verbunden ist und *Marken* in dieser Lebensphase einen nicht unwichtigen Anteil an der Herausbildung ihrer sozialen Identität haben.

Der heutige Markengebrauch

Die Schnittstellen von Diskurs und Praktiken, an denen die Strukturen und Rahmenbedingungen des Handelns mit dem Handeln selbst zusammentreffen, nach John Fiske - wie erwähnt - ein »entscheidender Schauplatz des Hegemonieprozesses«[400], sind für eine empirische Alltagskulturforschung von besonderem Interesse. Eine Möglichkeit, den Alltagspraktiken in puncto »Markenkleidung« an einer solchen Schnittstelle näher zu kommen, ist eine Bestandsaufnahme der von ihnen getragenen Bekleidung. Bereits bei der Interviewanbahnung hatte ich angekündigt, nicht nur über Markenkleidung reden, sondern möglichst auch die Lieblingskleidungsstücke der Befragten sehen zu wollen. Hiermit war, trotz des intimen Charakters des Inhalts eines Schranks, die Hoffnung verbunden, dass mir auf diese Weise ein umfassender Einblick in den jeweiligen Kleiderschrank gewährt würde. Das geschah in 16 von 28 Fällen.

Zum einen ging es dabei um eine generelle Bestandsaufnahme, bei der die ungefähre Anzahl unterschiedlicher Kleidungsstücke wie Hosen, Röcke, T-Shirts, Pullover, Jacken und der Schuhe erhoben wurde. Zum anderen und vor allem interessierten die verwendeten Marken und deren Kommentierung durch die Interviewten.

Exemplarisch werden im Folgenden am Beispiel von Moritz, Conny, Sabine und Lena die Ergebnisse dieser »Schrankethnographie« vorgestellt. Fragen zu den Einkaufspraktiken werden dabei ebenso thematisiert wie der Inhalt des Schranks, dessen Beschreibung und Bewertung in Verbindung zur sozialen Position der Akteure gesetzt werden. Die Unterschiede in den Marken-Praktiken werden im nachfolgenden Kapitel in vier Handlungstypen des Markengebrauchs eingeteilt.

Moritz

Im Schrank des 18-jährigen Moritz (sein Kurzporträt ist Teil des zweiten Kapitels), finden sich 20 Poloshirts, 15 T-Shirts, 15 Pullis und Rollkragenpullover, acht Paar Hosen, fünf Longsleeves, ein Kapuzenshirt, ein Anzug und etwa zehn Hemden (die er nur zum Tanzen in einer Tanzschule, wohin er einmal die Woche geht, anziehe). Gefragt, wieviele Paar Schuhe er besitze, merkt er an: »Schlimmer als eine Frau!« Insgesamt, denkt er, dürften es wohl 20 Paar sein. Er vermutet, dass er etwas mehr Kleidung besitze als seine Freunde.

Als Lieblingskleidung bezeichnet er unter anderem zwei schwarze T-Shirts, die mit dem Motiv der Abschiedstournee der Band Böhse Onkelz bedruckt sind. Sehr gerne trägt er Poloshirts in ganz unterschiedlichen Farben (dunkelblau, beige, grün, weiß, bordeauxrot, babyblau). Hersteller dieser Poloshirts sind die Unternehmen Ralph Lauren, Umbro, Lonsdale, Ben Sherman und Fred Perry. An weiteren Marken finden sich in seinem Schrank zwei Paar Hosen von Springfield sowie Kleidung des Katalogversandhändlers Heine, bei dem auch seine Mutter immer wieder bestellt; sein Anzug und eine weitere Hose stammen von dort. Bei den Schuhen überwiegen Marken, die von vielen jungen Leuten in Jugendszenen gerne getragen werden, so ein

Paar grüne Doc Martens, mehrere Paare von Vans und Umbro sowie ein Chucks-Verschnitt. Es fällt auf, dass Moritz keine Produkte von Nike, Puma, Adidas, Levi's, Benetton, Esprit oder S. Oliver besitzt, allerdings hatte er, wie er erzählt, früher einmal ein Paar Turnschuhe von Adidas. Auf die Frage, warum er solche Marken nicht trage, antwortet er:

> »Ich weiß nicht, ich beschränke mich halt eher auf so Marken, die man nicht kennt. Bei mir ist es jetzt nicht so, dass ich unbedingt irgendwie was schlecht finde oder so, ich find auch Sachen von Timberland relativ schön, aber ich sehe es halt nicht ein, dann einen großkommerziellen Konzern noch zusätzlich zu unterstützen.«

Er bevorzuge »halt wirklich so diese kleinen Sachen«, die eher in spezifischen Szenen bekannt sind. Auffallend ist auch, dass seine Kleider fast alle ein eher dezentes Firmenlogo tragen. Auf die Ausnahme, ein Poloshirt der Marke Lonsdale mit großem Logo angesprochen, meint er:

> »Ich finde es kitschig, ich finde es echt kitschig. Weil wenn ich Kleidung hab, dann will ich ja nicht für die Firma Werbung laufen.«

Im Gegensatz zu diesem Kleidungsstück, trägt er Motivshirts gerne: Die bereits erwähnten T-Shirts der Band Böhse Onkelz, ein Shirt mit dem »Union-Jack« und eines mit dem Aufdruck »Karibik-Feeling«.

Anders als viele andere Interviewte, die betonten, dass ihnen Markenkleidung nicht wichtig sei, zeigt Moritz einen souveränen und unverkrampften Umgang mit seinen Marken und bezieht sich mehrfach positiv auf sie, sei es wegen der Qualität, sei es wegen des Stils. Bei Umbro, einem britischen Hersteller, der seit 2007 als eigenständiges Unternehmen zu Nike gehört und von dem er Poloshirts, Pullover und Schuhe besitzt, merkt er an, dass er »halt totaler England-Fan« sei.

Die Ablehnung allgemein bekannter Marken weist Moritz tendenziell als einen *Szenemarkennutzer* aus, der bewusst darauf achtet, seine Nonkonformität durch seinen Markengebrauch zu unterstreichen. Er gehöre zwar, wie er sagt, keiner Szene wirklich an, außer vielleicht ein Stück weit der BMX-Szene. Er beschreibt sich und seine Interessen als sehr vielseitig, er sei offen für vieles und bezeichnet sich als »sehr anpassungsfähig«. Er ist sich noch nicht ganz sicher, was er nach dem Abitur machen will, ob er ein Studium aufnimmt (Psychologie, Gestaltung, Medien, Architektur, Werbung) oder, was er sich ebenfalls vorstellen kann, über ein vom Bund gefördertes Programm in »Krisengebiete« geht: »Praktisch den Menschen dort helfen, aber nicht nur helfen im Sinne von Aufbau, sondern psychologisch«. Ein solcher Berufswunsch kann durchaus als Beleg dafür gedeutet werden, dass es ihm wichtig ist, einen eigenen, unkonventionellen Weg zu gehen, was gut mit seinem Kleidungs- bzw. Markenhandeln korreliert.

Conny

Die Bestandsaufnahme der Kleidung und der Marken, die sich in Connys Schrank befinden, ergibt ein anderes Bild. Sie greift nach einem ihrer Lieblingskleidungsstücke: »Das ist meine Lieblingsjeans«, diese sei »einfach super bequem« und ihr gefalle auch die Farbe. Hersteller der Hose ist Cecil, eine Modekette, wie Conny weiß, »die halt ihre eigenen Klamotten verkauft, wie S. Oliver oder Esprit.« Ob diese Marke in ihrem Bekanntenkreis ebenfalls getragen wird, kann sie nicht sagen. Als nächstes zeigt sie mir einen Pulli in Türkis - »im Moment meine absolute Lieblingsfarbe, es liegen hier auch ganz viele türkisfarbene Kleidungsstücke auf dem Haufen«. Diesen Pulli ihrer Lieblingsmarke Zero beschreibt sie auf Nachfrage so: »Ja, er hat einen ziemlich tiefen Ausschnitt, man muss also noch ein Oberteil drunterziehen, er ist ein bisschen so im Schulpulli-Look, sag ich mal. Genau, und mir gefällt einfach die Farbe«. Ihr Lieblingskleid ist ein »ganz schlichtes, schwarzes, knielanges Kleid mit einem V-Ausschnitt«, das von Pia Jensen stammt; Conny vermutet, dahinter verberge sich »keine wirklich bekannte Marke. [...] Für eine richtige Designerin war es nicht teuer genug«, sagt sie lachend. Bezahlt hat sie dafür 50 Euro, allerdings war es im Preis heruntergesetzt, »aber auch von nur 70 Euro«. Des Weiteren zeigt sie mir ein türkisfarbenes Polo-Shirt mit dem Hinweis, dass sie dies seit vielen Jahren sehr gerne trage; es sei ein »No-Name« und sie habe es bei Mister+Lady-Jeans gekauft. Anschließend weist sie auf »ein ganz einfaches, türkisfarbenes Spagetti-Top« von Orsay, dann auf ihr »absolutes Lieblingsshirt zur Zeit«: »Ein ganz einfaches, schwarzes Top mit einem V-Ausschnitt und einer Perlenbestickung vorne drauf, am Ausschnitt«. Dieses stamme ebenfalls von Zero, ihrer Lieblingsmarke, und habe 14,95 Euro gekostet:

> »Also Zero produziert halt einfach oder verkauft halt einfach seine eigenen Sachen und die sind halt auch vom Preis her o.k. Also der Pulli ist ja auch von Zero, der hat auch nur 20 Euro gekostet. Also das ist jetzt nicht so, dass man da ein Vermögen ausgibt.«

Als letztes ihrer Lieblingskleidungsstücke zeigt sie mir »zwei schwarze Strickjacken«, eine dickere und »eine ganz normale Strickjacke, die aber auch einen kleinen Gürtel hat.«

In ihrem Schrank finden sich Produkte weiterer Hersteller: Eine weitere Jeans von Cecil, zwei No-Name Jeans, eine von Mister+Lady-Jeans und zwei des Labels Blind Date. Sie erklärt, No-Name stehe für »kein großer Name und nicht für überhaupt gar kein Name, sondern kein großer Name.« Die Marke Cecil, von der sie mehrere Kleidungsstücke besitzt, beschreibt sie in diesem Zusammenhang als »schon eher grenzwertig. Also es ist zwar relativ bekannt, aber jetzt zum Beispiel nicht so bekannt, wie S. Oliver und Esprit«. Dabei macht sie auf mögliche regionale Unterschiede aufmerksam:

> »Blind Date ist zum Beispiel auch was. Hier in A. werden es viele kennen, weil diese Mister+Lady-Jeans gibt es auch in B. Ich glaube, das ist eine bayernweite Kette oder was, ich weiß es nicht genau, wie weit die geht, aber Menschen, die so einen Laden im Ort haben oder in der Stadt haben und auch da schon mal eingekauft

> haben, kennen diese Marke. Aber Menschen, die diesen Laden nicht kennen, kennen auch die Marke nicht.«

Von einer Marke, so definiert sie, könne man sprechen, wenn diese »vielen Menschen auch bekannt ist und nicht nur mir, weil ich zufällig da eingekauft habe.«

Des Weiteren hat sie in ihrem Schrank eine Jeans von Opus, von der sie sich habe sagen lassen, das sei eine gute Jeans-Marke »aber - keine Ahnung.« Es finden sich weitere Kleidungsstücke von Madonna, Lindex, C&A und Esprit, vom letzteren Label jedoch, wie sie betont, »nur dieses eine T-Shirt«. Insgesamt befinden sich 20 Pullis, 20 T-Shirts, zehn Paar Hosen, sechs Blusen und ein Kostüm in ihrem Schrank. In einem anderen Möbel liegen Connys »Sportsachen« aus der Zeit, als sie noch aktiv Sport trieb. Auch bewahrt sie dort »tausend Gewerkschafts-T-Shirts« auf; dabei handelt es sich meiner Schätzung nach um etwa 50 Motiv-Shirts von Mitmach-Kampagnen aus den letzten Jahren.

Conny fasst ihre (Kleidungs- und) Markenpräferenzen so zusammen: Markenkleidung sei ihr

> »nicht wirklich wichtig. Ich kaufe Markenkleidung nur, wenn sie mir optisch gefällt und wenn der Preis auch stimmt. Also ich würde nie was Überteuertes kaufen, nur weil eine Marke drauf steht.«

Ähnlich wie bei Moritz zeigt sich auch bei Conny ein weitgehend homogenes Muster. Ihr Geschmack ist eng mit Fragen des Kleidungspreises verknüpft - sie kauft vor allem günstige Marken -, und die Beschreibung ihrer Lieblingskleidungsstücke, bei deren Charakterisierung sie häufig die Begriffe »schlicht« und »einfach« verwendet, verweist auf eine eher funktionale Nutzung der Bekleidung. Damit korreliert ihr durchaus homogener Markenkanon und der von ihr bevorzugte Kleidungsstil; beidemal geht es eher darum, wenig oder nicht aufzufallen. Sie zielt also nicht auf Distinktion, wie auch das Beispiel des Kleides von Pia Jansen zeigt, die keine »richtige« Designerin sein kann, da das Kleid auch ohne Preisreduzierung nur »70 Euro« gekostet hätte. Ihre Markenorientierung wird am Beispiel ihrer Lieblingsmarke Zero deutlich: Hier wisse man, was man hat. Sie kenne diese Marke schon lange und sie gehe regelmäßig in dem einschlägigen Geschäft einkaufen.

Connys Marken- und Kleidungsgebrauch lässt drei wesentliche Elemente erkennen: keine Distinktionsabsicht, kein Bedürfnis nach nicht-konformem Verhalten sowie keine großen Ausgaben für die Kleidung. Sie betont, dass sie »diese ganzen Nobelmarken, Prada, Joop, Escada und wie sie alle heißen« ablehne: zum einen, »weil das einfach nicht zu mir passen würde«, weil es »vom Stil her nicht das [ist], was mir jetzt gefallen würde«, und zum anderen, »weil ich mich einfach in dem Umfeld auch nicht bewege, in dem diese Klamotten getragen werden«. Connys Präferenz von »Sicherheitsmarken« zeigt sich somit in einer stilistischen Abgrenzung nach oben und durch eine bewusste Einpassung in ihre soziale Umgebung.

Sabine

In Sabines Schrank finden sich, wie sie schätzt, etwa 50 T-Shirts und Sweatshirts, »wenn nicht sogar noch ein bisschen mehr«. Sie besitzt 25 Paar Hosen und sehr viele Paare an Sportschuhen. Ihre derzeitigen Lieblingsschuhe sind Sneaker von Nike. Ihre Lieblingshose stammt von Amisu, diese kaufte sie in einem Modegeschäft in der etwas weiter entfernten Mittelstadt. Als weitere Lieblingskleidungsstücke zeigt sie ein hellgrün-weißes Sommerkleid von Vero Moda (von dem sie zuerst irrtümlich annimmt, sie habe es bei H&M gekauft), einen Rollkragenpullover von H&M und einen Strickpulli von Chappi Morgan, den sie beim Textildiscounters Takko erstand. Daneben hat sie Kleidung von Fishbone, welche das Unternehmen New Yorker vertreibt, von CD, die bei Takko verkauft wird, sowie von Chako 98 und Crazy World. An bekannteren Marken finden sich neben den Turnschuhen von Nike (und anderer Sportschuhmarken wie Puma) bei den Kleidungsstücken lediglich ein T-Shirt von Levi's sowie ein Adidas-Trikot der deutschen Fußballnationalmannschaft.

Auf die Frage, wie oft sie sich Markenkleidung kaufe, antwortet Sabine:

> »Markenkleidung? Gar nicht! Also so gut wie nicht. Wenn, dann vielleicht mal, keine Ahnung, ein Paar Schuhe eventuell, wenn. Aber sonst eigentlich gar nicht.«

Wie oft sie sich überhaupt Kleidung kaufe, komme »drauf an, wie das Geld da ist«, aber »einmal im Monat«, erklärt sie lachend, seien »auf jeden Fall drei, vier T-Shirts dabei«. Sie kaufe gerne und regelmäßig bei H&M, Takko, Kik und dem bereits erwähnten Modegeschäft in einer Mittelstadt ein, das unter anderem mit dem Slogan »Sehr gute Preise« für sich werbe und ihre Lieblingsmarke Big Blue führe. Zwischen 20 und 50 Euro pro Monat gibt Sabine für Kleidung aus. Für sie ist, wie für alle anderen Befragten auch, bei der Auswahl der Bekleidung vor allem deren Aussehen wichtig. An zweiter Stelle steht für sie nicht - wie bei vielen anderen - der Preis, sondern die Zweckmäßigkeit. Sie ist die einzige im Sample, die bei der Frage nach den Kaufkriterien nicht abstrakt die Qualität ins Verhältnis zum Preis der Kleidung setzt, sondern konkret ihre Haltbarkeit thematisiert: »Je nachdem wie halt der Preis ist, so lange muss es halten.«

Meist gehe sie alleine, manchmal mit Freundinnen und manchmal mit Arbeitskolleginnen in der Mittagspause ihre Kleidung einkaufen, und sie kaufe häufig bei H&M ein: »Also ich gehe gerne im H&M einkaufen, weil also die Klamottenvielfalt - man kriegt wirklich ziemlich viel, auch recht günstig. Ich mein o.k., der hat jetzt bestimmt 25 Euro gekostet, aber das ist halt mal ein Wollpulli«. Die Betonung, dass dieser Wollpulli »bestimmt« 25 Euro gekostet habe, zeigt an, dass sie dessen Erwerb als einen für ihre sonst üblichen Verhältnisse doch recht teuren Kauf verbucht.

Sabine berichtet, dass es ihrer Familie aus finanziellen Gründen nicht möglich war, ihr bestimmte Marken zu kaufen, und geht dabei auch auf ihre persönliche Entwicklung ein:

»Am Anfang, also sagen wir es so, ich habe ja persönlich auch einen ziemlichen Wandel mit mir selber durchgemacht. Am Anfang, da war meine Persönlichkeit ziemlich weit unten und meine Eltern haben auch die Möglichkeit nicht dazu gehabt, mir das jetzt zu kaufen, auch wenn ich das gewollt hätte. Und dann irgendwann hab ich mir gedacht: Phhh, scheiß doch drauf! Ich sehe so genau so gut aus, und auch der Freundeskreis war dann nicht so, dass sie gesagt haben, du darfst nicht mit, wenn du kein Adidas-T-Shirt oder so an hast.«

Ihre Schilderung passt zu den Annahmen Pierre Bourdieus über den »Notwendigkeitsgeschmack«, in welchem sich die sozialen Zwänge ausdrückten, aus dem er hervorgegangen ist.[401] Eines seiner Kennzeichen ist die Bevorzugung von preiswerter und haltbarer Kleidung. Die von Sabine bevorzugten Einkaufsorte und der Markenbestand in ihrem Schrank, der, mit Ausnahme von H&M vielleicht, sämtlich aus Produkten von Textil-Discountern und No-Name-Anbietern stammt, lassen auf einen ausgeprägt funktionalen Kleidungsgebrauch schließen. Sabine orientiert sich, wie schon die Vielfalt der mir weitgehend unbekannten Labels in ihrem Schrank erkennen lässt, auch nicht wie Conny an »Sicherheitsmarken« oder wie Moritz an »Szenemarken«, sie trägt vielmehr Kleidung, deren übereinstimmende Merkmale ihr günstiger Preis und ihr Erwerb (zuallermeist) in Discountern sind. In Anlehnung an Pierre Bourdieus Annahmen zur klassenvermittelten Ausbildung des »Notwendigkeitsgeschmacks« bezeichne ich die in Sabines Gebrauch befindlichen (Billig-)Marken als »Notwendigkeitsmarken«.

Lena

In Lenas Schrank finden sich zehn Hosen, etwa 50 T-Shirts und etwa 50 Pullis und Blusen, dazu mehrere Röcke und Kleider. Sie schätzt, dass sich in ihrem Schrank etwa 30 Prozent »Markenklamotten« und 70 Prozent »No-Names« befinden. Lenas Lieblingsmarke ist Marco Polo, und während des Interviews reicht sie mir ein Kleidungsstück dieses Labels aus ihrem Schrank: »Das ist jetzt was Edleres, das kannst du mal angreifen, das merkt man schon.« Für sie ist Marco Polo in jedem Fall »eine Marke, Marco Polo, ein Traum. Ich liebe es.« Ein weiteres ihrer Lieblingskleidungsstücke stammt von der spanischen Marke Custo: »Custo ist ein Designer, der solche Klamotten macht, und für einen Individualisten wie mich ist das natürlich ideal.« Über eine Hose von Gabriele Strenesse, über die ich wissen will, ob es sich hierbei um Designer-Kleidung handelt, sagt sie: »Ja, das ist sie auch. Aber ich liebe sie.« Der Preis dieser Jeans, so erzählt sie, liege üblicherweise bei ungefähr 200 Euro.

In Lenas Schrank finden sich Produkte von Benetton, Tommy Hilfiger, Only, Levi's, Donna Karan, His und Diesel, allesamt Marken, die sich preislich von denen, die beispielsweise Sabine kauft, deutlich unterscheiden. Lena besitzt auch Kleidung von Vero Moda, »das sind jetzt so Klamotten aus diesem More&More, die edel ausschauen, also auch mal für was Edleres gedacht sind, wo du halt echt nicht viel Geld für lassen musst«; über eine Lederjacke, die sie beim Unternehmen New Yorker gekauft hat, sagt sie: »Echtes Leder, da hab ich 70 Euro dafür bezahlt, da hab ich gedacht, die gehört mir«.

Ihr Lieblingsrock ist von Only, was »nichts Besonderes« sei, sondern eine Firma, »die studentenfreundliche Klamotten herstellt«. Der Rock, den sie trägt, »ist aus irgend so einem Surferladen hier bei uns in C.« und stammt von Hollips. Auch mag Lena ein »Röckchen aus einem Euro-Moda, das ist so der billigste Klamottenladen, den es in C. gibt«. Es habe 12 Euro gekostet. Darüber hinaus finden sich in ihrem Schrank eine Jacke von Esprit und fünf Winterjacken von H&M, wobei sie betont, dass sie »für eine Winterjacke selten viel Geld ausgibt«.

Zu H&M geht Lena, wie sie ausführlich erzählt, generell nicht gerne; sie verwendet für dieses Geschäft mehrfach die Bezeichnung »Hasi und Mausi«. Ihre Vorliebe für Designerkleidung treffen die Produkte dieses Unternehmens zwar durchaus auch, doch: »Man kann so was vom Stil her schon bei H&M kaufen, aber das will ich nicht, weil es Massenware ist«.

Lena kauft vieles bei einer Designerin, die in der Nachbarstadt auch einen »Design-Second Hand-Laden« betreibt. Dort koste Custo eben nicht 70, sondern 30 Euro oder eine Strickjacke von Marco Polo zehn statt 40, 50 Euro. Auch die Jeans von Strenesse habe sie dort her, ebenfalls deutlich unter dem Originalpreis. Etwa fünf Mal im Jahr kaufe sie Kleidung auch über die »Sofort Kaufen-Option« bei Ebay - »Schnäppchenjäger!« sagt sie über sich selbst an dieser Stelle - manche Sachen in ihrem Schrank seien heruntergesetzt gewesen, so eine Hose von Tommy Hilfiger, für die sie 100 statt 120 Euro bezahlte, oder ein Kleid von Kookai, das es üblicherweise in »teuren Läden« gäbe. Ein solches habe sie sich für den Abi-Ball gekauft, statt 120 habe sie dafür lediglich 39 Euro ausgegeben. Die Kleidung des Herstellers S. Oliver bezeichnet sie als »bequeme und angenehme Klamotten«, die alltagstauglich seien und die man trage, wenn nichts Besonderes anstehe, so zum Beispiel »wenn man zum Kaffeetrinken fährt oder einfach nur in die Schule, wenn es einem wurst ist, wie man ausschaut.«

Gerne kauft Lena in kleineren Läden ein, so in dem bereits erwähnten Designer-Second-Hand-Laden oder ihrem Lieblingsladen More&More; dort werde auch das Label Vero Moda geführt. In die Geschäfte von »Pimkie, Orsay, New Yorker« gehe sie hingegen nicht bzw. kaum und zu H&M nur ungern.

Im Gegensatz zu Sabines Gebrauch von Notwendigkeitsmarken zeigt sich bei Lena eine deutliche Präferenz auf »edle« und teure Kleidungsmarken. Ihr Markengebrauch zielt auf Distinktion. Und während Conny bei der Beschreibung ihrer Kleidung häufig den Begriff »einfach« verwendet, bezeichnet Lena z. B. Produkte des von ihr als Lieblingsmarke genannten Unternehmens Marco Polo, als »einen Traum«, die sie »liebe«.

Kleine, feine Läden werden bevorzugt, diejenigen, die Kaufpublikum mit Massengeschmack anziehen, abgelehnt. Die »Individualistin« Lena stellt dem Notwendigkeitsgeschmack der unteren Klassen einen prestigeorientierten Geschmack gegenüber. Auch der Durchschnittsstil anderer Angehöriger der mittleren Klassen wird ein Stück weit von ihr zurückgewiesen: Produkte von S. Oliver, die oben als Marke dieser Klassen verortet wurde, ist in ihren Augen nur dann akzeptabel, »wenn es einem wurst ist, wie man ausschaut.«

Lenas vestimentäre Praktiken orientieren sich an einem Ideal von Kennerschaft und Originalität, wie es sich exemplarisch im »neuen Bildungsbürgertum« findet. Auch in ihren musikalischen Präferenzen kommt dies zum Ausdruck: Sie sei, sagt sie, »sehr wählerisch, was Musik betrifft«; sie höre »nichts Modernes«, sie höre eigentlich »kein Radio«, und wenn sie Musik höre, dann solche, die eher »Kunst entspreche«.

Die dargestellten Kleidungspraktiken von Moritz, Conny, Sabine und Lena lassen sich mithin unter vier unterschiedliche Modi des Markengebrauchs fassen: als Präferenzen für Szenemarken, für Sicherheitsmarken, für Notwendigkeitsmarken und für Distinktionsmarken.

Handlungstypen

Die im letzten Abschnitt aufgezeigten, trotz der immer wieder konstatierten Individualisierung von Lebensstilen nach wie vor deutlich erkennbaren spezifischen Kleidungspraktiken junger Menschen finden in einem von sozialen Spannungen durchzogenen Raum statt. In diesem Raum bemühen sich die jeweiligen Akteure um gegenseitige Anerkennung und um Abgrenzung zu Angehörigen anderer sozialer Klassen und Schichten. Diese symbolischen Kämpfe finden zum einen im vertikal angeordneten *Raum der sozialen Positionen* statt; in den Interviews wurden bei der Beschreibung der gesellschaftlichen Bedingungen, unter denen Marken Bedeutung erhalten, überaus häufig das Begriffspaar »oben und unten« sowie »reich und arm« genannt. Die unterschiedlichen geschmacklichen Präferenzen, die in den kulturellen Alltagspraktiken der Akteure zum anderen im *Raum der Lebensstile* zu erkennen sind, zeigen sich im Gebrauch von teurer bzw. günstiger Kleidung und deren eher ästhetischer oder eher funktionaler Nutzung. Diese beiden Räume bilden nach Bourdieu den »sozialen Raum.«[402] Hypothetisch, in der Realität allerdings selten beobachtbar, können Individuen ihre soziale Position in diesem Raum verändern, was als »soziale Mobilität« bezeichnet wird.[403]

Der beschriebene Gebrauch von Distinktionsmarken, von Sicherheitsmarken und von Notwendigkeitsmarken ist im Bereich des Raums der sozialen Position anzusiedeln; der Gebrauch von Sicherheitsmarken lässt sich dabei als zweifach motiviert erkennen und ist näher zu spezifizieren: Im Raum der sozialen Position der mittleren Klassen lässt sich zum einen ein Markengebrauch zur Verfestigung und der Absicherung und somit zur Vermeidung sozialen Abstiegs aus der eigenen sozialen Platzierung erkennen, wodurch sich die einschlägigen Labels als »Behauptungsmarken« definieren lassen; zum anderen zeigt sich, dass bei der Verwendung von spezifischen Sicherheitsmarken auch eine An- und Einpassung in höhere soziale Klassen beabsichtigt ist: Ein solcher Mobilitätsgebrauch macht diese Labels zu »Aufstiegsmarken«, die eine Positionsverbesserung unterstützen sollen.

Der Gebrauch von Szenemarken hingegen hat weniger mit dem Raum der sozialen Position als mit dem der Lebensstile zu tun. Dieser Gebrauch verweist, auch wenn er mit ihr verwoben ist, weniger auf die soziale Position der Akteure als auf kulturelle Alltagspraktiken innerhalb spezifischer Gleichaltrigengruppen sowie auf Anpassungen und Abgrenzungen, bei denen die »Arbeit an der Identität« als »Arbeit am Selbst« im Vordergrund steht; sei es das bereits beschriebene »Schönheitshandeln«, die »Arbeit am Körper« im Fitnessstudio oder das vestimentäre Handeln: Stets geht es um die Gestaltung, die von Richard Sennett sogenannte »Vergoldung«, der »Oberfläche des Selbst«.[404]

Die folgende Bildung von personalen Typen des Markenhandelns ist an das von Michael Vester und anderen konzipierte Modell der Milieus der alltäglichen Lebensführung, angelehnt.[405]

Personale Typen

Die für diese Untersuchung befragten Jugendlichen und jungen Erwachsenen lassen sich anhand der unterscheidbaren Formen ihres Gebrauchs von Markenkleidung in Typen personaler Handlungsmuster unterscheiden.

Bei Lena dominiert eine nach ästhetischen Präferenzen geordnete Nutzung. Im Modell der Milieus der alltäglichen Lebensführung lässt sie sich als Angehörige des »liberal-intellektuellen Milieus« verorten, das durch das Prinzip der Distinktion charakterisiert ist. Sie nutzt Marken als *Distinktionsmarken.*

Als Nutzerinnen von *Sicherheitsmarken,* die sich über die Ablehnung von »Nobelmarken« - die vermutete Kleidung von Angehörigen der »Upper Class« - definieren, lassen sich Jennifer, Anna, Heike und Conny erkennen, in deren Praktiken vor allem Labels der Mittelklassen wie Zero, Zara, S. Oliver, Esprit, aber auch Levi's, Mustang und Tommy Hilfiger verwendet werden. Sie behaupten ihren gesellschaftlichen Platz durch die Wahl der von ihnen verwendeten Marken, so dass diese als *Behauptungsmarken* bezeichnet werden können. Sie lassen sich dem modernen bürgerlichen Milieu, dem modernen Arbeitnehmermilieu sowie dem leistungsorientierten Arbeitnehmermilieu zuordnen.

Der 25-jährige Ilhan legt großen Wert auf ein gepflegtes Äußeres und besitzt in erster Linie hochpreisige Markenkleidung von Diesel, Lacoste, Dolce&Gabbana, Boss, Jack&Jones, Levi's und Peek&Cloppenburg sowie Schuhe von Umbro, Lacoste, Nike, Puma und Adidas. Er benutzt zwei Fakes, eine nachgemachte Diesel-Hose und ein nachgemachtes Versace-T-Shirt. Seine Einkäufe tätigt er in Warenhäusern wie Peek&Cloppenburg und nie in kleinen Spezialläden oder Boutiquen. Aufgrund seiner sozialen Herkunft - er stammt aus einer »bildungsfernen« Familie mit türkischem »Migrationshintergrund« - liegt es nahe, bei ihm eine Orientierung an den mittleren Klassen zu vermuten. Bei einer solchen Markennutzung werden diese zu *Aufstiegsmarken.* Erin, der einen ähnlichen familiären Hintergrund hat, ist ebenfalls, wie beschrieben, stark auf teure Label orientiert. In Danielas Präferenzen und der Bewertung der von ihr als »bessere Marken« beschriebenen Labels zeigt sich der Wunsch nach einem »guten Leben«. Ilhan, Erin und Daniela lassen sich an der Übergangsschwelle vom Habitus der Notwendigkeit zum Habitus der Strebsamen verorten, sie können dem traditionslosen Arbeitnehmermilieu zugerechnet werden, zwischen dem traditionellen und dem kleinbürgerlichen Arbeitnehmermilieu.

Carmen wiederum, 22 Jahre alt und Schülerin des Zweiten Bildungswegs, die von sich sagt, Markenkleidung sei ihr eher egal und sie müsse »nicht unbedingt gut in der Gesellschaft dastehen«, ist gleichwohl eine überaus bewusste Kleidungskäuferin. Die Wahl ihrer Lieblingsmarke, Hess Natur, begründet sie mit Hinweisen auf deren soziale, ökologische und nachhaltige Produktion. Zu vermuten ist, dass diese Präferenz von ihrer sozialen Herkunft ein gutes Stück abgekoppelt und als Ergebnis ihrer gegenwärtigen Alltagsbeziehungen zu verstehen ist; ihr Bekanntenkreis legt Wert auf umweltbewusstes und ökonomisch-faires Kaufverhalten. Ihr Kleidungsstil ist eng mit einer Szene verknüpft, in der vor allem Punk- und Ska-Musik wichtig ist. Ihr Gebrauch von Labels zeigt zum einen die Widersprüchlichkeit eines nicht-bewussten »Markenbewusstseins«, das vor allem für die »Arbeit an der Identität« nicht untypisch ist, zum anderen scheint erneut die Unschärfe des Begriffs Markenkleidung auf, wenn sie diesen im Sinne von »Distinktionskleidung« benutzt.

Sabine ist die einzige im Sample, bei der ein enger Zusammenhang ihrer Position im sozialen Raum und ihren Kleidungspraktiken konstatierbar ist. Ihr Markenhandeln ist dem Habitus der Notwendigkeit zuzuordnen, es korreliert mit einer Angehörigkeit zum traditionslosen Arbeitnehmermilieu.

Yavor lehnt Markenkleidung ab. Dies begründet er, wie Carmen, weitgehend politisch (Sweatshops, Kinderarbeit); er kritisiert zum einen das Gebaren der großen Herstellerfirmen, zum anderen die Verhaltenszwänge, die er mit dem Gegenstand verbunden sieht. Er achtet bereits beim Kauf darauf, dass kein Markenzeichen vorhanden oder diese einfach und rückstandsfrei abzutrennen sind. Er kann als *Markenverweigerer* bezeichnet werden. Bei dieser Haltung, die sich auch bei Martin und Natalie in Teilen erkennen lässt, wird der Kleidung als solcher - und somit auch Marken - tendenziell eine nur geringe Bedeutung im alltäglichen Handeln eingeräumt; ihr Gebrauch folgt weniger ästhetischen als funktional-praktischen Kriterien, was sich auch an den eher geringen monatlichen Ausgaben dafür erkennen lässt.

Die größte Gruppe hinsichtlich ihres Kleidungsgebrauchs bilden im Sample die *souveränen Markenmischer.* In ihren Schränken finden sich kreuz und quer teure Distinktionsmarken, mittelpreisige Sicherheitsmarken, aktuelle und bereits abgelegte Szenemarken, günstige No-Names und Fake-Kleidung. Kennzeichen ihrer Praktiken ist nicht nur, dass bei ihnen keine eindeutige Markenorientierung zu erkennen ist, sondern auch, dass ihnen der Markenaspekt generell nicht wichtig ist. Souverän weisen sie die omnipräsenten Aufforderungen zur Selbststilisierung und zur Optimierung ihrer Selbstdarstellung zurück. Sie zeigen sich so ein gutes Stück weit immun gegenüber den Logiken und Konventionen der Gegenwartsgesellschaft. Zu dieser Gruppe lassen sich Thomas, Andrea, Christian, Dorothea, Mara und Doris zählen; auch in den Praktiken von Martin und Natalie zeigen sich stellenweise ähnliche Immunisierungsmuster. Es fällt auf, dass sich die sozialräumlichen Positionen dieser Akteure weitgehend überschneiden: Sie stammen zum allergrößten Teil aus Familien, in denen »bodenständige« Berufe ausgeübt wurden oder werden oder sind selbst in Handwerks- oder Angestelltenberufen tätig. Ihre Berufegruppen sind: KFZ-Mechaniker, Elektriker, Messeverkäufer, Verwaltungsangestellte, Maschinenfachführer, Chemielaborant, Binnenschiffer, Gastwirt oder Brauerei-Gabelstaplerfahrer. Sozialräumlich lassen sie sich im traditionellen oder im kleinbürgerlichen Arbeitnehmermilieus verorten.

Schließlich ist auf die nicht ausschließlich, aber vor allem altersspezifische Nutzung von *Szenemarken* zu verweisen. Diese lässt sich in den Praktiken von Moritz, Boris und Erkan deutlich, bei Florian in Teilen erkennen.

Es zeigt sich dabei, dass die KäuferInnen von (Marken-)Kleidung keine passiven, von Werbung übertölpelten jungen Menschen sind, sondern oft genau reflektierte Entscheidungen darüber treffen, was sie an den vielfältigen Angeboten als für sich passend und sinnvoll auswählen. Diese Wahl ist sicherlich nicht frei, sondern - wie gezeigt - durch materielle ebenso wie durch habituelle Faktoren eingegrenzt. Doch die Spielräume, welche diese sozialen Kontexte lassen, werden von den Jugendlichen auf oftmals kreative Weise genutzt. Es ist deshalb keine bloße wissenschaftliche Mode, sie Akteure und nicht nur Konsumenten zu nennen.

Zusammenfassung

Die empirisch-kulturwissenschaftliche Untersuchung des vor allem für junge Menschen bedeutsamen Alltagsprodukts Markenkleidung bietet auf die eingangs gestellte »einfache Frage« danach, wie die Menschen den Dingen Sinn verleihen, eine im Kern »einfache Antwort«: indem sie diese Dinge kaufen, benutzen und bewerten, sie den Dinggebrauch anderer beobachten und einschätzen, und sich nicht zuletzt anhand von Dingen die Welt ordnen.

Am Beispiel des Schlüsselprodukts Markenkleidung wurde gezeigt, wie aus einem Kleidungsstück ein kommunikativ organisiertes, kommerzielles Mitteilungs- und Botschaftssystem wurde, wie dieses von seinen KäuferInnen und NutzerInnen unter den derzeitigen gesellschaftlichen Rahmenbedingungen gedeutet - fachsprachlich: diskursiv angeordnet wird, und welche Muster sich bei der Aneignung dieses Alltagsdings erkennen lassen.

Eine Marke ist zwar auch ein »ökonomisches Funktionszeichen«, aus Perspektive der KonsumentInnen vor allem aber eine »soziale Tatsache« (Kai-Uwe Hellmann). Eine Marke wird erst dann zu einer Marke, wenn wir diesen Dingen Sinn verliehen haben, sie anerkennen oder ablehnen.

Markenkleidung im weiten Sinn wird seit ungefähr 130 Jahren produziert, doch erst seit Ende der 1970er Jahre tritt die Marke deutlich vor das eigentliche Produkt. Diese Neujustierung des Verhältnisses aus Produkt und Botschaft geht einher mit einer Wandlung vom Bedürfnis zum Begehrnis: Kleidung erfüllt tendenziell ein Bedürfnis, Marken produzieren tendenziell Begehrnisse.

Markenkleidung, das hat diese Studie bestätigt, ist symbolischer Ausdruck eines komplexen sozialen und kulturellen Orientierungs-, Ordnungs- und Bewertungssystems. Ihre häufige Beschreibung als »teure Kleidung« der »reichen und besseren Leute« zeigt, dass der Begriff Markenkleidung in seinem alltagsüblichen Sinngehalt eng gefasst wird. Praktisch werden dann aber doch die »feinen Unterschiede« wahrgenommen, die hier mit Benennungen wie »Distinktionsmarken«, »Sicherheitsmarken« und »Notwendigkeitsmarken« apostrophiert werden. Da der Begriff »Markenkleidung« mehr verschleiert als offenbart, schlage ich vor, immer dann, wenn von ihr die Rede ist, gleich folgende Fragen zu stellen: Um welche Marke geht es, wer kauft sie wo, zu welchem Anlass, zu welchem Zweck, wie häufig und zu welchem Preis? Dadurch könnte ein klein wenig Ordnung in die regelmäßig wiederkehrenden allzu allgemeinen Diskussionen über den sozialen Sinn von Markenkleidung gebracht werden, wovon vor allem die (in dieser Frage oftmals ratlose) Erwachsenengesellschaft profitieren könnte.

Einen Beitrag leistet die vorliegende Studie auch dazu, einige weiße Flecken im Atlas der symbolischen Kreativität heutiger Jugendlicher zu tilgen. Es geht dabei um spezielle Formen des spielerischen Umgangs mit Konsumangeboten: etwa, wenn das System der Markenwertigkeit dadurch unterlaufen wird, dass in Schulklassen vor den Ferien Sammelbestelllisten für Fake-Kleidung zirkulieren; oder wenn beim Kleidungskauf sichergestellt wird, dass kein Markenlogo vorhanden oder spurlos zu entfernen ist. Hier wird aus einem Markenprodukt ein Kleidungsstück der Marke »No Logo« - ein Ausdruck des Protests gegen kapitalistische Zumutungen.

Markenkleidung wird ab einem bestimmten Alter für ihre Träger bedeutsam, was eng mit einer beginnenden Selbstbestimmung beim Kleiderkauf zusammenhängt. Der übereinstimmenden Erzählung der Interviewten, wonach dieser Prozess mit der Pubertät beginnt, also der Lebensphase, in der die Ausbildung einer eigenen Identität im Vordergrund steht, ist hinzuzufügen, dass nicht zwangsläufig der Gebrauch, wohl aber die intensive (Marken-)Orientierung im späteren Lebensalter offenbar nachlässt. Dann sind die geschmacklichen Präferenzen eingeübt und tendenziell abgeschlossen, so dass der Aufwand der Markensuche und die Intensität der Markendiskussion nachlassen kann.

Ob Markenkleidung eher eine Angelegenheit von Jungen oder Mädchen beziehungsweise jungen Männern oder jungen Frauen ist, war nur teilweise klärbar. Eine deutliche Genderspezifik wurde lediglich bei der Größe der aufgedruckten Markenlogos erkennbar: Große und auffällige Logos werden offenbar häufiger von Jungen und jungen Männern geschätzt.

Bestätigt wurde durch die Interviews, dass ein »repräsentatives Äußeres« heute zu einer anerkannten gesellschaftlichen Konvention geworden ist. »Toll auszusehen« wird mehr und mehr als selbstverständlicher Anspruch an den Körper und die Hülle des Körpers erlebt. Das verlangt, will man in der Konkurrenz um beruflichen Erfolg und private Anerkennung bestehen, wenn nicht Gefolgschaft, so doch eine kreative Antwort.

Die medial regelmäßig wiederkehrenden - von Erwachsenen geführten - Debatten über Markenkleidung zeigen vor dem beschriebenen Hintergrund eine beträchtliche doppelte Unkenntnis: zum einen darüber, mit welchen Anforderungen junge Menschen heute konfrontiert sind, zum anderen, welche Bedeutung gesellschaftliche Transformationsprozesse hierbei haben. Die Untersuchung kultureller Praktiken junger Menschen hilft, wie gezeigt, hier weiter - auch das macht Markenkleidung zu einem kulturwissenschaftlich untersuchenswerten »sozialen Ding«.

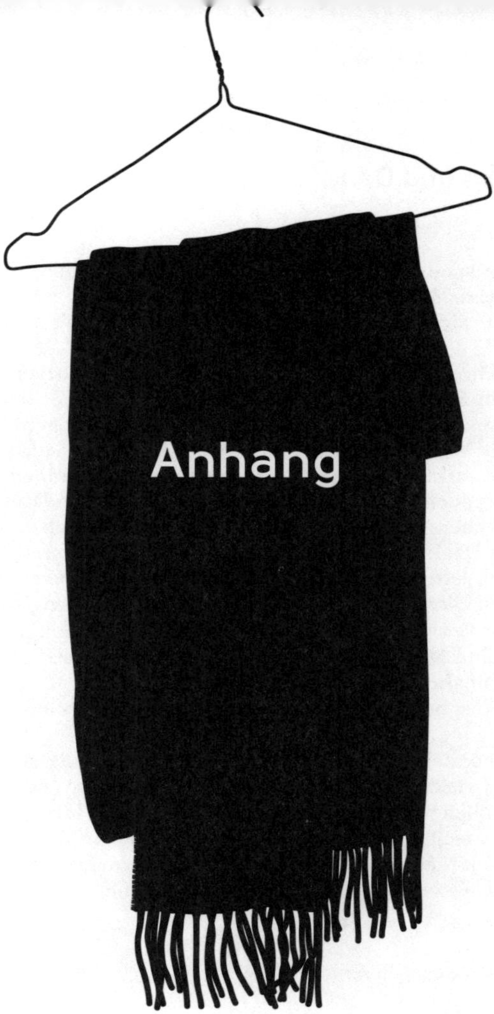

Anhang

Nachwort und Dank

Der vorliegende Band stellt die überarbeitete Version meiner im Jahr 2011 angenommenen Dissertation an der Wirtschafts- und Sozialwissenschaftlichen Fakultät (ehemals Fakultät für Sozial- und Verhaltenswissenschaften) der Universität Tübingen dar.

Meinem Lehrer und Erstbetreuer Bernd Jürgen Warneken danke ich sehr herzlich für sein Engagement bei der Betreuung der Arbeit, seine inspirierend-kritischen Gedanken und seine stets offenen Arme. Bei Kaspar Maase bedanke ich mich herzlich für seine Bereitschaft, als Zweitgutachter zur Seite zu stehen.

Ich bedanke mich bei allen meinen InterviewpartnerInnen, von denen ich (nicht nur) vieles über Markenkleidung lernen konnte. Mein Dank gilt dabei auch den vielen Menschen, die mir dabei halfen, Kontakte zu ihnen zu knüpfen.

Ein großer Dank geht an die Kolleginnen und Kollegen der Hans-Böckler-Stiftung, meinen Vertrauensdozenten Wilfried Breyvogel und die StipendiatInnen aus Stuttgart und Ulm, deren Unterstützung bei der Erstellung dieser Arbeit eine große Hilfe war. Den Menschen vom Ventil Verlag Mainz gilt mein Dank für ihr Vertrauen und ihre Mithilfe bei der Erstellung der Druckfassung, ich freue mich sehr über die Aufnahme meiner Arbeit ins Verlagsprogramm!

Ein großer und herzlicher Dank für die Diskussion einzelner Kapitel, für Textkritik, aber auch für aufmunternde Worte ist meinen KollegInnen und FreundInnen Klaus Schönberger, Almut Sülzle und Matthias Möller geschuldet. Ebenso gilt es, mich bei vielen Menschen in Ludwigsburg und in Ludwigshafen für die vielen kleinen Hilfen beim Dies und Das zu bedanken. Bei meiner Familie bedanke ich mich für die vielfältige Unterstützung, die sie mir in den letzten Jahren hat zukommen lassen. Nicht zuletzt geht ein großes »Danke für alles!« an Su Montoya - der diese Arbeit gewidmet ist: Du weißt schon, warum.

Rudi Maier

Ludwigshafen / St. Gallen, im April 2013

Literatur

Arold, Stefan: Lebensstil und Design in den 80ern. Onlinepublikation URL http://www.stefan-arold.de/eighties-lifestyle.html (1.3.2010).

autonome a.f.r.i.k.a.-gruppe: Imagebeschmutzung. Macht und Ohnmacht der Symbole. In: HKS 13 (Hg.): Vorwärts bis zum nieder mit. 30 Jahre Plakate unkontrollierter Bewegung, Berlin/Hamburg 2001, S. 112–123.

autonome a.f.r.i.k.a.-gruppe: Handbuch der Kommunikationsguerilla. Berlin/Hamburg 1997.

Bachmann, Cordula: Kleidung und Geschlecht. Ethnographische Erkundungen einer Alltagspraxis. Bielefeld 2008.

Baltes, Martin: Markenglossar. In: Ders. (Hg.): Absolute: Marken - Labels - Brands. Freiburg 2004, S. 94f.

Barthes, Roland: Das semiologische Abenteuer. Frankfurt a. M. 1988.

Baudrillard. Jean: Kool Killer oder der Aufstand der Zeichen. In: Baltes, Martin (Hg.): Absolute: Marken - Labels - Brands. Freiburg 2004, S. 96–109. Zuerst 1975.

Bauer Media KG: Bravo-Faktor-Jugend 7: Marken und Trends, Hamburg 2004. Onlinepublikation URL http://www.bauermedia.de/uploads/media/jugend7.pdf (22.5.2007).

Beck, Hannah-Milena / Hoffmann, Sabine: Ein Blick hinter vier Ladentheken. Fallstudien zum Arbeitsalltag bei Oilily, Nike, Uhlsport und Sixty. In: Johler, Reinhard (Projektleitung): Metzingen TM. Zur Kultur einer Outlet-Stadt. Tübingen 2006, S. 217–226.

Beck, Ulrich: Risikogesellschaft. Auf dem Weg in eine andere Moderne. Frankfurt a. M. 1986.

Behrens, Karl Christian: Das Meinungsmonopol der Markenartikel. In: Gewerkschaftliche Monatshefte, Jahrgang 1951, S. 683–687.

Bieber, Christoph: Der Turnschuh als Text. Sammeln im Zeichen von Swoosh und Streifen. In: SPoKK (Hg.): Jugend, Medien, Popkultur. Ein Sammelalbum. Berlin 2003, S. 45–50.

Bieber, Christoph: Sneaker-Story. Der Zweikampf von adidas und Nike. Frankfurt a. M. 2000.

Blöcker, Antje / Wortmann, Michael: Strukturwandel und internationale Beschaffung im Einzelhandel mit Bekleidung. In: Prokla, Zeitschrift für kritische Sozialwissenschaft, Nr. 138, Münster, März 2005, S. 91–109.

Boecker, Maike: Labeling Youth. Alle Macht den Marken. In: Gaugele, Elke / Reiss, Kristina (Hg.): Jugend, Mode, Geschlecht. Die Inszenierung des Körpers in der Konsumkultur. Frankfurt a. M. / New York 2003, S. 53–66.

Böhme, Gernot: Zur Kritik der ästhetischen Ökonomie. In: Maase, Kaspar (Hg): Die Schönheit des Populären - Ästhetische Erfahrung der Gegenwart. Frankfurt a. M. / New York 2008, S. 31-44.

Bourdieu, Pierre: Die feinen Unterschiede. Kritik der gesellschaftlichen Urteilskraft. 7. Auflage, Frankfurt a. M.1994. Deutsch zuerst 1987.

Bourdieu, Pierre / Passeron, Jean-Claude: Die Illusion der Chancengleichheit. Untersuchungen zur Soziologie des Bildungswesens am Beispiel Frankreichs. Stuttgart 1971.

Boutang, Yann Moulier: Neue Grenzziehungen in der Politischen Ökonomie. In: Osten, Marion von (Hg.): Norm der Abweichung. Zürich 2003, S. 251-280.

Bracklow, Anne: Markenarchitektur in der Konsumwelt. Branding zur Distinktion. Wiesbaden 2004.

Bröckling, Ulrich: Das unternehmerische Selbst. Soziologie einer Subjektivierungsform. Frankfurt a. M. 2007.

Brose, Karin: Schulkleidung ist nicht Schuluniform. Hamburg 2005.

Bucher, Willi / Pohl, Klaus (Hg.): Schock und Schöpfung - Jugendästhetik im 20. Jahrhundert. Darmstadt 1986.

Busemann, Hanna: Das Phänomen Marke. Betrachtung und Analyse aktueller markensoziologischer Ansätze. Saarbrücken 2007.

Certeau, Michel de: Kunst des Handelns. Berlin 1988.

Degele, Nina: Schönheit - Erfolg - Macht. In: Aus Politik und Zeitgeschichte, Nr. 18/2007. Bonn 2007, S. 26-32.

Deichsel, Alexander: Markensoziologie. Frankfurt a. M. 2004.

Deutsche Shell Holding (Hg.): Jugend 2006. Eine pragmatische Generation unter Druck. Frankfurt a. M. 2006.

Deutsche Shell Holding (Hg.): Jugend 2000. 13. Shell Jugendstudie, 2 Bände. Frankfurt a. M. 2000.

Deutsches Jugendinstitut (DJI) (Hg.): Immer diese Jugend. Ein zeitgeschichtliches Mosaik. München 1985.

DGB Bildungswerk (Hg.): Sprinten in Weltmarktschuhen. Düsseldorf 1998.

Dichtl, Erwin: Grundidee, Varianten und Funktionen der Markierung von Waren und Dienstleistungen. In: Dichtl, Erwin / Eggers, Walter (Hg.): Marke und Markenartikel als Instrumente des Wettbewerbs. München 1992, S. 2-23.

Domizlaff, Hans: Die Gewinnung des öffentlichen Vertrauens. Ein Lehrbuch der Markentechnik. Hamburg 1982. Zuerst 1939.

Doubek, Katja: Blue Jeans. Levi Strauss und die Geschichte einer Legende. München 2004.

Douglas, Mary / Isherwood, Baron: The World of Goods. New York 1979.

Eisch, Katharina / Hamm, Marion (Hg.): Die Poesie des Feldes. Beiträge zur ethnographischen Kulturanalyse. Tübingen, 2001.

Farin, Klaus: Jugendkulturen in Deutschland 1990-2005. Hg. von der Bundeszentrale für politische Bildung. Bonn 2006.

Farin, Klaus: generation-kick.de. Jugendsubkulturen heute. 2. Auflage, München 2002.

Farin, Klaus: Jugendkultur zwischen Kommerz und Politik. Herausgegeben vom Archiv der Jugendkulturen. Bad Tölz 1998.

Faulstich, Werner: Die neue Jugendkultur. Teenager und das Halbstarkenproblem. In: Ders. (Hg.): Die Kultur der 50er Jahre. München 2002, S. 277-290.

Ferchhoff, Wilfried: Jugendkulturen 2000. Herausgegeben vom Sozial-pädagogischen Institut Berlin. Berlin 2000.

Fiske, John: Wie ein Publikum entsteht. Kulturelle Praxis und Cultural Studies. In: Hörning, Karl H./Winter, Rainer (Hg.): Widerspenstige Kulturen. Cultural Studies als Herausforderung. Frankfurt a. M. 1999, S. 238-263.

Flick, Uwe: Qualitative Forschung. Theorie, Methoden, Anwendung in Psychologie und Sozialwissenschaften. 5. Auflage, Reinbek bei Hamburg 2000.

Florida, Richard: The Rise of the Creative Class. And How It's Transforming Work, Leisure and Everyday Life. New York 2002.

Foucault, Michel: Die Ordnung des Diskurses. Frankfurt a. M. 1991.

Foucault, Michel: Mikrophysik der Macht. Über Strafjustiz, Psychiatrie und Medizin. Berlin 1976.

Gaugele, Elke/Reiss, Kristina (Hg.): Jugend, Mode, Geschlecht. Die Inszenierung des Körpers in der Konsumkultur. Frankfurt a. M./New York 2003.

Goldman, Robert/Papson, Stephen: Nike Culture. The Sign of the Swoosh. London 1998.

Gries, Rainer: Produkte & Politik. Zur Kultur- und Politikgeschichte der Produktkommunikation. Wien 2006.

Gries, Rainer: Produkte als Medien. Kulturgeschichte der Produktkommunikation in der Bundesrepublik und der DDR. Leipzig 2003.

Hall, Stuart: Kodieren/Dekodieren. In: Bromley, Roger/Göttlich, Udo/Winter, Carsten (Hg.): Cultural Studies. Grundlagentexte zur Einführung. Lüneburg 1999, S. 92-110.

Hardt, Michael: Affektive Arbeit. Immaterielle Produktion, Biomacht und die Potenziale der Befreiung. In: Subtropen. Kritik und Versprechen, Ausgabe 9/2002. Berlin 2002, S. 1.

Häusel, Hans-Georg: Das Konsumverhalten Kauflustiger. In: Aus Politik und Zeitgeschichte: Konsumkultur. Ausgabe 32-33/2009, Bonn 2009, S. 8-14.

Häusler, Jürgen/Fach, Wolfgang: Branding. In: Bröckling, Ulrich/Krasmann, Susanne/Lemke, Thomas (Hg.): Glossar der Gegenwart. Frankfurt a. M. 2004, S. 30-36.

Haubel, Rolf: Wahres Glück im Waren-Glück? In: Aus Politik und Zeitgeschichte, Nr. 23-33/2009, Bonn 2009, S. 3-8.

Haug, Wolfgang Fritz: Das Tauziehen zwischen jugendlichen Protestkulturen, Warenästhetik und Ideologie. In: Bucher, Willi/Pohl, Klaus (Hg.): Schock und Schöpfung - Jugendästhetik im 20. Jahrhundert. Darmstadt 1986, S. 173-180.

Haug, Wolfgang Fritz: Kritik der Warenästhetik. Frankfurt a. M. 1971.

Held, Josef / Bibouche, Seddik: IG Metall Jugendstudie. Lebenseinstellungen junger Arbeitnehmerinnen und Arbeitnehmer. Neue Orientierungen und Engagementformen. Marburg 2002.

Hellmann, Kai-Uwe: Soziologie der Marke. Frankfurt a. M. 2003.

Herling, Claudia: Index Logo. Ohne Ort 2005.

Hildenbrand, Bruno: Anselm Strauss. In: Flick, Uwe / Kardorff, Ernst von / Steinke, Ines (Hg.): Qualitative Forschung. Ein Handbuch. 4. Auflage, Reinbek bei Hamburg 2005, S. 32-41.

Hobsbawm, Eric / Ranger, Terence (Eds.): The Invention of Tradition. Cambridge 1992.

Holert, Tom: Imagineering. Visuelle Kultur und Politik der Sichtbarkeit. Köln 2000.

Hopf, Christel: Qualitative Interviews - ein Überblick. In: Flick, Uwe / Kardorff, Ernst von / Steinke, Ines (Hg.): Qualitative Forschung. Ein Handbuch. 4. Auflage, Reinbek bei Hamburg 2005, S. 349-359.

Horkheimer, Max / Adorno, Theodor W.: Kulturindustrie - Aufklärung als Massenbetrug. In: Dies.: Dialektik der Aufklärung. Philosophische Fragmente. Frankfurt 2002, S. 128-176. Zuerst 1944.

Howes, David: Aesthecization Takes Command. In: Ders. (Ed.): Empire of the Senses. The Sensual Cultural Reader. Oxford 2004, S. 245-250.

Hüllemann, Niko M.O.: Vertrauen ist gut - Marke ist besser. Eine Einführung in die Systemtheorie der Marke. Heidelberg 2007.

Jeggle, Utz (Hg.): Feldforschung. Qualitative Methoden in der Kulturanalyse. Tübingen 1984.

Jeggle, Utz: Zur Geschichte der Feldforschung in der Volkskunde. In: Ders. (Hg.): Feldforschung. Qualitative Methoden in der Kulturanalyse. Tübingen 1984, S. 11-46.

Johler, Reinhard (Projektleitung): Metzingen TM. Zur Kultur einer Outlet-Stadt. Tübingen 2006.

Jungbauer-Gans, Monika / Berger, Roger / Kriwy, Peter: Machen Kleider Leute? Ergebnisse eines Feldexperiments zum Verkäuferverhalten. In: ZFS - Zeitschrift für Soziologie, Jahrgang 34, Heft 4/2005. Bielefeld 2005, S.311-322.

Kammerer, Christine: Abziehen und Abzocken - Erpressung und Diebstahl unter Jugendlichen. Onlinepublikation URL http://www.familienhandbuch.de/cmain/f_Aktuelles/a_Haeufige_Probleme/s_1298.html (25.5.2010).

Karmasin, Helene: Produkte als Botschaften. Konsumente, Marken und Produktstrategien. 4. aktualisierte und erweiterte Auflage, Landsberg am Lech 2004.

Kästner, Sabrina: Entstehungsgeschichte der Jeans. In: Schmidt, Doris (Hg.): Jeans. Karriere eines Kleidungsstücks. Baltmannsweiler 2004, S. 1-15.

Kästner, Sabrina: Verbreitungsgeschichte der Jeans ab 1902. In: Schmidt, Doris (Hg.): Jeans. Karriere eines Kleidungsstücks. Baltmannsweiler 2004, S. 17- 37.

Kaschuba, Wolfgang: Kulturalismus: Vom Verschwinden des Sozialen im gesellschaftlichen Diskurs. In: Berliner Journal für Soziologie, Nr. 2/1994, S. 179-192.

Katz, Donald R.: Just Do It: The Nike Spirit in the Corporate World. Holbrook 1994.

Kessemeier, Gesa: Sportlich, sachlich, männlich. Das Bild der ›Neuen Frau‹ in den zwanziger Jahren. Zur Konstruktion geschlechtsspezifischer Körperbilder in der Mode der Jahre 1920 bis 1929. Dortmund 2000.

Kinzel, Rudolf: Die Modemacher. Die Geschichte der Haute Couture. Wien 1990.

Klein, Naomi: No Logo. Der Kampf der Global Players um Markenmacht. München 2001.

Köhle-Hezinger, Christel/Mentges, Gabriele (Hg.): Der neuen Welt ein neuer Rock: Studien zu Kleidung, Körper und Mode an Beispielen aus Württemberg. Stuttgart 1993.

König, Alexandra: Kleider schaffen Ordnung. Regeln und Mythen jugendlicher Selbst-Präsentation. Konstanz 2007.

König, Gudrun M.: Dinge zeigen. In: Dies. (Hg.): Alltagsdinge. Erkundungen der materiellen Kultur. Tübingen 2005, S. 9-28.

König, René: Menschheit auf dem Laufsteg. Die Mode im Zivilisationsprozess. München 1985.

König, Wolfgang: Geschichte der Konsumgesellschaft. Stuttgart 2000.

Koppetsch, Cornelia: Die Werbebranche im Wandel. Zur Neujustierung von Ökonomie und Kultur im neuen Kapitalismus. In: Hellmann, Kai-Uwe/Schrage, Dominik (Hg.): Konsum der Werbung. Zur Produktion von Sinn in der kommerziellen Kultur. Wiesbaden 2004, S. 147-162.

Krauß, Ina: »Keine sozialistische Mode mehr«. Die Gestalterin Ina Krauß über das Modesystem in der DDR. In: Horch und Guck. Zeitschrift zur kritischen Aufarbeitung der SED-Diktatur. Themenschwerpunkt: Jacke wie Hose. Die Kleiderordnung der SED-Diktatur, Ausgabe 3, Berlin 2008, S. 52-55.

Krohn, Judith: Wir verkaufen Mode. Subjektivierung von Arbeit im Filialverkauf eines Textilkonzerns. Mering 2009.

Krohn, Judith: Subjektivierung von Arbeit. Zusammenhänge zwischen Unternehmenskultur und Belegschaftsvertretungen am Beispiel eines Textilkonzerns. In: Herlyn, Gerrit (u. a.) (Hg.): Arbeit und Nicht-Arbeit. Entgrenzungen und Begrenzungen von Lebensbereichen und Praxen. Mering 2009, S. 99-115.

Kuhn, Robert/Kreutz, Bernd: Von der Geburt einer Marke. Die demokratische Tat des Wilhelm Bleyle. Onlinepublikation URL http://www.bleyle.de/Geschichte/Matrosenanzug/Auszug aus der Geschichte.htm (29.5.2009).

Kuhn, Robert / Kreutz, Bernd: Der Matrosenanzug. Kulturgeschichte eines Kleidungsstücks. 2. Auflage, Dortmund 1991.

Lang, Susanne: Kaltherzigkeit als Waffe? In: IG Bildende Kunst (Hg.): Bildpunkt, Zeitschrift der IG Bildende Kunst, Ausgabe Frühjahr 2009, Wien, S. 23-25.

Lehnert, Gertrud: Geschichte der Mode im 20. Jahrhundert. Köln 2000.

Levi-Strauss, Claude: Das wilde Denken. Frankfurt a. M. 1968.

Lindner, Rolf / Musner, Lutz (Hg.): Unterschicht. Kulturwissenschafliche Erkundungen der »Armen« in Geschichte und Gegenwart. Freiburg 2008.

Lindner, Rolf: »Unterschicht«. Eine Gespensterdebatte. In: Lindner, Rolf / Musner, Lutz (Hg.): Unterschicht. Kulturwissenschaftliche Erkundungen der »Armen« in Geschichte und Gegenwart. Freiburg 2008, S. 9-17.

Lindner, Rolf: Jugendkultur - Stilisierte Widerstände. In: Deutsches Jugendinstitut (DJI) (Hg.): Immer diese Jugend. Ein zeitgeschichtliches Mosaik. München 1985, S. 13- 24.

Lindner, Rolf: Das Gefühl von Freiheit und Abenteuer. Ideologie und Praxis der Werbung. Frankfurt a. M. 1977.

Lobstädt, Tobias: Tätowierung in der Nachmoderne. In: Breyvogel, Wilfried (Hg.): Eine Einführung in Jugendkulturen. Veganismus und Tattoos. Wiesbaden 2005, S. 165-236.

Loschek, Ingrid: Wann ist Mode? Strukturen, Strategien und Innovationen. Berlin 2007.

Loschek, Ingrid: Reclams Mode- und Kostümlexikon. Stuttgart 1987.

Maase, Kaspar (Hg): Die Schönheit des Populären - Ästhetische Erfahrung der Gegenwart. Frankfurt a. M. / New York 2008.

Maase, Kaspar: Hunger nach Schönheit. Überlegungen zur Ästhetik des Alltags. In: Binder, Beate / Göttsch, Silke / Kaschuba, Wolfgang / Vanja, Konrad (Hg.): Ort. Arbeit. Körper. Ethnographie europäischer Modernen. Münster / New York 2005, S. 283-290.

Maase, Kaspar: Bravo Amerika: Erkundungen zur Jugendkultur der Bundesrepublik in den fünfziger Jahren. Hamburg 1992.

Maier, Rudi: Image. Imagine. Imagineering. Intervenieren im kognitiven Kapitalismus. In: Haug, Christoph / Maier, Rudi / Schröder, Berit (Hg.): Kampf um Teilhabe. Akteure, Orte, Strategien. Hamburg 2008, S. 44-57.

Malli, Gerlinde: Begrenzte Spielräume. Verkäuferinnen in der urbanen Dienstleistungsökonomie. In: Binder, Beate / Göttsch, Silke / Kaschuba, Wolfgang / Vanja, Konrad (Hg.): Ort. Arbeit. Körper. Ethnographie europäischer Modernen. Münster / New York 2005, S. 337-343.

Marx, Karl: Der Fetischcharakter der Ware und sein Geheimnis. In: Marx, Karl / Engels, Friedrich: Werke, Band 23 - Das Kapital, Bd. I. Berlin/DDR 1968, S. 85-98. Zuerst 1867.

Mauch, Daniela: Jeansmarken - Markenjeans. In: Schmidt, Doris (Hg.): Jeans. Karriere eines Kleidungsstücks. Baltmannsweiler 2004, S 83-96.

McRobbie, Angela: Kreatives London - Kreatives Berlin. Anmerkungen zum Erwerb des Lebensunterhalts in der Neuen Kulturellen Ökonomie. Onlinepublikation 2004. URL http://www.ateliereuropa.com/doc/kreativeslondonberlin.pdf (12.6.2010).

McRobbie, Angela: Kunst, Mode und Musik in der Kulturgesellschaft. In: Hoffmann, Justin/Osten, Marion von: Das Phantom sucht seinen Mörder. Ein Reader zur Kulturalisierung der Ökonomie. Berlin 1999, S. 15-44.

McRobbie, Angela: Brigding the Gap. Feminismus, Mode und Konsum. In: Engelmann, Jan (Hg.): Die kleinen Unterschiede. Der Cultural Studies-Reader. Frankfurt a. M./New York 1999.

Meister, Herbert E.: Der Kampf gegen die Markenpiraterie. In: Dichtl, Erwin/Eggers, Walter (Hg.): Marke und Markenartikel als Instrumente des Wettbewerbs. München 1992, S. 270-286.

Menzel, Rebecca: Eine Blaupause für Freiheitsträume? Über die symbolische Kraft der Jeans in der DDR. In: Horch und Guck. Zeitschrift zur kritischen Aufarbeitung der SED-Diktatur. Themenschwerpunkt: Jacke wie Hose. Die Kleiderordnung der SED-Diktatur, Ausgabe 3, Berlin 2008, S. 12-16.

Menzi, Renate: Marke:Stil:Style. In: Feurer, Richard/Huber, Jörg/Michel, Matthias (Hg.): BrandBody& Soul. Gepflegt: Krass. Berlin 2008, S. 143-150.

Misik, Robert: Warenkritik, ein Trauerspiel. In: Berliner Zeitung, 5.8.2009. Online verfügbar unter URL http://www.misik.at/sonstige/warenkritik-ein-trauerspiel.php#more (4.2.2011).

Misik, Robert: Das Kultbuch. Glanz und Elend der Konsumkultur. Berlin 2007.

Möller, Kurt: Hybrid-Kulturen. Wie »Jugendliche mit Migrationshintergrund« postmigrantisch werden. In: Projektgruppe JugendArt: Kanak-Cultures - Kultur und Kreativität junger MigrantInnen. Esslingen 2010, S. 9-21.

Mönninghoff, Wolfgang: King Cotton. Kulturgeschichte der Baumwolle. Düsseldorf 2006.

Mueller-Stindl, Eleonore: Mode, Macher, Märkte. Von der Haute Couture auf die Straße - 50 Jahre Mode von 1946 bis 1996. Frankfurt a. M. 1997.

Musner, Lutz: A whole way of life. Onlinepublikation 2009. URL http://www.ifk.ac.at/aktuell.php?e=63 (12.4.2009).

Neckel, Sighard: Flucht nach vorn. Die Erfolgskultur der Marktgesellschaft. Frankfurt a. M. 2008.

Neumann-Braun, Klaus/Richard, Birgit: Coolhunters. Jugendkulturen zwischen Medien und Markt. Frankfurt a. M. 2005

NRW Forum Düsseldorf (Hg.): Radical Advertising. Düsseldorf 2008.

Organisation für wirtschaftliche Zusammenarbeit und Entwicklung (OECD): Mehr Ungleichheit trotz Wachstum? Einkommensverteilung und Armut in OECD-Ländern. Berlin 2009.

Osten, Marion von (Hg.): Norm der Abweichung. Zürich/Wien/New York 2003.

Packard, Vance: Die geheimen Verführer. Düsseldorf 1958.

Pollak, Reinhard: Kaum Bewegung, viel Ungleichheit. Eine Studie zu sozialem Auf- und Abstieg in Deutschland. Hg. im Auftrag der Heinrich-Böll-Stiftung. Berlin 2010. Online verfügbar unter URL http://www.boell.de/downloads/201010_Studie_Soziale_Mobilitaet.pdf (10.1.2011)

Quart, Alissa: Branded. Wie wir gekauft und verkauft wurden. München 2003.

Richard, Birgit: Die oberflächlichen Hüllen des Selbst. Mode als ästhetisch-medialer Komplex. Onlinepublikation URL http://www.birgitrichard.de/texte/kufo.htm (10.7.2009).

Richard, Birgit: Logomanie und Markenhopping. Strategien der Verkürzung und Konservierung des Flüchtigen. Onlinepublikation URL http://www.birgitrichard.de/texte/haltb.htm (10.7.2009).

Rivoli, Pietra: Reisebericht eines T-Shirts. Ein Alltagsprodukt erklärt die Weltwirtschaft. Berlin 2007.

Rosso, Renzo / Vaske, Hermann: Hermann Vaske im Interview mit Renzo Rosso, Firmengründer und Inhaber von Diesel. In: NRW Forum Düsseldorf (Hg.): Radical Advertising. Düsseldorf 2008, S. 186–189.

Sauer, Paul: Das Werden einer Großstadt. Stuttgart zwischen Reichsgründung und Erstem Weltkrieg 1871 bis 1914. Stuttgart 1988.

Scherr, Albert: Jugendsoziologie. Einführung in Grundlagen und Theorien. Wiesbaden 2009.

Schindelbeck, Dirk: Marken, Moden und Kampagnen. Illustrierte deutsche Konsumgeschichte. Darmstadt 2003.

Schindelbeck, Dirk: Kleine Konsumgeschichte der Bundesrepublik, Teil II. In: Unterrichtspraxis. Beilage zu »bildung und wissenschaft«, Zeitschrift der Gewerkschaft Erziehung und Wissenschaft Baden-Württemberg, Heft 2, 2003, S. 9–15.

Schindelbeck, Dirk: Hans Domizlaff oder Die Macht der Ästhetik. In: Gries, Rainer (Hg.): Werbung als Geschichte. Bonn 1992, S. 13–30.

Schmid, Beate / Loschek, Ingrid (Hg.): Klassiker der Mode. Die Erfolgsgeschichte legendärer Kleidungsstücke und Accessoires. Augsburg 1999.

Schultheis, Franz / Schulz, Kristina (Hg.): Gesellschaft mit begrenzter Haftung. Zumutungen und Leiden im deutschen Alltag. Konstanz 2005.

Schulze, Angela: Werbung an der Grenze. Provokation in der Plakatwerbung der 50er bis 90er Jahre. Wiesbaden 1999.

Schulze, Gerhard: Die Erlebnisgesellschaft. Kultursoziologie der Gegenwart. Frankfurt a. M. / New York 1993.

Schwendter, Rolf: Nachwort. In: Kamann, Friederike / Kögel, Eberhard: Ruhestörung. Rebellion in der Provinz. 25 Jahre Jugendzentrum Stetten in Selbstverwaltung 1968 – 1993. Grafenau 1994, S. 565–568.

Sennett, Richard: Die Kultur des neuen Kapitalismus. Berlin 2007.

Simmel, Georg: Philosophie der Mode. In: Ders: Gesamtausgabe. Hg. von Otthein Rammstedt. Bd. 10, Frankfurt a. M. 1995, S. 9-37. Zuerst 1905.

Sommer, Carlo Michael / Wind, Tomas: Mode. Die Hüllen des Ich. Weinheim/Basel 1988.

Tantner, Anton: »Schlurfs«. Annäherungen an einen subkulturellen Stil Wiener Arbeiterjugendlicher. Wien 2007.

Thiel, Erika: Geschichte des Kostüms. Die europäische Mode von den Anfängen bis zur Gegenwart. 7. Auflage, Berlin 2000.

Timm, Elisabeth: Toleranz als Grenzziehung und als Maßregel für die Hauptschule. Eine Fallstudie aus Österreich zu aktuellen Auseinandersetzungen um Kleidung in der Schule. In: Hengartner, Thomas / Moser, Johannes (Hg.): Grenzen & Differenzen. Zur Macht sozialer und kultureller Grenzziehungen. Leipzig 2006, S. 223-236.

Timm, Elisabeth: Kleidungsregeln an Schulen. Kulturwissenschaftliche Bemerkungen zu den sozialen und kulturellen Dynamiken einer ästhetischen Praxis. In: PH Akzente, Nr. 2, Zürich 2006, S. 50-52.

Timm, Elisabeth: Ausgrenzung mit Stil. Über den heutigen Umgang mit Benimmregeln. Münster 2001.

Toscani, Oliviero: Die Werbung ist ein lächelndes Aas. 3. Auflage, Frankfurt a. M. 2003.

Ullrich, Wolfgang: Habenwollen. Wie funktioniert die Konsumkultur? 2. Auflage, Frankfurt a. M. 2007.

Valet, Friederike: »Wir waren eine richtige Familie«. Erinnerungen an die Firma Bleyle. In: Köhle-Hezinger, Christel / Mentges, Gabriele (Hg.): Der neuen Welt ein neuer Rock: Studien zu Kleidung, Körper und Mode an Beispielen aus Württemberg. Stuttgart 1993, S. 3-13.

Veblen, Thorstein: Theorie der feinen Leute. Eine ökonomische Untersuchung der Institutionen. Frankfurt a. M. 1986. Zuerst 1899.

Vester, Michael: Soziale Milieus und Gesellschaftspolitik. In: Aus Politik und Zeitgeschichte, Nr. 44-45/2006. Bonn 2006, S. 10-17.

Vester, Michael: Der Wohlfahrtsstaat in der Krise. Die Politik der Zumutungen und der Eigensinn der Alltagsmenschen. In: Schultheis, Franz / Schulz, Kristina (Hg.): Gesellschaft mit beschränkter Haftung. Zumutungen und Leiden im deutschen Alltag. Konstanz 2005, S. 21-33.

Vester, Michael (u. a.): Soziale Milieus im gesellschaftlichen Strukturwandel. Zwischen Integration und Ausgrenzung. Frankfurt a. M. 2001.

Voß, G. Günter / Rieder, Kerstin: Der arbeitende Kunde. Wenn Konsumenten zu unbezahlten Mitarbeitern werden. Frankfurt a. M. 2006.

Voß, G. Günter / Pongratz, Hans J.: Der Arbeitskraftunternehmer. Eine neue Grundform der Ware Arbeitskraft? In: Kölner Zeitschrift für Soziologie und Sozialpsychologie, Nr. 50. Köln 1998, S. 131-158.

Walz, Achim: Bleyle: 100 Jahre. Rede anlässlich des Pressempfangs am 11.09.1989 in Düsseldorf, 14 Seiten. Ohne Ort 1989. Im Bestand der Württembergischen Landesbibliothek Stuttgart.

Warneken, Bernd Jürgen: Die Ethnographie popularer Kulturen. Eine Einführung. Wien/Köln/Weimar 2006.

Warneken, Bernd Jürgen: Von der Weite des Nahhorizonts. Der Kulturwissenschaftler Hermann Bausinger. In: Bausinger, Herrmann (Hg.): Ein Aufklärer des Alltags. Der Kulturwissenschaftler Hermann Bausinger im Gespräch mit Wolfgang Kaschuba, Gudrun M. König, Dieter Langewiesche und Bernhard Tschofen. Mit einem Vorwort von Bernd Jürgen Warneken, Wien/Köln/Weimar 2006, S. 7-12.

Weber, Beat: Na Logo? In: Friesinger, Günter/Grenzfurthner, Johannes (Hg.): Quo Vadis Logo?! Wien 2006, S. 117-122.

Williams, Alex: Tommy Gets Respect. In: New York Magazine, Ausg. v. 19.2.1996, S. 24-25.

Williams, Raymond: Advertising: the magic system. In: During, Simon (Ed.): The Cultural Studies Reader. London 1993, S. 320-336. Zuerst 1980.

Willis, Paul: Jugendstile. Zur Ästhetik der gemeinsamen Kultur. Hamburg 1991.

Willis, Paul: »Profane Culture«. Rocker, Hippies: Subversive Stile der Jugendkultur. Frankfurt a. M. 1981.

Wirth, Roland: Die Markenware. In: Köhle-Hezinger, Christel/Mentges, Gabriele (Hg.): Der neuen Welt ein neuer Rock: Studien zu Kleidung, Körper und Mode an Beispielen aus Württemberg. Stuttgart 1993, S. 268-274.

Wöhe, Günter: Einführung in die Allgemeine Betriebswirtschaftslehre. 16., überarbeitete Auflage. München 1986.

Wolter, Gundula: Hosen, weiblich. Kulturgeschichte der Frauenhose. Marburg 1994.

Zimmer, Reingard: Soziale Mindeststandards und ihre Durchsetzungsmechanismen. Sicherung internationaler Mindeststandards durch Verhaltenskodizes? Baden-Baden 2008.

Zimmermann, Peter: Grundwissen Sozialisation. 2. Auflage, Opladen 2003.

Anmerkungen

1 Mein großer Dank geht bereits an dieser Stelle an alle meine InterviewpartnerInnen. Ihre Namen wurden anonymisiert.
2 Die in dieser Untersuchung verwendeten Zitate aus den Interviews sind der besseren Lesbarkeit wegen sprachlich leicht bearbeitet. Bedeutsame Sprechpausen sind mit »/ /« markiert: »/4/« steht zum Beispiel für eine Pause von vier Sekunden.
3 Kai-Uwe Hellmann: Soziologie der Marke. Frankfurt a. M. 2003, S. 9.
4 Ebd., S. 19.
5 Jürgen Häusler / Wolfgang Fach: Branding. In: Ulrich Bröckling / Susanne Krasmann / Thomas Lemke (Hg.): Glossar der Gegenwart. Frankfurt a. M. 2004, S. 30–36, hier S. 30.
6 Vgl. Karl Marx: Der Fetischcharakter der Ware und sein Geheimnis. In: Karl Marx / Friedrich Engels: Werke, Band 23 - Das Kapital, Bd. I. Berlin/DDR 1968, S. 85–98, hier S. 85.
7 Stuttgarter Zeitung, Ausgabe Ludwigsburg, 25.9.2007.
8 Die Zeit, Ausgabe 36/2001.
9 Bild-Zeitung, Ausgabe Stuttgart, 6.4.2001.
10 Vgl. Stuttgarter Nachrichten, 8.10.2009.
11 Bild-Zeitung, Ausgabe Stuttgart, 6.4.2001.
12 Zit. n. Die Tageszeitung, 8.5.2006.
13 Zit. n. NWZ Göppinger Kreisnachrichten, 24.9.2009.
14 Ebd.
15 Vgl. zu diesem Befund: Deutsche Shell Holding (Hg.): Jugend 2006. Eine pragmatische Generation unter Druck. Frankfurt a. M. 2006, S. 172.
16 Pierre Bourdieu: Die feinen Unterschiede. Kritik der gesellschaftlichen Urteilskraft. 7. Auflage, Frankfurt a. M. 1994, S. 80.
17 Vgl. hierzu z. B. Deutsche Shell Holding: Jugend 2000, Bd. 1, Frankfurt a. M. 2000, S. 94; zur »ratlosen Erwachsenengesellschaft« Klaus Farin: Jugendkulturen in Deutschland 1990–2005. Hg. von der Bundeszentrale für politische Bildung, Bonn 2006, S. 76. Zur Diskussion über das fortdauernde (Un-)Verständnis der Erwachsenengesellschaft gegenüber jugendlichen Ausdrucksformen vgl. auch Deutsches Jugendinstitut (Hg.): Immer diese Jugend. Ein zeitgeschichtliches Mosaik. München 1985.
18 Vgl. Gernot Böhme: Zur Kritik der ästhetischen Ökonomie. In: Kaspar Maase (Hg): Die Schönheit des Populären - Ästhetische Erfahrung der Gegenwart. Frankfurt a. M. / New York 2008, S. 31–44, hier vor allem S. 33.
19 Kaspar Maase: Hunger nach Schönheit. Überlegungen zur Ästhetik des Alltags. In: Beate Binder / Silke Göttsch / Wolfgang Kaschuba / Konrad Vanja (Hg.): Ort. Arbeit. Körper. Ethnographie europäischer Modernen. Münster / New York 2005, S. 283–290.
20 Kai-Uwe Hellmann 2003, S. 26.
21 Bernd Jürgen Warneken: Die Ethnographie popularer Kulturen. Eine Einführung. Wien/Köln/Weimar 2006, S. 192.
22 Kai-Uwe Hellmann 2003, S. 449.

23 Vgl. zu dieser Fragestellung u. a. Roland Barthes: Das semiologische Abenteuer. Frankfurt a. M. 1988, S. 187.
24 Gudrun M. König: Dinge zeigen. In: Dies. (Hg.): Alltagsdinge. Erkundungen der materiellen Kultur. Tübingen 2005, S. 9–28, hier S. 9.
25 Rainer Gries: Produkte & Politik. Zur Kultur- und Politikgeschichte der Produktkommunikation. Wien 2006, S. 42.
26 Vgl. zu dieser Perspektive auf Dinge und Konsumgüter ebd., hierzu vor allem S. 38.
27 Alexander Deichsel: Markensoziologie. Frankfurt a. M. 2004, S. 23.
28 Jean-Noel Kapferer, zit n. Kai-Uwe Hellmann 2003, S. 344.
29 Rolf Lindner: Editorial. In: John Clarke (u. a.): Jugendkultur als Widerstand. 2. Auflage, Frankfurt a. M. 1981, S. 7–14, hier S. 9.
30 Vgl. den Titel der Studie: Deutsche Shell Holding (Hg.) 2006, a.a.O.: Jugend 2006. Eine pragmatische Generation unter Druck.
31 Klaus Farin: Jugendkultur zwischen Kommerz und Politik. Herausgegeben vom Archiv der Jugendkulturen. Bad Tölz 1998, S. 9f. Zur Kommerzialisierung von Lebensstilen vgl. auch Wilfried Ferchhoff: Jugendkulturen 2000. Herausgegeben vom Sozialpädagogischen Institut Berlin. Berlin 2000, S. 9ff.
32 Bauer Media KG: Bravo-Faktor-Jugend 7: Marken und Trends, Hamburg 2004. Onlinepublikation URL http://www.bauermedia.de/uploads/media/jugend7.pdf (22.5.2007).
33 Vgl. ebd.
34 Alexandra König verweist auf die Normalität derartiger alltäglicher Selbst-Positionierungsprozesse junger Menschen, die sehr häufig um die Themen Aussehen, Mode und Kleidung kreisen. Vgl. Alexandra König: Kleider schaffen Ordnung. Regeln und Mythen jugendlicher Selbst-Präsentation. Konstanz 2007, S. 9.
35 Klaus Neumann-Braun / Birgit Richard: Coolhunters. Jugendkulturen zwischen Medien und Markt. Frankfurt a. M. 2005, S. 13.
36 Kaspar Maase 2005, a.a.O., S. 289.
37 Vgl. Klaus Neumann-Braun / Birgit Richard 2005, a.a.O.
38 Vgl. zur Entstehung und der gesellschaftlichen Etablierung von Markenkleidung als Massenprodukt auch das Kapitel: (Kleine) Geschichte der Markenkleidung.
39 Vgl. Deutsche Shell Holding (Hg.): Jugend 2006; diese Begriffe finden sich dort als Kennzeichen des zentralen Befunds dieser Studie im Untertitel.
40 Vgl. dazu ebd., vor allem S. 24f. und Kap. 5, Zeitgeist und Wertorientierungen, S. 169–202.
41 Vgl. hierzu Albert Scherr: Jugendsoziologie. Einführung in Grundlagen und Theorien. Wiesbaden 2009, S. 194f.; Josef Held / Seddik Bibouche: IG Metall Jugendstudie. Lebenseinstellungen junger Arbeitnehmerinnen und Arbeitnehmer. Neue Orientierungen und Engagementformen. Marburg 2002, S. 113f.
42 Vgl. Bernd Jürgen Warneken: Von der Weite des Nahhorizonts. Der Kulturwissenschaftler Hermann Bausinger. In: Ein Aufklärer des Alltags. Der Kulturwissenschaftler Hermann Bausinger im Gespräch mit Wolfgang Kaschuba, Gudrun M. König, Dieter Langewiesche und Bernhard Tschofen. Mit einem Vorwort von Bernd Jürgen Warneken, Wien/Köln/Weimar 2006, S. 7–12, hier S. 12.

43 Angela McRobbie: Bridging the *Gap*. Feminismus, Mode und Konsum. In: Jan Engelmann (Hg.): Die kleinen Unterschiede. Der Cultural Studies-Reader. Frankfurt a. M./New York 1999, S. 202–220, hier S. 215. Der Begriff »Gap« erfüllt hier eine doppelte Funktion: Er kennzeichnet, wie McRobbie fordert, die zu schließende Lücke, spielt aber auch auf den Markenkleidungsproduzenten Gap an, steht dieser doch seit Mitte der 1990er Jahre immer wieder wegen miserabler Arbeitsbedingungen im Fokus der Kritik; vgl. hierzu: www.cleanclothes.org, search: Gap (4.8.2009).
44 Vgl. ebd., besonders S. 210ff.
45 Rainer Gries: Produkte als Medien. Kulturgeschichte der Produktkommunikation in der Bundesrepublik und der DDR. Leipzig 2003, S. 84.
46 Ebd., S. 85.
47 Vgl. zu dieser Begrifflichkeit Yann Moulier Boutang: Neue Grenzziehungen in der Politischen Ökonomie. In: Marion von Osten (Hg.): Norm der Abweichung. Zürich 2003, S. 251–280. Im Kapitel: (Kleine) Geschichte der Markenkleidung wird ausführlich auf diese Begrifflichkeit und das zugrunde liegende theoretische Konzept eingegangen.
48 Richard Sennett: Die Kultur des neuen Kapitalismus. Berlin 2007, S. 116.
49 Monika Jungbauer-Gans/Roger Berger/Peter Kriwy: Machen Kleider Leute? Ergebnisse eines Feldexperiments zum Verkäuferverhalten. In: ZFS – Zeitschrift für Soziologie, Jahrgang 34, Heft 4/2005. Bielefeld 2005, S.311–322, hier S. 320.
50 Spiegel Online, 26.8.2009. http://www.spiegel.de/panorama/gesellschaft/0,1518,645119,00.html (26.8.2009).
51 Vgl. Hannah-Milena Beck/Sabine Hoffmann: Ein Blick hinter vier Ladentheken. Fallstudien zum Arbeitsalltag bei Oilily, Nike, Uhlsport und Sixty. In: Reinhard Johler (Projektleitung): Metzingen TM. Zur Kultur einer Outlet-Stadt. Tübingen 2006, S. 217–226.
52 Gerlinde Malli: Begrenzte Spielräume. Verkäuferinnen in der urbanen Dienstleistungsökonomie. In: Beate Binder (u. a.) (Hg.) 2005, a.a.O., S. 337–343.
53 Vgl. Hannah-Milena Beck/Sabine Hoffmann 2006, a.a.O., S. 224.
54 Spiegel Online, 21.1.2004. URL: http://www.spiegel.de/wirtschaft/0,1518,282901,00.html (20.3.2010)
55 Vgl. Judith Krohn: Wir verkaufen Mode. Subjektivierung von Arbeit im Filialverkauf eines Textilkonzerns. Mering 2009; Dies.: Subjektivierung von Arbeit. Zusammenhänge zwischen Unternehmenskultur und Belegschaftsvertretungen am Beispiel eines Textilkonzerns. Mering 2009.
56 Richard Florida: The Rise of the Creative Class. And How It's Transforming Work, Leisure and Everyday Life. New York 2002.
57 Angela McRobbie: Kreatives London – Kreatives Berlin. Anmerkungen zum Erwerb des Lebensunterhalts in der Neuen Kulturellen Ökonomie. Onlinepublikation 2004, URL http://www.ateliereuropa.com/doc/kreativeslondonberlin.pdf (12.6.2010)
58 Naomi Klein: No Logo. Der Kampf der Global Players um Markenmacht. München 2001.
59 Alissa Quart: Branded. Wie wir gekauft und verkauft wurden. München 2003.
60 Vgl. Reingard Zimmer: Soziale

Mindeststandards und ihre Durchsetzungsmechanismen. Sicherung internationaler Mindeststandards durch Verhaltenskodizes? Baden-Baden 2008.

61 Rolf Lindner: Das Gefühl von Freiheit und Abenteuer. Ideologie und Praxis der Werbung. Frankfurt a. M. 1977, S. 13.

62 Ebd., S. 25.

63 Kai-Uwe Hellmann 2003, a.a.O., S.22.

64 Süddeutsche Zeitung Magazin, 1.8.2007, Online verfügbar unter URL http://www.sueddeutsche.de/leben/678/410451/text/ (22.1.2009). Im Original steht LOGG für »Label of Graded Goods«.

65 Pierre Bourdieu entwickelte unter diesen Begriffen ein mehrdimensionales Gesellschaftsmodell, das aus diesen drei Schemata besteht. Der Raum der sozialen Lebenslagen zeigt Verteilung, Volumen und Struktur der unterschiedlichen Kapitalien (ökonomisches, kulturelles, soziales Kapital), der Raum der Lebensstile zeigt die Verteilung der unterschiedlichen sozialen Praktiken sowie die für die jeweiligen Lebensstile kennzeichnenden Merkmale, die Arten des Habitus verweisen auf die klassen(fraktions)gebundenen alltäglichen Praxisformen distinkten und distinktiven Handelns. Vgl. Pierre Bourdieu 1994, a.a.O., S. 211ff.

66 Vgl. zu diesem Befund Alexandra König 2007, a.a.O., S. 45.

67 Ulrich Beck postuliert in seinem Band »Risikogesellschaft« die Auflösung traditioneller gesellschaftlicher Strukturmerkmale wie Klasse oder Schicht und beschreibt die zunehmenden individuellen Handlungsmuster als Kennzeichen einer Gesellschaft der Spätmoderne. Vgl. Ulrich Beck: Risikogesellschaft. Auf dem Weg in eine andere Moderne. Frankfurt a. M. 1986.

68 Peter Zimmermann: Grundwissen Sozialisation. 2. Auflage, Opladen 2003, S. 66.

69 Gerhard Schulze: Die Erlebnisgesellschaft. Kultursoziologie der Gegenwart. Frankfurt a. M. / New York 1993, S. 60.

70 Vgl. zum Beispiel Rolf Lindner / Lutz Musner (Hg.): Unterschicht. Kulturwissenschaftliche Erkundungen der »Armen« in Geschichte und Gegenwart. Freiburg 2008.

71 Der gleichnamige, von Franz Schultheis und Kristina Schulz herausgegebene Band versammelt kulturwissenschaftliche und kultursoziologische Miniaturen, die Aufschluss darüber geben, wie Menschen sich prekarisierenden Lebenslagen in ihrem Alltag gestalten, und zeigt Muster der Anstrengungen, um mit dem gegenwärtigen - nachmodernen - gesellschaftlichen Druck zurechtzukommen. Der Band ist konzeptionell an die von Pierre Bourdieu (u. a.) herausgegebene Studie »Das Elend der Welt«, 1993, dt. 1997, angelehnt.

72 Pierre Bourdieu 1994, a.a.O., S. 388.

73 Vgl. Wolfgang König: Geschichte der Konsumgesellschaft. Stuttgart 2000, S. 389.

74 Georg Simmel: Philosophie der Mode. In: Ders.: Gesamtausgabe. Herausgegeben von Otthein Rammstedt. Bd. 10, Frankfurt a. M. 1995 (zuerst 1905), S. 9-37, hier S. 11.

75 Ebd., S. 12.

76 Vgl. Pierre Bourdieu / Jean-Claude Passeron: Die Illusion der Chancengleichheit. Untersuchungen zur Soziologie des Bildungswesens am Beispiel Frankreichs. Stuttgart 1971.

77 Rolf Linder: »Unterschicht«. Eine Gespensterdebatte. In: Rolf Lindner/Lutz Musner 2008, a.a.O., S. 9-17, hier S. 16.
78 Vgl. Lutz Musner: A whole way of life. Onlinepublikation des Internationalen Forschungszentrum Kulturwissenschaften (IFK) Wien, 9.4.2009. URL http://www.ifk.ac.at/aktuell.php?e=63 (12.4.2009).
79 Vgl. Wolfgang Kaschuba: Kulturalismus: Vom Verschwinden des Sozialen im gesellschaftlichen Diskurs. In: Berliner Journal für Soziologie, Nr. 2/1994, S. 179-192.
80 Pierre Bourdieu 1994, a.a.O., S. 322f.
81 Ebd., S. 80.
82 Ebd., S. 324.
83 Ebd., S. 137.
84 Ebd., S. 374.
85 Ebd., S. 366.
86 Ulrich Bröckling: Das unternehmerische Selbst. Soziologie einer Subjektivierungsform. Frankfurt a. M. 2007, S. 31.
87 Vgl. zu diesem Begriff und der dadurch angestoßenen, bis heute anhaltenden Diskussion vor allem den Aufsatz von G. Günter Voß/Hans J. Pongratz: Der Arbeitskraftunternehmer. Eine neue Grundform der Ware Arbeitskraft? In: Kölner Zeitschrift für Soziologie und Sozialpsychologie, Nr. 50, Köln 1998, S. 131-158.
88 Vgl. Michel de Certeau: Kunst des Handelns. Berlin 1988.
89 Vgl. Klaus Neumann-Braun/Birgit Richard 2005, a.a.O. Der von ihnen herausgegebene Band versammelt zahlreiche Fallbeispiele.
90 Vgl. Michel Foucault: Die Ordnung des Diskurses. Frankfurt a. M. 1991.
91 Zum Begriff der »kulturellen Grammatik« vgl. autonome a.f.r.i.k.a.-gruppe: Handbuch der Kommunikationsguerilla. Berlin/Hamburg 1997, S. 14ff.
92 Michel Foucault: Archäologie des Wissens. Frankfurt a. M. 1997, S. 68.
93 John Fiske: Wie ein Publikum entsteht. Kulturelle Praxis und Cultural Studies. In: Karl H. Hörning/Rainer Winter (Hg.): Widerspenstige Kulturen. Cultural Studies als Herausforderung. Frankfurt a. M. 1999, S. 238-263, hier S. 262.
94 Elisabeth Timm: Ausgrenzung mit Stil. Über den heutigen Umgang mit Benimmregeln. Münster 2001, S. 22.
95 Vgl. Sighard Neckel: Flucht nach vorn. Die Erfolgskultur der Marktgesellschaft. Frankfurt a. M. 2008.
96 Rolf Lindner 1977, a.a.O., S. 11.
97 Utz Jeggle (Hg.): Feldforschung. Qualitative Methoden in der Kulturanalyse. Tübingen 1984, S. 7.
98 Vgl. zu dieser Debatte auch: Katharina Eisch/Marion Hamm (Hg.): Die Poesie des Feldes. Beiträge zur ethnographischen Kulturanalyse. Tübingen, 2001, S. 11f.; Utz Jeggle: Zur Geschichte der Feldforschung in der Volkskunde. In: Ders. (Hg.): Feldforschung. Qualitative Methoden in der Kulturanalyse. Tübingen 1984, S. 11-46.
99 Rolf Schwendter: Nachwort. In: Friederike Kamann/Eberhard Kögel: Ruhestörung. Rebellion in der Provinz. 25 Jahre Jugendzentrum Stetten in Selbstverwaltung 1968 - 1993. Grafenau 1994, S. 565-568, hier S. 566.
100 Vgl. den Aufsatz von Rolf Haubel: Wahres Glück im Waren-Glück? In: Aus Politik und Zeitgeschichte, Nr. 23-33/2009, Bonn 2009, S. 3-8.
101 Utz Jeggle 1984, a.a.O., S. 9.
102 Uwe Flick: Qualitative Forschung. Theorie, Methoden, Anwendung in

Psychologie und Sozialwissenschaften. 5. Auflage, Reinbek bei Hamburg 2000, S. 56. Dieses Verhältnis unterscheidet sich von den Methoden einer rein quantitativen Forschung dadurch, dass sie eben nicht in zeitlich nacheinander und losgelöst voneinander zu bearbeitende Forschungsschritte zergliedert werden kann.

103 Ebd.

104 Ebd., S. 14.

105 Vgl. zur Grounded Theory, deren theoretischen Annahmen und ihrer Entwicklung ausführlicher Bruno Hildenbrand: Anselm Strauss. In: Uwe Flick/Ernst von Kardorff/Ines Steinke (Hg.): Qualitative Forschung. Ein Handbuch. Reinbek bei Hamburg 2005, 4. Auflage, S. 32-41; zu den Grundnahmen und den charakteristischen Kennzeichen der Grounded Theory vor allem S. 32-37.

106 Ebd., S. 41.

107 Das Sample sah vor, dass ich 15- bis maximal 27-Jährige befrage. Eine Interviewte, die ich aufgrund ihres Aussehens her auf etwa Mitte 20 geschätzt hatte, sagte mir zu meiner großen Überraschung am Ende des Interviews, dass sie bereits 29 Jahre alt sei.

108 Vgl. Michael Vester (u.a.): Soziale Milieus im gesellschaftlichen Strukturwandel. Zwischen Integration und Ausgrenzung. Frankfurt a.M. 2001, S. 49.

109 Michael Vester: Soziale Milieus und Gesellschaftspolitik. In: Aus Politik und Zeitgeschichte, Ausgabe 44-45/2006. Bonn 2006, S. 10-17, hier S. 11.

110 Vgl. hierzu: Ebd.

111 Den Begriff »Migrationshintergrund« verwende ich in Anführungszeichen, da mit diesem Begriff Stigmata und gesellschaftliche Voarannahmen hinsichtlich der »Ethnisierung sozialer Sachverhalte« verbunden sind. Vgl. hierzu Kurt Möller: Hybrid-Kulturen. Wie »Jugendliche mit Migrationshintergrund« postmigrantisch werden. In: Projektgruppe JugendArt: KanakCultures - Kultur und Kreativität junger MigrantInnen, Esslingen 2010, S. 9-21.

112 Vgl. hierzu z.B. Autorengruppe Bildungsberichterstattung: Bildung in Deutschland 2010. Berlin 2010. Online verfügbar unter URL: http://www.bildungsbericht.de/daten2010/bb_2010.pdf (5.2.2011)

113 Vgl. Michael Vester: Der Wohlfahrtsstaat in der Krise. Die Politik der Zumutungen und der Eigensinn der Alltagsmenschen. In: Franz Schultheis/Kristina Schulz (Hg.): Gesellschaft mit beschränkter Haftung. Zumutungen und Leiden im deutschen Alltag. Konstanz 2005, S. 21-33, hier S. 21.

114 Eine Interview-Anfrage wurde dabei von den Eltern zurückgewiesen, da diese nicht wollten, dass ein »Fremder« die Wohnung betritt, was zu mehrfachen Entschuldigungen seitens der potentiellen Interviewpartnerin führte. Eintrag im Forschungstagebuch zum geplanten Interview mit Vanessa O.

115 Vgl. Uwe Flick 2000, a.a.O., S. 109.

116 Christel Hopf: Qualitative Interviews - ein Überblick. In: Uwe Flick/Ernst von Kardorff/Ines Steinke (Hg.): Qualitative Forschung. Ein Handbuch. 4. Auflage, Reinbek bei Hamburg 2005, S. 349-359, hier S. 354.

117 Vgl. Uwe Flick 2000, a.a.O., S. 146.

118 Tobias Lobstädt: Tätowierung in der Nachmoderne. In: Wilfried Breyvogel (Hg.): Eine Einführung in Jugendkulturen. Veganismus und Tattoos. Wiesbaden 2005, S. 165-236, hier S. 165f. Löbstadt behandelt dort vielfältige nachmoderne Formen der Arbeit am Körper vor allem bei jungen Menschen: Bodystyling, Diät, Schönheitschirurgie, Piercings und Tattoos. In seiner Aufzählung findet sich auch die Kleidermode, so dass zu fragen ist, welche Korrelationen von Bekleidungspraxis und »Arbeit am Körper« es gibt.

119 Das Forschungsarchiv umfasst ca. 600 Zeitungs- und Zeitschriftenartikel, 150 Werbekataloge von Markenkleidungsherstellern sowie fünfzehn TV-Beiträge (Reportagen, Dokumentationen, etc.).

120 Das Institut für Konsum- und Markenforschung (IKM), ein Institut zur Erforschung des Markenwesens, sieht dabei folgende fünf Forschungsschwerpunkte und -zugänge: Community, Konsum, Marke, Shopping, Werbung, Sonstige. Vgl. die Webseite des Instituts URL www.markeninstitut.de (Stand 22.5.2009).

121 Exemplarisch für diese Perspektive steht das Webportal www.jugendszenen.com, das vom Soziologen Ronald Hitzler initiiert wurde und in dem zahlreiche Jugendszenen porträtiert werden. In diesen Szeneportraits finden sich kaum Angaben und Analysen zur Herkunftskultur der jeweiligen Akteure; so bleibt der Zusammenhang von Praktiken und Fragen der sozialen Klassifikation der Akteure unterbelichtet.

122 Kai-Uwe Hellmann zitiert hier den Systemtheoretiker Niklas Luhmann, der allgemein auf die blinden Flecken der Soziologie hinwies. Hellmann kritisiert weiter die bislang lediglich aus ökonomischer Sicht erfolgte Auseinandersetzung mit Fragen zur Marke angesichts des »phänomenalen Reichtums« sieht er eine »unverzeihliche« Forschungslücke. Vgl. hierzu Kai-Uwe Hellmann 2003, a.a.O., S. 26. Hellmann ist Mitbegründer der AG Konsumsoziologie, die sich im Jahr 2002 gründete und die mit der Sektion Kultursoziologie in der Deutschen Gesellschaft für Soziologie (DGS) kooperiert.

123 Vgl. Rainer Gries 2006, a.a.O., S. 24f. Gries schildert ausführlich das von Vershofen entwickelte »polarische« Produktmodell und erörtert die unterschiedlichen »Nutzen«-Funktionen.

124 Vgl. Hans Domizlaff: Die Gewinnung des öffentlichen Vertrauens. Ein Lehrbuch der Markentechnik. Hamburg 1982, zuerst 1939. Der Person und dem Wirken Hans Domizlaffs, der sich genereller auch mit Fragen der ›Menschenführung‹ beschäftigte, widmete sich kritisch Dirk Schindelbeck: Hans Domizlaff oder Die Macht der Ästhetik. Bonn 1992.

125 Vgl. Karl Christian Behrens: Das Meinungsmonopol der Markenartikel. In: Gewerkschaftliche Monatshefte, Jahrgang 1951, S. 683-687. Behrens fordert darin die Einführung eines dreigeteilten Gütesiegels, da »der einzelne Konsument nicht in der Lage [ist] zu beurteilen, ob die ihm als Markenartikel angebotene Ware ein Qualitätserzeugnis, ein ›künstlicher Spezialartikel‹ oder eine ›Pseudo-Marke‹ ist.« (S. 686) Er beklagt die »unerheblichen technischen Differenzierungen, die der Konsument weder erkennen noch verstehen kann«, die »jedoch mit Hilfe kostspieliger Reklamefeldzüge als Dinge von entscheidender Wichtigkeit propagiert« (S. 685) werden.

126 Helene Karmasin: Produkte als Botschaften. Konsumente, Marken und

Produktstrategien. 4. aktualisierte und erweiterte Auflage. Landsberg am Lech 2004.
127 Exemplarisch Gerd Gerken: Der magische Code: Markentuning. Düsseldorf 1995; Franz-Rudolf Esch (u. a.): Corporate Brand Management. Wiesbaden 2006; Heribert Meffert/Christoph Burmann/Martin Koers (Hg.): Markenmanagement. Wiesbaden 2005.
128 Vgl. Rainer Gries, 2006, a.a.O., S. 34-37.
129 Jean Baudrillard: Kool Killer oder der Aufstand der Zeichen. In: Martin Baltes (Hg.): absolute: Marken -Labels - Brands. Freiburg 2004, S. 96-109, in diesem Kontext vor allem S. 96f. Zuerst 1975.
130 »In the last hundred years, then, advertising has developed from the simple announcements of shopkeepers and the persuasive arts of a few marginal dealers into a major part of capitalistic business organization.« Raymond Williams: Advertising. the magic system. In: Simon During (Ed.): The Cultural Studies Reader. London 1993, zuerst 1980, S. 320-336, hier S. 334.
131 Cornelia Koppetsch: Die Werbebranche im Wandel. Zur Neujustierung von Ökonomie und Kultur im neuen Kapitalismus. In: Kai-Uwe Hellmann/Dominik Schrage (Hg.): Konsum der Werbung. Zur Produktion von Sinn in der kommerziellen Kultur. Wiesbaden 2004, S. 147-162.
132 Rainer Gries 2003, a.a.O.
133 Dirk Schindelbeck: Kleine Konsumgeschichte der Bundesrepublik, Teil II. In: Unterrichtspraxis. Beilage zu »bildung und wissenschaft«, Zeitschrift der Gewerkschaft Erziehung und Wissenschaft Baden-Württemberg, Heft 2, v. 19.3.2003, S. 9-15, hier S. 15.
134 Naomi Klein 2001, a.a.O.
135 Dem Zusammenhang zwischen dem Rückzug des Staates und der zunehmenden ökonomischen Durchdringung des öffentlichen Raums durch Markenunternehmen widmet sich auch Beat Weber in seinem Beitrag »Na Logo?". Vgl. Beat Weber: Na Logo? In: Günter Friesinger/Johannes Grenzfurthner (Hg.): Quo Vadis Logo?! Wien 2006, S. 117-122.
136 Nachdem bekannt wurde, dass die Produktion von Fußbällen für das Unternehmen Nike durch Kinderarbeit in Pakistan erfolgt, hatte der Konzern lange mit einem Imageschaden zu kämpfen. Vgl. hierzu den Artikel: Nike beendet Zusammenarbeit mit pakistanischem Lieferanten. In: Wirtschaftswoche, Ausgabe v. 20.11.2006.
137 Vgl. Randy Shaw: Reclaiming America. Nike, Clean Air, and the New National Activism. Berkeley 1999; Alexander Meschnig: Markenmacht. Hamburg 2002; Klaus Werner/Hans Weiss: Schwarzbuch Markenfirmen. Wien 2001; Thomas Löding/Kay Oliver Schulze/Jutta Sundermann: Konzern, Kritik, Kampagne! Ideen und Praxis für soziale Bewegungen. Hamburg 2006; Klaus Werner-Lobo: Uns gehört die Welt! Macht und Machenschaften der Multis. München 2008.
138 Bei dieser Aktion wurde angeblich im Namen des Nike-Konzerns verkündet, dass das Unternehmen den historischen Wiener Karlsplatz gekauft habe und diesen umfassend und auf Kosten des Konzerns städtebaulich aufwerten wolle. Daran anschließend solle der Karlsplatz in Nikeplatz umbenannt werden. Die Aktion wurde ausführlich beschrieben und analysiert in: Rudi Maier: Image. Imagine. Imagi-

neering. Intervenieren im kognitiven Kapitalismus. In: Christoph Haug/Rudi Maier/Berit Schröder (Hg.): Kampf um Teilhabe. Akteure, Orte, Strategien. Hamburg 2008, S. 44–57. Zum Begriff der Kommunikationsguerilla vgl. autonome a.f.r.i.k.a.-gruppe: Handbuch der Kommunikationsguerilla. Berlin/Hamburg 1997, zum Begriff der Imagebeschmutzung vgl. Dies.: Imagebeschmutzung. Macht und Ohnmacht der Symbole. In: HKS 13 (Hg.): Vorwärts bis zum nieder mit. 30 Jahre Plakate unkontrollierter Bewegung, Berlin/Hamburg 2001, S. 112–123.

139 Vgl. Kai-Uwe Hellmann 2003, a.a.O.; Zur Genese der Marke vor allem Teil I: Ökonomie der Marke, S. 31–106, zur Verbraucherorientierung S. 107–160, zur Forderung nach empirischer Forschung S. 445 u. S. 449.

140 Vgl. Niko M.O. Hüllemann: Vertrauen ist gut – Marke ist besser. Eine Einführung in die Systemtheorie der Marke. Heidelberg 2007; Hanna Busemann: Das Phänomen Marke. Betrachtung und Analyse aktueller markensoziologischer Ansätze. Saarbrücken 2007.

141 Alexander Deichsel, 2004, a.a.O., S. 23.

142 Vgl. Anne Bracklow: Markenarchitektur in der Konsumwelt. Branding zur Distinktion. Wiesbaden 2004.

143 Vgl. Wolfgang König 2000, a.a.O.; zur Entstehung von Markenartikeln siehe vor allem S. 94ff.

144 Vgl. Dirk Schindelbeck: Marken, Moden und Kampagnen. Illustrierte deutsche Konsumgeschichte. Darmstadt 2003; Robert Misik: Das Kultbuch. Glanz und Elend der Konsumkultur. Berlin 2007; Wolfgang Ullrich: Habenwollen. Wie funktioniert die Konsumkultur? 2. Auflage, Frankfurt a. M. 2007.

145 Vgl. Reinhard Johler (Projektleitung) 2006, a.a.O. Die Zahlenangabe für die Metzingen-BesucherInnen stammt von der Webseite http://www.outletcity-metzingen.com und gilt für das Jahr 2009.

146 Vgl. zum Beispiel Max Barrys Erzählung *Logoland* (2003), auf dem Buchumschlag werbewirksam als »Roman zur neuen Weltordnung« etikettiert, William Gibsons *Mustererkennung* mit der Hauptfigur einer »Coolhunterin«, die für einen Sportschuhhersteller arbeitet, Bret Easton Ellis' *American Psycho* (1991) und Frederic Beigbederes »39,90« (2001), die das Binnenleben von Werbeagenturen beschreiben: die Serie *Sex and the City* kann als Werbebühne für teure Designermarken bezeichnet werden. Der Kinostart der Verfilmung von *39,90* war im Jahr 2008, der Film *Der Teufel trägt Prada* (2006) war ein großer Erfolg an den Kinokassen. Die Themen Marke, Werbung, Lifestyle-Produkte und (Konsum-) Gesellschaft werden dabei zumeist ironisch-kritisch thematisiert.

147 Vgl. Wolfgang Mönninghoff: King Cotton. Kulturgeschichte der Baumwolle. Düsseldorf 2006; Paul Sauer: Das Werden einer Großstadt. Stuttgart zwischen Reichsgründung und Erstem Weltkrieg 1871 bis 1914. Stuttgart 1988.

148 Pietra Rivoli: Reisebericht eines T-Shirts. Ein Alltagsprodukt erklärt die Weltwirtschaft. Berlin 2007.

149 Christel Köhle-Hezinger/Gabriele Mentges (Hg.): Der neuen Welt ein neuer Rock: Studien zu Kleidung, Körper und Mode an Beispielen aus Württemberg. Stuttgart 1993.

150 Robert Kuhn/Bernd Kreutz: Der Matrosenanzug. Kulturgeschichte eines Kleidungsstücks. 2. Auflage, Dortmund 1991; Dies.: Von der Geburt einer Marke. Die demokratische Tat des Wilhelm Bleyle. Onlinepublikation URL http://www.bleyle.de/Geschichte/Matrosenanzug/Auszug aus der Geschichte.htm (29.5.2009).
151 Katja Doubek: Blue Jeans. Levi Strauss und die Geschichte einer Legende. München 2004.
152 Robert Goldman/Stephen Papson: Nike Culture. The Sign of the Swoosh. Reihe: Core Cultural Icons. London 1998; Donald R Katz: Just Do It: The Nike Spirit in the Corporate World. Holbrook 1994; J.B. Strasser/Laurie Becklund: Swoosh: The Unauthorized Story of Nike and the Men Who Played There. New York 1993; Christoph Bieber: Sneaker-Story. Der Zweikampf von adidas und Nike. Frankfurt a.M. 2000;Heike Jenß: Original-Kopie. Selbstmodellierung in Serienkleidung. In: Klaus Neumann-Braun/Birgit Richard 2005, a.a.O., S. 21-34.; Jürgen Müller: Mode für die Massen - Modemacher H&M. In: Susanne Becker/Stefanie Schütte: Magisch angezogen. Mode, Medien, Markenwelten. München 1999, S. 128-136; Paolo Landi: Die Werbekampagne »United Colors of Benetton«. In: Martin Baltes (Hg.): absolute Marken - Labels - Brands. Freiburg 2004, S. 186-201; Henry A. Giroux: Die Kultur der Gewalt und die Politik der bunten Pullover: Benettons »Welt ohne Grenzen«. In: James M. Bradburne: Blut. Kunst, Macht, Politik, Pathologie. München 2001, S. 217-229; Oliviero Toscani: Die Werbung ist ein lächelndes Aas. 3. Auflage, Frankfurt a.M. 2000.
153 Vgl. René König: Menschheit auf dem Laufsteg. Die Mode im Zivilisationsprozess. München 1985, S. 7.
154 Vgl. z.B. Gertrud Lehnert: Geschichte der Mode im 20. Jahrhundert. Köln 2000; Ingrid Loschek: Reclams Mode- und Kostümlexikon. Stuttgart 1987; Dies.: Wann ist Mode? Strukturen, Strategien und Innovationen. Berlin 2007; zu Kleidung als sozialem Ordnungsdiskurs vgl. zum Beispiel Georg Simmel 1995, a.a.O.; Thorstein Veblen: Theorie der feinen Leute. Eine ökonomische Untersuchung der Institutionen. Frankfurt a.M. 1986, zuerst 1899; Hermann Bausinger: Zu den Funktionen der Mode. In: Schweizerisches Archiv für Volkskunde. Basel 1972/73, S. 22-32; René König, a.a.O.; Roland Barthes: Die Sprache der Mode. Frankfurt a.M. 1985; Lioba Keller-Drescher: Die Ordnung der Kleider. Ländliche Mode in Württemberg 1750-1850. Tübingen 2003.
155 So zum Beispiel der Begleitband zur gleichnamigen Ausstellung Willi Bucher/Klaus Pohl (Hg.): Schock und Schöpfung - Jugendästhetik im 20. Jahrhundert. Darmstadt 1986 oder Dieter Baacke (u.a.): Jugend und Mode. Kleidung als Selbstinszenierung. Opladen 1988.
156 Stuart Hall (u.a.) (Hg.): Resistance through rituals: youth subcultures in post-war Britain. London 1986. Wichtige Arbeiten Dick Hebdige: Subculture - Die Bedeutung von Stil, Reinbek bei Hamburg 1979; Paul Willis: »Profane Culture«. Rocker, Hippies: Subversive Stile der Jugendkultur. Frankfurt a.M. 1981. John Clarke (u.a.): Jugendkultur als Widerstand: Milieus, Rituale, Provokationen. Frankfurt a.M. 1979; Davon inspirierte Arbeiten: Rolf Schwendter:

Theorie der Subkultur. Frankfurt a. M. 1978, zuerst 1973; Rolf Lindner: Jugendkultur - Stilisierte Widerstände. München 1985.
157 In seinem Band »Das wilde Denken«, Frankfurt a. M. 1968, wird dieses Konzept umfassend erläutert.
158 George Melly: Revolt into Style. Harmondsworth 1972. Zit. n. Rolf Lindner: Jugendkultur - Stilisierte Widerstände. In: Dt. Jugendinstitut (Hg.): Immer diese Jugend. Ein zeitgeschichtliches Mosaik. München 1985. S. 13- 24, hier S. 15.
159 Vgl. Alexandra König 2007, a.a.O., S. 237.
160 Elisabeth Timm: Toleranz als Grenzziehung und als Maßregel für die Hauptschule. Eine Fallstudie aus Österreich zu aktuellen Auseinandersetzungen um Kleidung in der Schule. In: Thomas Hengartner/Johannes Moser (Hg.): Grenzen & Differenzen. Zur Macht sozialer und kultureller Grenzziehungen. Leipzig 2006, S. 223-236.
161 Elisabeth Timm: Kleidungsregeln an Schulen. Kulturwissenschaftliche Bemerkungen zu den sozialen und kulturellen Dynamiken einer ästhetischen Praxis. In: PH Akzente, Nr. 2/2006, Zürich, S. 50-52.
162 Birgit Richard: Die oberflächlichen Hüllen des Selbst. Mode als ästhetisch-medialer Komplex. Onlinepublikation URL http://www.birgitrichard.de/texte/kufo.htm (10.7.2009)
163 Paul Willis: »Profane Culture«. Rocker, Hippies: Subversive Stile der Jugendkultur. Frankfurt a. M. 1981.
164 Vgl. Paul Willis: Jugendstile. Zur Ästhetik der gemeinsamen Kultur. Hamburg 1991.
165 Vgl. Birgit Richard: Logomanie und Markenhopping. Strategien der Verkürzung und Konservierung des Flüchtigen. Onlinepublikation URL http://www.birgitrichard.de/texte/haltb.htm (10.7.2009).
166 Karin Brose: Schulkleidung ist nicht Schuluniform. Hamburg 2005.
167 Maike Boecker: Labeling Youth. Alle Macht den Marken. In: Elke Gaugele/Kristina Reiss (Hg.): Jugend, Mode, Geschlecht. Die Inszenierung des Körpers in der Konsumkultur. Frankfurt a. M./New York 2003, S. 53-66, hier S. 61.
168 Vgl. ebd., S. 64f.
169 So z. B. Cordula Bachmann: Kleidung und Geschlecht. Ethnographische Erkundungen einer Alltagspraxis. Bielefeld 2008, und Elke Gaugele/Kristina Reiss (Hg.): Jugend, Mode, Geschlecht. Die Inszenierung des Körpers in der Konsumkultur. Frankfurt a. M./New York 2003.
170 Renate Menzi: Marke:Stil:Style. In: Richard Feurer/Jörg Huber/Matthias Michel (Hg.): BrandBody&Soul. Gepflegt: Krass. Berlin 2008, S. 143-150, hier S. 144.
171 Vgl. u. a. Sinus Sociovision: Typologie der Wünsche. Die Sinus-Milieus in Deutschland. Strategische Marketing- und Mediaplanung mit der Typologie der Wünsche. Ergänzte Neuauflage, Offenburg 2002; Now and forever - Jugendliche Markenbeziehungen in der Retrospektive. Bravo Faktor: Jugend 8, München 2005. Konsum + Marke. Eine Typologie aus der KommunikationsAnalyse 2004, Brigitte Anzeigenabteilung, August 2004; KidsVerbraucherAnalyse: Markt-Media Studie für Kinder-Zielgruppen im Alter von 6 bis 13 Jahre, Stuttgart 2008; Skopos Institut für Markenforschung, Webportal: URL http://www.skopos.

de/deDE/markenforschung (22.5.2009). Skopos Institut für Markenforschung, Webportal: URL URL: http://www.skopos.de/deDE/markenforschung (22.5.2009).

172 Vgl. dazu Hellmann 2003, a.a.O., S. 26.

173 Webseite des Forschungsprojekts URL http://www.markenkultur.uni-oldenburg.de/ (22.5.2009); Webseite des IKM URL www.markeninstitut.de (Stand 22.5.2009).

174 Karl Marx: Der Fetischcharakter der Ware und sein Geheimnis, a.a.O, S. 86.

175 Max Horkheimer/Theodor W. Adorno: Kulturindustrie - Aufklärung als Massenbetrug. In: Dies.: Dialektik der Aufklärung. Philosophische Fragmente. Frankfurt a. M. 2002, S. 128-176, hier S. 155, zuerst 1944.

176 Ebd., S. 129.

177 Vgl. Vance Packard: Die geheimen Verführer. Düsseldorf 1958.

178 Wolfgang Fritz Haug: Kritik der Warenästhetik. Frankfurt a. M. 1971. Online verfügbar unter URL www.offene-uni.de/archiv/textz/textz_phil/warenaesthetik.pdf (10.1.2010).

179 Zu dieser Kritk gehört auch das Schlagwort vom ›Konsumterror‹, das in Westdeutschland etwa zu Mitte der 1960er Jahre entstand. Seit Mitte der 1990er Jahre wird erneut, wenn auch weitgehend unbeachtet, kollektiv Kritik an der Konsumkultur geäußert. Jährlich am letzten Samstag im November findet der sogenannte »Buy Nothing Day« in vielen Ländern der Welt statt. Vgl. die Webseite http://buynothingday.de (10.1.2010).

180 Vgl. Robert Misik: Warenkritik, ein Trauerspiel. In: Berliner Zeitung, 5.8.2009. Online verfügbar unter URL http://www.misik.at/sonstige/warenkritik-ein-trauerspiel.php#more (4.2.2011).

181 Mary Douglas/Baron Isherwood: The World of Goods. New York 1979, S. 4.

182 Thorstein Veblen: Theorie der feinen Leute. Eine ökonomische Untersuchung der Institutionen. Frankfurt a. M. 1986, zuerst 1899.

183 Georg Simmel 1995, a.a.O.

184 Rainer Gries 2003, a.a.O., S. 98.

185 Vgl. Gernot Böhme 2008, a.a.O.

186 Werbeslogan des Unternehmens Wilhelm Bleyle, um 1900, zit. n. Robert Kuhn/Bernd Kreutz: Von der Geburt einer Marke. Die demokratische Tat des Wilhelm Bleyle, 1991. Website. URL http://www.bleyle.de/Geschichte/Matrosenanzug/Auszug aus der Geschichte.htm (29.5.2009).

187 Aus dem (englisch/italienischen) Werbekatalog »Hunger« des Unternehmens Benetton 2003. Im Archiv des Autors, übersetzt vom Autor.

188 Vgl. hierzu Angela Schulze: Werbung an der Grenze. Provokation in der Plakatwerbung der 50er bis 90er Jahre. Wiesbaden 1999.

189 Vgl. http://www.benettongroup.com/en/whoweare/overview.htm (15.9.2009)

190 Vgl. z. B. Antje Blöcker/Michael Wortmann: Strukturwandel und internationale Beschaffung im Einzelhandel mit Bekleidung. In: Prokla, Zeitschrift für kritische Sozialwissenschaft, Nr. 138, Münster 2005, S. 91-109.

191 Hellmann 2003, a.a.O., S. 45.

192 Ebd.

193 Titelthema des Wirtschaftsmagazins Brand Eins, Ausgabe März 2005.

194 Erwin Dichtl: Grundidee, Varianten und Funktionen der Markierung

von Waren und Dienstleistungen. In: Erwin Dichtl / Walter Eggers (Hg.): Marke und Markenartikel als Instrumente des Wettbewerbs. München 1992, S. 2–23, hier S. 4.
195 Hellmann 2003, a.a.O., S. 42.
196 Konrad Mellerowicz 1963, S. 39, zit n. Kai-Uwe Hellmann 2003, a.a.O., S. 71.
197 Hans Domizlaff: Die Gewinnung des öffentlichen Vertrauens. Ein Lehrbuch der Markentechnik, Hamburg 1939, S. 66.
198 Vgl. Kai-Uwe Hellmann 2003, a.a.O., S. 46ff.
199 Vgl. dazu vor allem G. Günter Voß / Kerstin Rieder: Der arbeitende Kunde. Wenn Konsumenten zu unbezahlten Mitarbeitern werden. Frankfurt a. M. 2006. Darin wird die stetig zunehmende Miteinbeziehung von KundInnen in den Wirtschaftskreislauf anhand zahlreicher Beispiele (u. a. Selbstbedienung, Onlineshopping, Haus- und Familienarbeit) als »Wirtschaftsgeschichte des aktiven Konsums« (S. 41ff.) und Entgrenzungsphänomen von Arbeit und Leben als Form der »Prosumtion« analysiert.
200 Eines dieser Kleider, das um das Jahr 1880 gefertigt wurde und einen solchen Nachweis zeigt, kann im Modemuseum Ludwigsburg besichtigt werden.
201 Ingrid Loschek: Reclams Mode- und Kostümlexikon. Stuttgart 1987, S. 520.
202 Rudolf Kinzel: Die Modemacher. Die Geschichte der Haute Couture. Wien 1990, S. 62.
203 Ebd., S. 50.
204 Vgl. zu den technologischen Entwicklungen Carlo Michael Sommer / Tomas Wind: Mode. Die Hüllen des Ich. Weinheim/Basel 1988, S. 48.
205 Seit dem Jahr 2000 betreibt ein kleiner Verein im fränkischen Buttenheim das Levi Strauss Museum, in dem auf 136 qm über die Person Levi und das Produkt Levi's informiert wird. Das Museum im Internet: http://www.levi-strauss-museum.de/ (15.12.2008). Im schwäbischen Künzelsau wurde im Mai 2007 anlässlich des 75-jährigen Bestehens der Firma das »Mustang Museum für die Zukunft« eröffnet. In der zugehörigen Pressemitteilung heißt es: »280 Quadratmeter auf zwei Stockwerken beherbergen Exponate, die bislang hinter verschlossenen Archivtüren nur wenigen Mustang-Mitarbeitern zugänglich waren. Eine multimediale Inszenierung macht die Erfindung der und den Kult um die Jeans sowie die facettenreiche und spannende Geschichte(n) der Marke mit dem Wildpferd-Logo erlebbar.« Im Archiv des Autors.
206 Vgl. zur Geschichte von Levi Strauss Katja Doubek: Blue Jeans. Levi Strauss und die Geschichte einer Legende. München 2004, hierzu vor allem S. 159ff.
207 Wolfgang Mönninghoff: King Cotton. Kulturgeschichte der Baumwolle. Düsseldorf 2006, S. 201.
208 Sabrina Kästner: Verbreitungsgeschichte der Jeans ab 1902. In: Doris Schmidt (Hg.): Jeans. Karriere eines Kleidungsstücks. Baltmannsweiler 2004, S. 17- 37, hier S. 31.
209 Sabrina Kästner: Entstehungsgeschichte der Jeans. In: Doris Schmidt (Hg.): Jeans. Karriere eines Kleidungsstücks. Baltmannsweiler 2004, S. 1–15, hier S. 5.
210 Zit. n. Katja Doubek, a.a.O., S. 272.
211 Vgl. ebd., S. 287f. Nach einem Bericht der Online-Ausgabe der New

York Times vom 29.1.2007 gilt Levi's als das Unternehmen in den USA, das bislang die meisten Klagen wegen Markenfälschungen erhoben hat und nach wie vor erhebt. Über 100 Prozesse gegen rivalisierende Marken hat das Unternehmen seit 2001 geführt, weit mehr als zum Beispiel General Motors, Walt Disney oder Nike. Vgl. New York Times Online URL http://www.nytimes.com/2007/01/29/business/29jeans.html?_r=1 (5.6.2009).

212 Katja Doubek, a.a.O., S. 282.

213 Sabrina Kästner 2004, a.a.O., S. 9.

214 Vgl. ebd., S. 23.

215 Werbebroschüre des Unternehmens Mustang: Workshop Manual, 4th Edition. Künzelsau, ohne Datum, S. 37. Im Archiv des Autors.

216 Roland Wirth: Die Markenware. In: Christel Köhle-Hezinger / Gabriele Mentges (Hg.): Der neuen Welt ein neuer Rock: Studien zu Kleidung, Körper und Mode an Beispielen aus Württemberg. Stuttgart 1993, S. 268–274, hier S. 269.

217 Rainer Gries 2006, a.a.O. Vgl. zum Begriff der Produktkommunikation vor allem S. 12–15.

218 Dirk Schindelbeck: Marken, Moden und Kampagnen 2003, a.a.O. S. 9.

219 Vgl. ausführlicher zur Unternehmensgeschichte der Firma Bleyle Friederike Valet: »Wir waren eine richtige Familie«. Erinnerungen an die Firma Bleyle. In: Christel Köhle-Hezinger / Gabriele Mentges (Hg.): Der neuen Welt ein neuer Rock: Studien zu Kleidung, Körper und Mode an Beispielen aus Württemberg. Stuttgart 1993, S. 3–13. Zur Zielgruppe der Mittelschichten vgl. Robert Kuhn / Bernd Kreutz: Von der Geburt einer Marke, a.a.O.

220 Vgl. Friederike Valet 1993, a.a.O., S. 4.

221 Vgl. Wolfgang Mönninghoff, 2006, a.a.O., S. 167f.

222 Vgl. ebd., S. 99.

223 Vgl. ebd., S. 107.

224 Paul Sauer 1988, a.a.O., S. 147.

225 Vgl. ebd., S. 152. Auch die Schuhindustrie war mit der Fabrik von J. Sigle & Co. in der Region Stuttgart unter der Markenbezeichnung Salamander seit 1905 ein wichtiger Arbeitgeber und beschäftigte im Jahr 1913 4.300 Arbeiter; vgl. ebd., S. 153.

226 Vgl. Friederike Valet 1993, a.a.O., S. 5.

227 Alle Zitate ebd.

228 Achim Walz: Bleyle: 100 Jahre. Rede anlässlich des Pressempfangs am 11.09.1989 in Düsseldorf, 14 Seiten. Ohne Ort, 1989. Im Bestand der Württembergischen Landesbibliothek Stuttgart, S. 3.

229 Eine Ausstellung historischer Kleidungsstücke im Schloss Waldenbuch / Landesmuseum Stuttgart ist laut dem Internetauftritt des Unternehmens seit längerer Zeit geplant. Vgl. URL http://www.bleyle.de/Geschichte/Waldenbuch/Geschichte_Waldenbuch.htm (15.10.2010).

230 Claudia Herling: Index Logo. Ohne Ort 2005, S. 116.

231 Auf Anfrage nach gedruckten Quellen zur Unternehmensgeschichte des Hauses Lacoste wurde mir mitgeteilt: »We thank you for your message and your interest in our brand. You will find a lot of information about our company by viewing our online history on our website www.lacoste.com (Corporate Menu, History, date:2005). Additional information is not available as it is confidential« (E-Mail an den Autor vom 03.07.2008).

232 Beate Schmid/Ingrid Loschek (Hg.): Klassiker der Mode. Die Erfolgsgeschichte legendärer Kleidungsstücke und Accessoires. Augsburg 1999, S. 60.

233 Erika Thiel: Geschichte des Kostüms. Die europäische Mode von den Anfängen bis zur Gegenwart. 7. Aufl., Berlin 2000, vgl. hierzu das Kapitel zu Jean Patou.

234 Gertrud Lehnert: Geschichte der Mode im 20. Jahrhundert. Köln 2000, S. 29.

235 Ebd.

236 Ebd.

237 Vgl. zum Unternehmen Converse Beate Schmid/Ingrid Loschek 1999, a.a.O.; Frankfurter Rundschau, 13.11.2008.

238 Vgl. Spiegel-Online, 14.7.2008. URL http://einestages.spiegel.de/static/authoralbumbackground/2301/1/o_sohle_mio.html (22.7.2010).

239 Vgl. den Wikipedia-Eintrag zum Unternehmen Burberry. URL http://de.wikipedia.org/w/index.php?title=Burberry&oldid=69405984 (23.1.2010)

240 Vgl. Gesa Kessemeier: Sportlich, sachlich, männlich. Das Bild der ›Neuen Frau‹ in den zwanziger Jahren. Zur Konstruktion geschlechtsspezifischer Körperbilder in der Mode der Jahre 1920 bis 1929. Dortmund 2000.

241 Willi Bucher/Klaus Pohl (Hg.): Schock und Schöpfung - Jugendästhetik im 20. Jahrhundert. Darmstadt 1986, S. 181. Joschka Fischers Auftritt im Hessischen Landtag anlässlich seiner Vereidigung zum Umweltminister des Landes Hessen in Turnschuhen am 12.12.1985 muss ebenso als absichtsvoller Regelverstoß und als Geste der Provokation gegen den legitimen Stil des Parlaments gewertet werden. Die von ihm extra zu diesem Anlass gekauften weißen Nike-Turnschuhe wurden Teil der Dauerausstellung des Offenbacher Ledermuseums.

242 Wolfgang Fritz Haug: Das Tauziehen zwischen jugendlichen Protestkulturen, Warenästhetik und Ideologie. In: Willi Bucher/Klaus Pohl (Hg.): Schock und Schöpfung - Jugendästhetik im 20. Jahrhundert. Darmstadt 1986, S. 173-180, hier S. 177.

243 Vgl. hierzu ausführlicher Eleonore Mueller-Stindl: Mode, Macher, Märkte. Von der Haute Couture auf die Straße - 50 Jahre Mode von 1946 bis 1996. Frankfurt a. M. 1997, S. 129f.

244 Kaspar Maase: Bravo Amerika: Erkundungen zur Jugendkultur der Bundesrepublik in den fünfziger Jahren. Hamburg 1992, S. 95.

245 Ebd., S. 97.

246 Vgl. hierzu Anton Tantner: »Schlurfs«. Annäherungen an einen subkulturellen Stil Wiener Arbeiterjugendlicher. Wien 2007, S. 95f.

247 Kaspar Maase 1992, a.a.O., S. 96.

248 Friedrich H. Tenbruck: Jugend und Gesellschaft. Soziologische Perspektiven. Freiburg 1962, S. 92. Zit. n. Kaspar Maase 1992, a.a.O., S. 98.

249 Vgl. Werner Faulstich: Die neue Jugendkultur. Teenager und das Halbstarkenproblem. In: Ders. (Hg.): Die Kultur der 50er Jahre. München 2002, S. 277-290, hier S. 280.

250 Ebd., S. 282.

251 Willi Bucher/Klaus Pohl 1986, a.a.O., S. 181.

252 Webseite des Mustang-Museums. URL www.mustang-museum.com (12.1.2009).

253 Vgl. zu dieser Perspektive Gundula Wolter: Hosen, weiblich. Kulturge-

schichte der Frauenhose. Marburg 1994.
254 Vgl. hierzu ausführlicher Sabrina Kästner 2004, a.a.O., S. 25.
255 Pressemappe Mustang 2008. Im Archiv des Autors.
256 Ebd.
257 Ebd.
258 Vgl. Daniela Mauch: Jeansmarken - Markenjeans. In: Schmidt, Doris (Hg.): Jeans. Karriere eines Kleidungsstücks. Baltmannsweiler 2004, S. 83-96, hierzu besonders S. 88.
259 Time Out Magazine, Budapest, Ausgabe 5/2009, S. 30f. Im Archiv des Autors.
260 Zit. n. Rebecca Menzel: Eine Blaupause für Freiheitsträume? Über die symbolische Kraft der Jeans in der DDR. In: Horch und Guck. Zeitschrift zur kritischen Aufarbeitung der SED-Diktatur. Themenschwerpunkt: Jacke wie Hose. Die Kleiderordnung der SED-Diktatur. Ausgabe 3, Berlin 2008, S. 12-16. Dort finden sich auch Anmerkungen zur Rezeption dieses Theaterstücks.
261 Ebd., S. 15.
262 Sabrina Kästner 2004, a.a.O., S. 30.
263 Ebd., S. 30f. Es ist anzunehmen, dass diese Modernisierung der Textilanlagen dazu führte, dass in der DDR auch für Unternehmen wie Hugo Boss, Neckermann und Quelle produziert wurde. Vgl. hierzu: »Keine sozialistische Mode mehr«. Die Gestalterin Ina Krauß über das Modesystem in der DDR. In: Horch und Guck. Ausgabe 3, Berlin 2008, a.a.O., S. 52-55.
264 Vgl. Eric Hobsbawm/Terence Ranger (Eds.): The Invention of Tradition. Cambridge 1992.
265 Rainer Gries 2006, a.a.O., S. 31.
266 Ebd., S. 32.
267 Frankfurter Allgemeine Zeitung.net, 29.8.2008. URL http://www.faz.net/s/RubB62D23B6C6964CC9ABBF-CB78BC047A8D/Doc~E2C85559FE5E640818DDC635BE3A993AA~ATpl~Ecommon~Scontent.html
268 Die Titelseiten finden sich unter URL http://www.bravo.de/online/render.php?render=19318 (10.10.2009).
269 Bravo, Ausgabe 15/1961.
270 Bravo, Ausgabe 7/1965.
271 Eine Abbildung dieses Titelblatts findet sich im Bravo-Cover-Archiv, URL http://www.bravo.de/family/archiv/bravo-family-archiv-bravo-titelbilder-von-1956-bis-heute)15.9.2012)
272 Beate Schmid/Ingrid Loschek 1999, a.a.O., S. 60.
273 Vgl. Bravo-Cover-Archiv, siehe Fußnote 281.
274 Diesen Begriff übernehme ich von Alissa Quart 2003, a.a.O., S. 16ff. Magalogs oder Magaloge, eine Zusammenziehung der Worte magazine und catalogue bzw. Magazin und Katalog, werden auch »informelle Kataloge« genannt. Weitere Beispiele für derartige Kataloge, die fast immer umsonst abgegeben werden, sind Intro (komplett werbefinanziert), Piranha (Saturn Elektromarkt) oder Bolzen (Puma); ebenso sind hier »Einkaufsratgeber« zu nennen, die redaktionell erstellt werden und eine Auswahl etablierter und neuerer Modegeschäfte vorstellen (z. B. »Stuttgart kauft ein. Die besten Shops in Stuttgart«, herausgegeben von Lift Stuttgart/PV Projekt Verlag GmbH, Stuttgart 2007. Eine Auswertung der Zeitschrift Bravo Girl! (Nr. 25/2008 Preis 1,70 Euro), die Jens Ulrich Eisert im Rahmen eines von mir geleiteten Seminars am Institut für Soziologie der PH Ludwigsburg mit dem Titel

»›Be your own brand!‹ Die sozialen und kulturellen Dimensionen von Markenkleidung« im Wintersemester 2008/09 vornahm, ergab, dass insgesamt nur 9,58 der 84 Seiten eindeutig als Werbung erkenntlich waren, auf zahlreichen Seiten allerdings Produkte mit Herstellernamen, Preisangaben und Bezugsquelle in Form von thematischen Styling-Ratgebern, genannt werden. Diese Ratgeberseiten werden von der Redaktion zusammengestellt.
275 Alle Zitate dieses Abschnitts aus: Pressemappe Mustang, a.a.O.
276 Vgl. hierzu den Bericht der Spiegel Online Redaktion Eines Tages: Aalglatt bis zum Anschlag v. 16.7.2008, dort vor allem die Kommentare ehemaliger Popper. URL http://einestages.spiegel.de/static/topicalbumbackground/2002/aalglatt_bis_zum_anschlag.html (15.8.2009)
277 Ebd.
278 Vgl. zu den Einstellungen von Poppern z. B. Stefan Arold: Lebensstil und Design in den 80ern. Onlinepublikation URL http://www.stefan-arold.de/eighties-lifestyle.html (1.3.2010)
279 Udo Lindenberg: »Jacques Gelee«, erschienen auf der LP »Keule«, 1982.
280 Vgl. Tagesspiegel Online, 27.04.2010. URL http://www.tagesspiegel.de/meinung/eine-frage-der-gene/1809524.html (2.5.2010)
281 Vgl. den Artikel »Macht kaputt«, in: Der Spiegel, Ausgabe 27/1980.
282 Pressemappe Mustang, a.a.O.
283 Ebd.
284 Ebd.
285 Vgl. Manager-Magazin, 12.1.2007; Online verfügbar unter URL http://www.manager-magazin.de/unternehmen/artikel/0,2828,459089,00.html (15.1.2010)
286 Vgl. Kai-Uwe Hellmann 2003, a.a.O., S. 95.
287 Vgl. Gertrud Lehnert 2000, a.a.O., S. 96.
288 Donald R. Katz: Just Do It: The Nike Spirit in the Corporate World. Holbrook 1994, S. 194.
289 Naomi Klein 2001, a.a.O., S. 207.
290 Vgl. die Informationen zur Nike Security and Exchange Form 10-K Filing, 1996. In: Robert Goldman/Stephen Papson: Nike Culture. The Sign of the Swoosh. London 1998, S. 6.
291 Ebd., S. 4, übersetzt vom Autor.
292 Vgl. die Webseite der Aktion Saubere Kleidung URL http://saubere-kleidung.de/ccc-20_unternehemen/ccc-25-10_fp_sonstige.html#nike (31.01.2010)
293 Vgl. Süddeutsche Zeitung, 19.6.2006.
294 Vgl. Kampagne für Saubere Kleidung: WM 06 ›Fair Play‹? Beilage der Tageszeitung TAZ vom 28.April 2006, S. 2.
295 Vgl. Frankfurter Rundschau, 20.12.2003.
296 Naomi Klein 2001, a.a.O., S. 210.
297 Gernot Böhme 2008, a.a.O., S. 32.
298 Ebd., S. 33.
299 Kaspar Maase (Hg): Die Schönheit des Populären - Ästhetische Erfahrung der Gegenwart. Frankfurt a. M./New York 2008, S. 9.
300 Virginia Postrel: The Substance of Style: How the Rise of Aesthetic Value is Remaking Commerce, Culture, and Consciousness: New York 2003, S. 24. Zit n. David Howes 2004, a.a.O., S. 245.
301 Kaspar Maase 2008, a.a.O., S. 9.
302 Vgl. hierzu die Informationen zum Unternehmen Mußler, Onlinedokument URL www.kemnitz-mares.de/

einblicke/pdf/21_einblicke_mussler.pdf (12.3.2010)
303 Schaufensterwerbung eines Friseurgeschäfts im Winter 2009/10, Fotografie im Archiv des Autors.
304 Nina Degele: Schönheit - Erfolg - Macht. In: Aus Politik und Zeitgeschichte, Nr. 18/2007. Bonn, S. 26-32, hier S. 27.
305 Renzo Rosso: Hermann Vaske im Interview mit Renzo Rosso, Firmengründer und Inhaber von Diesel. In: NRW Forum Düsseldorf: Radical Advertising. Düsseldorf 2008, S. 186-189, hier S.186.
306 Vgl. Gernot Böhme 2008, a.a.O., S. 31f. Diese Entwicklung betrifft jedoch in erster Linie die Volkswirtschaften der reichen Länder des Nordens.
307 Angela McRobbie: Kunst, Mode und Musik in der Kulturgesellschaft. In: Justin Hoffmann/Marion von Osten: Das Phantom sucht seinen Mörder. Ein Reader zur Kulturalisierung der Ökonomie. Berlin 1999, S. 15-44, hier S. 15.
308 Ebd., S. 16. McRobbie berichtet von der Einrichtung einer Creative Task Force durch die britische New Labour-Regierung im Juli 1997.
Die Ernennung des heutigen SPD-Vorsitzenden Sigmar Gabriel zum »Pop-Beauftragten« der Bundesregierung im Jahr 2003 oder die Eröffnung der »Pop-Akademie« in Mannheim im gleichen Jahr, einer Hochschuleinrichtung des Landes Baden-Württemberg (»University of Popular Music and Music Business«) veranschaulichen diese Entwicklung ebenfalls. Auf der Webseite der Popakademie wird Popmusik folgendermaßen definiert: »Popmusik ist Kulturgut, Wirtschaftsfaktor und Impulsgeber.« Vgl. URL http://www.popakademie.de/hochschule (31.01.2010) Dass auf diesem Feld auch symbolische Kämpfe um den gesellschaftlichen Ort der Musik ausgetragen werden, zeigt die zeitgleiche Gründung der Mannheimer »Rock'n Roll Highschool«, ein Zusammenschluss zahlreicher lokaler MusikerInnen zu einem Gegenmodell zur Popakademie, das etwa zwei Jahre lang existierte. Vgl. die zugehörige Webseite URL http://www.rock-n-roll-mannheim.de (31.01.2010).
309 Vgl. hierzu den Ausstellungskatalog NRW Forum Düsseldorf: Radical Advertising. Düsseldorf 2008.
310 Vgl. Robert Goldman/Stephen Papson 1998, a.a.O., S. 4. Der Begriff der »hollowed corporation« stammt von dem amerikanischen Wirtschaftswissenschaftler Peter Drucker.
311 Yann Moulier Boutang 2003, a.a.O., S. 256.
312 Vgl. vor allem ebd., S. 251.
313 Vgl. Der Tagesspiegel, 30.12.2006.
314 Vgl. Marion von Osten: In den Produktionshallen der Differenz. In: Diskus, Frankfurter StudentInnenzeitung, Ausgabe Mai 2002, 51. Jahrgang, S. 12-16, hier S. 13.
315 Webseite des Unternehmen, Rubrik »Über uns - Philosophie«, URL www.blutsgeschwister.de (29.1.2010)
316 Michael Hardt: Affektive Arbeit. Immaterielle Produktion, Biomacht und die Potenziale der Befreiung. In: Subtropen. Kritik und Versprechen, Ausgabe 9. Berlin 2002, S. 1.
317 Ebd., S. 3.
318 Vgl. DGB Bildungswerk: Sprinten in Weltmarktschuhen. Düsseldorf 1998, S. 4.
319 Der Spiegel: Adidas-Weltmeisterschaft: Der gekaufte Sport. Ausgabe vom 2. Juni 1986.
320 Herbert Hainer im Interview mit

Rüdiger Barth und Norbert Höfler http 2005, Onlinepublikation URL http://www.stern.de/wirtschaft/news/2-adidas-globaler-spieler-540216.html (30.9.2009).

321 Ebd. (30.9.2009).

322 Süddeutsche Zeitung vom 11.4.2009.

323 Vgl. zu diesen Treffen die Webseite http://www.nachhaltigwirtschaften.net/scripts/basics/eco-world/wirtschaft/basics.prg?session=42f941e34b69b10e_106472&a_no=3150 (15.3.2010).

324 Vgl. die Pressemitteilung und den Offenen Brief an Puma vom 16.11.2009 der Aktion Saubere Kleidung. Onlinepublikation URL http://www.saubere-kleidung.de/downloads/2009-11-16_pm_puma_banz.pdf (27.1.2010). Rechtschreibfehler im Original.

325 Vgl. die Ausführungen des Fotografen der Kampagne in: Oliviero Toscani: Die Werbung ist ein lächelndes Aas. 3. Auflage, Frankfurt a. M. 2003.

326 Susanne Lang: Kaltherzigkeit als Waffe? In: IG Bildende Kunst (Hg.): Bildpunkt, Zeitschrift der IG Bildende Kunst, Ausgabe Frühjahr 2009, Wien, S. 23–25, hier S. 23.

327 Klaus Farin: generation-kick.de. Jugendsubkulturen heute. 2. Auflage, München 2002, S. 215.

328 Vgl. zum Beispiel die Webseite www.lohas.de (15.09.2009).

329 Vgl. zu dieser Debatte z. B. Claudia Nospickel: Armutsbekämpfung durch Corporate Social Responsibility? Bonn 2010; Stefan Kreutzberger: Die Ökolüge.Wie Sie den grünen Etikettenschwindel durchschauen. Berlin 2009; Eveline Lubbers: Battling Big Business. Countering Greenwash, Infiltration and other Forms of Corporate Bullying. Foxhole 2002.

330 Forschungstagebuch: Abschrift der Werbeinschrift am Schaufester des Ladens, Berlin-Mitte am 29.12.2006.

331 Süddeutsche Zeitung, 16.5.2009.

332 Vgl. die Webseite der Fair Wear Foundation. URL http://fairwear.org/?w=fair-wear-brands (15.2.2010).

333 Vgl. die Webseite zu diesem Produkt URL http://www.blackspotsneaker.de (25.3.2010).

334 Spiegel Online, 23.10.2006. URL http://www.spiegel.de/wirtschaft/0,1518,444092,00.html (22.7.2010).

335 Vgl. Stuart Hall: Kodieren/Dekodieren. In: Roger Bromley / Udo Göttlich / Carsten Winter (Hg.): Cultural Studies. Grundlagentexte zur Einführung. Lüneburg 1999, S. 92–110.

336 Zahlreiche Werbeanzeigen, die im Rahmen dieser Kampagne entstanden sind, finden sich abgebildet im Katalog zur Ausstellung »Radical Advertsing«, a.a.O., S. 448–471.

337 Vgl. das Unternehmensprofil Desigual, Schlagwort »unkonventionelles Marketing«, PDF-Onlinepublikation URL http://www.desigual.com □ Unternehmen □ Company Profile, deutsch (1.2.2010).

338 G. Günter Voß / Kerstin Rieder 2006, a.a.O.

339 Herbert E. Meister: Der Kampf gegen die Markenpiraterie. In: Erwin Dichtl / Walter Eggers (Hg.): Marke und Markenartikel als Instrumente des Wettbewerbs. München 1992, S. 270–286, hier S. 270.

340 Vgl. Eleonore Mueller-Stindl 1997, a.a.O., S. 140.

341 Vgl. Stuttgarter Zeitung, 15.11.2006.

342 Vgl. Süddeutsche Zeitung Online, 11.08.2008. URL http://www.sueddeutsche.de/wirtschaft/949/305914/text/ (20.9.2008).

343 Süddeutsche Zeitung 26.9.2007. Online verfügbar unter URL http://www.sueddeutsche.de/wirtschaft/839/419603/text/ (30.8.2009).
344 Vgl. Rudolf Kinzel 1990, a.a.O., S. 50.
345 Vgl. Katja Doubek 2004, a.a.O., S. 315.
346 Vgl. Angela Hennersdorf: Wilder Westen. Wie eine Hundertschaft von Ebay-Polizisten rund um die Uhr auf Streife ist. In: Wirtschaftswoche, Nr. 3, 15.1.2007, S. 44-48.
347 Spiegel Online, 16.1.2009, URL http://www.spiegel.de/netzwelt/web/0,1518,600953,00.html (20.1.2009).
348 Vgl. Süddeutsche Zeitung, 3.4.2009.
349 Vgl. z. B. Stuttgarter Nachrichten, 13.6.2005; Stuttgarter Zeitung, 27.7.2007; Stuttgarter Zeitung, 5.8.2008.
350 Süddeutsche Zeitung, 24.6.2005.
351 Fotografie eines solchen Plakats im Archiv des Autors.
352 Ratgeber Auto. Onlinejournal des Südwestrundfunks SWR, 23.07.2007. Website URL http://www.swr.de/ratgeber/auto/gefaelschte-markenartikel/-/id=1752/did=2402112/szp1x5/index.html (23.07.2007).
353 Stuttgarter Zeitung, 7.7.2005.
354 Eleonore Mueller-Stindl 1997, a.a.O., S. 140.
355 Eintrag im Forschungstagebuch, 7.5.2009.
356 Süddeutsche Zeitung, 19.6.2006.
357 Vgl. zum Beispiel den Verbraucherleitfaden Schutz vor Produkt- und Markenpiraterie, herausgegeben von der Bundesanstalt für Arbeitsschutz und Arbeitsmedizin, 2.Auflage, Dortmund 2008.
358 Harvard Businessmanager, Nr. 11/2007. Zit. n. Spiegel Online, 2.11.2007. Onlinepublikation URL http://www.spiegel.de/wirtschaft/0,1518,514334,00.html (22.7.2010).
359 Ebd.
360 Süddeutsche Zeitung, 10.2.2006.
361 Vgl. Dörte Knott: Editorial. In Berliner Akzente: Mode aus Berlin. Das Kundenmagazin der Berliner Sparkasse. Ausgabe Okt. bis Dez. 2006, Berlin, S. 3, 6.
362 Wolfgang Mönninghoff 2006, a.a.O., S. 180f.
363 Angela McRobbie: Kunst, Mode und Musik in der Kulturgesellschaft 1999, a.a.O., S. 30.
364 Vgl. G. Günter Voß / H. J. Pongratz 1998, a.a.O.
365 Angela McRobbie 2004, a.a.O., S. 18.
366 Zwar war und ist die Herstellung eigener Bekleidung keine Erfindung der letzten Jahre, ein wesentlicher Unterschied besteht jedoch darin, dass diese neuen Akteure erfolgreich im Markt bestehen wollen.
367 Vgl. die Onlineausgabe dieser Zeitschrift unter URL http://www.textilwirtschaft.de/business/markt/marktfakten/pdfs/62_org.pdf (15.3.2010).
368 Die Umsatzzahlen zu Levi's, Mustang und Nike entstammen der Unternehmens-Onlinedatenbank URL »wer-zu-wem.de« (15.3.2010).
369 Vgl. Tom Holert: Imagineering. Visuelle Kultur und Politik der Sichtbarkeit. Köln 2000. Der aus den Begriffen »image« und »engineering« zusammengesetzte Begriff des Imagineering verweist auf die zunehmende Bedeutung der Produktion von Bilderwelten. Als »Sozialtechnologie« (social engineering) der 1950er Jahre gedacht, wurde der Begriff zunächst verwendet, um die Arbeit »jener Ingenieure, Architekten,

Designer und Multimedia-Spezialisten« zu beschreiben, »die Disneyland und Disneyworld entworfen haben«. Ebd. S. 9.

370 Cornelia Koppetsch 2004, a.a.O., S. 150.

371 Im Rahmen einer Veranstaltung, die im Jahr 2007 im Kunstmuseum Stuttgart stattfand, stellten drei Agenturen ihre Arbeitsweisen im Feld des Kommunikationsdesigns vor und zur Diskussion; hierbei wurden die zitierten Begrifflichkeiten von Matthias Belzer zur Charakterisierung seiner Arbeitstätigkeit verwendet; Mitschrift im Forschungstagebuch.

372 Vgl. Hans-Georg Häusel: Das Konsumverhalten Kauflustiger. In: Aus Politik und Zeitgeschichte: Geschmack: Konsumkultur. Ausgabe 32-33/2009, Bonn 2009, S. 8-14.

373 Vgl. Wolfgang Mönninghoff 2006, a.a.O., S. 185f.

374 Vgl. Kai-Uwe Hellmann, a.a.O, S. 293 ff.

375 Pierre Bourdieu 1994, a.a.O., S. 138.

376 Vgl. das Kapitel: (Kleine) Geschichte der Markenkleidung.

377 Vgl. hierzu Sighard Neckel: Flucht nach vorn. Die Erfolgskultur der Marktgesellschaft. Frankfurt a. M. 2008, S. 46ff.

378 Pierre Bourdieu 1994, a.a.O., S. 668.

379 Diese gleich zu Beginn der Interviews gestellte Frage nach Themenwünschen und konkreten Interessenlagen der Interviewten wurde erst nach der Neuausrichtung des Samples in den Leitfaden eingefügt.

380 Vgl. zu Konsum als Technik der Leidabwehr Rolf Haubl 2009, a.a.O., S. 8.

381 Pierre Bourdieu 1994, a.a.O., S. 755.

382 Alex Williams: Tommy Gets Respect. In: New York Magazine, Ausg. v. 19.2.1996, S. 25.

383 Vgl. den Bild-Bericht über eine Werbekampagne dieses Herstellers aus dem Jahr 2010 auf der Webseite Fashionotes. URL http://www.fashionotes.com/content/2010/11/the-hilfigers-get-a-tv-gig/ (10.1.2011).

384 Vgl. zum Beispiel den Artikel »Das Internet und die Gerüchteküche«: Webseite Berliner Zeitung Online, Textarchiv: URL http://www.berlinonline.de/berliner-zeitung/archiv/.bin/dump.fcgi/1997/0409/nachrichten/0031/index.html (10.10.2009).

385 Snopes.com - Rumor has it. Onlinepublikation URL http://www.snopes.com/racial/business/hilfiger.asp (3.6.2010). Übersetzt vom Autor.

386 Vgl. die Webseite der Schule zu diesem Thema unter URL http://www.evgbm.de/schulkleidung.php (24.9.2012)

387 Telefonische Auskunft der Pressestelle des Unternehmens Hecker&Heinrich (Bochum) am 24.9.2012.

388 Vgl. hierzu Christine Kammerer: Abziehen und Abzocken - Erpressung und Diebstahl unter Jugendlichen. Onlinepublikation URL http://www.familienhandbuch.de/cmain/f_Aktuelles/a_Haeufige_Probleme/s_1298.html (25.5.2010).

389 Vgl. die jeweiligen Webseiten dieser Einzelhändler, die sich an bestimmte Szenen wenden: URLs http://www.nix-gut.de/, http://www.hoodboyz.de/, http://www.mob-action.de/. (6.6.2010).

390 Vgl. Günter Wöhe: Einführung in die Allgemeine Betriebswirtschaftslehre. 16., überarbeitete Auflage. München 1986, S. 559; ebenso die Webseite

Wirtschafstlexikon24.net, URL http://www.wirtschaftslexikon24.net/d/nachfrageeffekte/nachfrageeffekte.htm (21.5.2010)

391 Vgl. Christoph Bieber: Der Turnschuh als Text. Sammeln im Zeichen von Swoosh und Streifen. In: SPoKK (Hg.): Jugend, Medien, Popkultur. Ein Sammelalbum. Berlin 2003, S. 45-50.

392 Vgl. hierzu Maike Boecker, 2003, a.a.O., vor allem S. 61.

393 Vgl. Renate Menzi, 2008, a.a.O., S. 144.

394 So äußerte er sich sinngemäß in einem Interview im Deutschlandfunk, das am 20. Juni 2010 ausgestrahlt wurde.

395 Michael Vester: Der Wohlfahrtsstaat in der Krise. Die Politik der Zumutungen und der Eigensinn der Alltagsmenschen. In: Franz Schultheis/Kristina Schulz (Hg.): Gesellschaft mit beschränkter Haftung. Zumutungen und Leiden im deutschen Alltag. Konstanz 2005, S. 21-33., hier S. 21.

396 Ulrich Beck konstatierte aufgrund steigender Prosperität seit den 1950er Jahren einen gesellschaftlichen Fahrstuhleffekt, demzufolge sich auch für benachteiligte soziale Gruppen eine Verbesserung des Lebensstandards ergab, wobei die gesellschaftlichen Strukturen sozialer Ungleichheit dabei jedoch die selben geblieben sind. Vgl. Ulrich Beck: Risikogesellschaft. Auf dem Weg in eine andere Moderne. Frankfurt a. M. 1986. Zum Begriff »Fahrstuhleffekt« vgl. ebd., S. 122.

397 Vgl. z. B. Organisation für wirtschaftliche Zusammenarbeit und Entwicklung (OECD): Mehr Ungleichheit trotz Wachstum? Einkommensverteilung und Armut in OECD-Ländern. Berlin 2009.

398 Nina Degele: Schönheit - Erfolg - Macht. In: Aus Politik und Zeitgeschichte, Nr 18/2007. Bonn, S. 26-32, hier S. 27.

399 Vgl. hierzu den Zeitungsbericht der Badischen Zeitung, 3.2.2009. Online verfügbar unter URL http://www.badische-zeitung.de/neuried/schulkleidung-kommt-in-altenheim-gut-an--11123595.html (5.1.2011)

400 John Fiske 1999, a.a.O., S. 262.

401 Vgl. Pierre Bourdieu, 1994, a.a.O., S. 290.

402 Vgl. vor allem das Kapitel »Der Sozialraum und seine Transformation«. Vgl. Pierre Bourdieu 1994, a.a.O., S. 205-276.

403 Vgl. die Ergebnisse der Studie von Reinhard Pollak: Kaum Bewegung, viel Ungleichheit. Eine Studie zu sozialem Auf- und Abstieg in Deutschland. Hg. im Auftrag der Heinrich-Böll-Stiftung. Berlin 2010.

404 Vgl. Richard Sennett, a.a.O., S. 116.

405 Vgl. zur Entstehung und Funktion dieses Modells Michael Vester: Soziale Milieus und Gesellschaftspolitik. In: Aus Politik und Zeitgeschichte, Nr. 44-45/2006, Bonn 2006, S. 10-17.

256 S.
ISBN 978-3-931555-60-3

Critical Crafting Circle (Hg.)

Craftista!

Handarbeit als Aktivismus

Vermehrt wird unter politischen Vorzeichen zu Nadel und Faden gegriffen und selbstbewusst treten »Craftistas« nach vorn: Menschen, die sich als Handarbeits-EnthusiastInnen outen, um damit sogar Politik zu machen.

Vor diesem Hintergrund hat der Critical Crafting Circle TheoretikerInnen, KünstlerInnen, Praktiker-Innen und AktivistInnen zur Auseinandersetzung mit dem neuen Handarbeits-Boom im deutschsprachigen Raum eingeladen.

»Craftista!« versammelt deren Stellungnahmen und Reflexionen, Texte und Bilder zu textilen Strategien im Spannungsfeld von »Radical Crafting« und DIY-Aktivismus, Kunst, Mode und Design, Feminismus, Handarbeit und »neuer Häuslichkeit«.

304 S.
ISBN 978-3-931555-75-7

Sonja Eismann (Hg.)

Hot Topic

Popfeminismus heute

Frauen porträtieren ihre Lebensrealitäten zwischen Abtreibung, Indie-Mutterschaft, Prekariats-Boheme, queerem Coming-of-Age, Schönheitsterror und Exotinnendasein im Musik- und Medienbusiness.

In Anlehnung an die Vielzahl anglo-amerikanischer Textsammlungen, die hierzulande immer noch ihresgleichen suchen, destilliert dieser anekdotisch angelegte Reader die gesellschaftspolitische Aussage aus dem privaten Erleben und knüpft damit dort an, wo vor beinahe zehn Jahren der bis jetzt einzigartig gebliebene Band »Lips Tits Hits Power« aufgehört hatte.